Hrsg. v. Katholisches Bibelwerk e.V./
Barbara D. Leicht

Passion und Auferstehung Jesu

Abkürzungs- und Symbolverzeichnis

Abkürzungsverzeichnis

L ..... Gruppenleiter/in
TN ... Teilnehmer/innen

Arbeitsblätter
A ..... Arbeitsbögen für Teilnehmer/innen
K ..... Kopie im Anhang
L ..... Material für Leiter/innen

Liederbücher
GL .... Gotteslob
EG .... Evang. Gesangbuch
Se .... Du wirst ein Segen sein
Tr .... Troubadour für Gott

Die **biblischen Bücher** werden in ihrer gebräuchlichen Abkürzung angegeben.

Symbolverzeichnis

→ Ziel der folgenden Einheit

⊙ benötigte Zeit für die Einheit

▢ Verweis auf die Arbeitsblätter für Leiter/innen (L) und Teilnehmer/innen (A) im Anhang

▢ Medien, die von L selbst mitzubringen sind

Begriffsklärung

Kleingruppe
Die Gruppe, die mit 10 bis 12 TN zumeist den Freitagabend und den Samstag zusammen ist.

Untergruppe
Kleinere Gruppen mit 2 bis 5 TN, die nur abschnittweise innerhalb der Kleingruppe oder auch seltener im Plenum gebildet werden.

Das Praxismaterial ist entnommen aus dem Grundkurs Bibel, Neues Testament, ISBN 978-3-460-32615-6.

www.bibelwerk.de

ISBN 978-3-460-32623-1
Alle Rechte vorbehalten.
© 2010 Verlag Katholisches Bibelwerk GmbH, Stuttgart
Bibelzitate entnommen aus der Einheitsübersetzung der Heiligen Schrift
© 1980 Katholische Bibelanstalt GmbH, Stuttgart
Umschlagbild: Albrecht Altdorfer (um 1480–1538), Passions/Sebastians-Altar in St. Florian: Auferstehung Christi., Predella. Fichtenholz, 70 x 37 cm, Wien, Kunsthistorisches Museum, © www.artothek.de
Umschlag: Finken & Bumiller, Stuttgart
Layout: Rund ums Buch – Rudi Kern, Kirchheim/Teck
Druck und Bindung: Made in Tschechien

Inhaltsverzeichnis

Die Durchführung der Kurse 5

Kurs: Die Passion Jesu 7
  Die Deutung der Evangelisten im synoptischen Vergleich

Einführung 8

Verlaufsübersicht 9

Inhaltliche Schwerpunkte 10

1. Einheit: Die Passion nach Markus (I) 17

2. Einheit: Die Passion nach Markus (II) 19

3. Einheit: Synoptischer Vergleich der Passionsgeschichten 21
  Alternativ: Die Rolle des Judas in der Passion Jesu 24

4. Einheit: Deutende Aktualisierung der Passion im Film 27

5. Einheit: Zusammenfassender Überblick über die Deutungen des Todes Jesu 28

6. Einheit: Die Passion Jesu nach dem Johannesevangelium 29

Arbeitsmaterialien für Leiter/innen 33

Arbeitsmaterialien für die Teilnehmer/innen 50

Kurs: Die Botschaft von der Auferstehung Jesu 69
  Von den ältesten Bekenntnissen zu den Ostererzählungen

Einführung 70

Verlaufsübersicht 71

Inhaltliche Schwerpunkte 72

1. Einheit: Die Emmauserzählung und die eigene Lebenswirklichkeit 75
  Alternativ: Die Emmauserzählung und ihr Weg 77

2. Einheit: Urchristliche Verkündigung der Auferstehung 80

3. Einheit: Die Grabesgeschichten – erzählende Tradition der Osterevangelien 85

4. Einheit: Erscheinungsgeschichten: Maria von Magdala begegnet dem Auferstandenen ... 90
  Alternativ: Erscheinung Jesu am Meer von Tiberias 92

5. Einheit: Zusammenfassender Überblick über das Osterereignis, die Ostererfahrung, das Osterbekenntnis und die Osterverkündigung ... 95

6. Einheit: Die beiden Erzählungen von der Entrückung Jesu in den Himmel 95

Arbeitsmaterialien für Leiter/innen 99

Arbeitsmaterialien für die Teilnehmer/innen 121

Die Durchführung der Kurse

Die Vorbereitung auf das Kurswochenende
Als Vorbereitung auf das kommende Kurswochenende ist es gut, die Bibeltexte, die an diesem Wochenende bearbeitet werden und die auf dem Nachbereitungsbogen vemerkt sind, zu lesen (und evtl. ausgewählte Lektüre auf das Thema).

Die Kurswochenenden
Jedes Kurswochenende beginnt mit einer Eröffnung im Plenum. Hierbei werden eine Einführung in das Thema des Kursteils und ein Überblick über dessen Verlauf gegeben, organisatorische Fragen geklärt und die Teilnehmer/innen auf das Wochenende eingestimmt durch gemeinsames Singen oder eine erste kleinere gemeinsame Einheit im Plenum.
Dann folgt für den größeren Teil des Wochenendes die Arbeit an ausgewählten Texten. Es wird parallel in Kleingruppen mit je einem Referenten / einer Referentin des Leitungsteams gearbeitet (jede Gruppe sollte nicht mehr als 12 Teilnehmer/innen umfassen). Die Zusammensetzung der Gruppen wechselt von Wochenende zu Wochenende. Der Samstagabend ist in den einzelnen Kursteilen unterschiedlich geplant, zum Teil als Arbeit in der Kleingruppe, z. T. mit alternativen, eher meditativen bzw. erfahrungsbezogenen Elementen. Am Ende des gemeinsamen Lernwegs steht am Sonntag ein zusammenfassender Überblick, den einer der Kursleiter/innen in einem Plenumsreferat gibt.
Der abschließende Gottesdienst nimmt die Erfahrungen des Wochenendes auf und führt die Teilnehmer/innen zu einer gemeinsamen Glaubensfeier zusammen. (Die Anregungen für die [Wort-]Gottesdienste im Kursmaterial berücksichtigen, dass vielfach heute kein Priester oder Pfarrer im Leitungsteam ist oder Kurse ökumenisch angeboten werden.)

Die persönliche Nachbereitung
Zur Vertiefung der Thematik des Wochenendes erhalten die Teilnehmer/innen ein Angebot zur persönlichen Nachbereitung. Das Blatt bietet zunächst die Möglichkeit zur eigenen Reflexion, was wichtig geworden ist am Wochenende. Dann enthält es Fragen zu den wichtigsten Inhalten des vorangegangenen Wochenendes sowie einen Lektürevorschlag als Vorbereitung für das kommende Wochenende.

Die Regionalgruppe
Zwischen den Kurswochenenden treffen sich die Teilnehmer/innen an einem Abend oder Nachmittag in regionalen Gruppen zur gemeinsamen Nachbereitung, nach Möglichkeit unter Leitung eines Referenten/einer Referentin aus dem Leitungsteam. Bei diesem Treffen werden die vom Wochenende offen gebliebenen Fragen besprochen. Außerdem wird ein weiterer biblischer Text, der zur Thematik des vorausgehenden Wochenendes in Beziehung steht, miteinander erarbeitet. Die Regionaltreffen dienen außerdem dazu, die Teilnehmer/innen zu motivieren und einzuladen, sich auch zwischen den Kurswochenenden mit der angesprochenen Thematik zu befassen. Manche dieser Regionalgruppen bestehen nach Beendigung des Kurses als Bibelkreise weiter. Die Vorschläge für die Regionalgruppenarbeit sind identisch mit der letzten, auf die Zusammenfassung folgende Einheit des jeweiligen Kursteils, vgl. jeweils die Verlaufsübersicht.

Kursmaterialien

Bibel
Vorausgesetzt wird, dass die Teilnehmer/innen eine **Bibel** (Altes und Neues Testament) mitbringen. Das führt fast immer dazu, dass in der Kleingruppe unterschiedlichste Übersetzungen vorhanden sind. Dies ist kein Hindernis, sondern oft gerade ein Anreiz, die Vielfalt des Textes (wie der Übersetzungs- und damit der Interpretationsmöglichkeiten) zu entdecken. Die TN gewinnen so Kriterien, einzelne Bibelübersetzungen voneinander zu unterscheiden und zu beurteilen.

Neben den Materialien des Grundkurses Bibel haben sich einige **Ergänzungen** bewährt:

Begleitlektüre
Zum Kursbeginn erhalten die Teilnehmer/innen als Begleitlektüre:
– Jürgen **Roloff**: Einführung in das Neue Testament. (Universalbibliothek 9413). Stuttgart: Reclam 1995.
oder
– Felix **Porsch**: Kleine Theologie des Neuen Testaments. (Begegnung mit der Bibel). Stuttgart: Verlag Katholisches Bibelwerk 1995.

Liederbücher
Für das Singen im Kurs werden zwei Liederbücher empfohlen (die im Grundkurs angegebenen Liednummern sind diesen Liederbüchern entnommen):

– **Du wirst ein Segen sein.** Neue Lieder für Gottesdienst und Gemeinde. Hg. Karl Maderner, 4. verbess. Aufl. Heiligenkreuz a. W: Verlag Haus der Stille 1993. ISBN 3-9500115-2-8.
– **Troubadour für Gott.** Hg. Kolping-Bildungswerk Diözesanverband Würzburg, 6. erw. Aufl. 1999 (Bestelladresse: Sedanstr. 25, 97082 Würzburg).

Lieder, die sich auf die Kurseinheiten beziehen und nicht in den beiden Liederbüchern oder in den Gesangbüchern der katholischen und evangelischen Kirche enthalten sind, wurden in die Materialsammlung aufgenommen.

Die Passion Jesu

Die Deutung der Evangelisten im synoptischen Vergleich

Kurs: Die Passion Jesu
– Einführung –

In diesem Kurs geht es um die Passion Jesu. Dabei kommen die Kreuzigung Jesu selbst ebenso in den Blick wie die (historischen) Umstände des Leidens und die Deutungen der frühchristlichen Gemeinde und ihrer Evangelisten.

Zu den einzelnen Einheiten
Bevor die Passionserzählungen näher bearbeitet werden, kommt der Text selbst zur Sprache. Dafür wurde die **Passion nach Markus,** die älteste Passionsüberlieferung der Evangelien, ausgewählt. Auf dieser Grundlage baut in der nächsten Einheit die Arbeit mit dem Text auf. In einem kurzen Plenumsreferat erfahren die TN historische Gegebenheiten zum Tod Jesu. Am Text können dann die Deutungsversuche der frühen Christ/innen entdeckt werden, mit denen diese das Unfassbare des Todes Jesu zu verstehen suchten. Es wird deutlich: Der Kreuzestod Jesu war für die Jüngergemeinde ein fast unüberwindliches Ärgernis, eine existentielle Glaubenskrise, und forderte unbedingt eine **theologische Deutung**.
Die Beantwortung der Frage: „Warum musste Jesus sterben?" kann die TN motivieren, sich mit diesem Ärgernis persönlich auseinanderzusetzen und Antworten zu finden, die sowohl eigene Erfahrungen wie auch erlernte theologische Deutungsmodelle zur Sprache bringen. Die Schuldfrage wird dabei ebenso aufgeworfen wie mögliche antijüdische Tendenzen.
In der genauen Kenntnis des Markustextes können dann in der dritten Einheit die beiden anderen **Synoptiker** in möglichst eigenständiger Textarbeit verglichen werden. Aus der jeweiligen Umgestaltung und Prägung der vorgegebenen Traditionen lassen sich die theologischen Absichten und Deutungen gut erheben.
Synoptisch kann jedoch nicht nur der Tod Jesu selbst gelesen werden, sondern auch die Schilderung einzelner beteiligter Personen. Dafür kann alternativ zur dritten Einheit die Rolle des Judas genauer angesehen werden. Auch hier klärt sich die Frage, warum Jesus sterben musste. Dabei geraten die näheren Umstände, die zum Tod Jesu führten, in den Blick. In dieser Einheit kann die Schuldfrage einen breiteren Raum einnehmen.
Heutige Deutungen der Passion klingen durch die verschiedenen **Filme** an.
Das **Plenumsreferat** fasst die gewonnenen Einsichten zusammen, ergänzt sie und weist in einem Schaubild auf Entwicklungen und Zusammenhänge hin.
Neben den synoptischen Passionsdarstellungen kommt in der **zusätzlichen Einheit** die **Johannespassion** mit ihren theologischen Leitlinien zu Wort.

Zur Methodik
Die Passionsgeschichten erweisen sich für den **synoptischen Vergleich** und für die Einführung in die Arbeit mit der Synopse aus folgenden Gründen als besonders geeignet:
– Sie entstehen zuerst und bilden den Grundstock der Evangelienschreibung.
– Die theologischen Akzente und Absichten der einzelnen Synoptiker treten in ihnen relativ stark in den Vordergrund.
– Die Auseinandersetzung der frühen Gemeinde mit der Jesusüberlieferung in ihrer jeweiligen Situation zeichnet sich in ihnen besonders charakteristisch ab. So lässt sich die Vielfalt urchristlicher Theologie leicht ablesen.
– Gemeinsamkeiten, Unterschiede und gegenseitige Abhängigkeiten in der Überlieferung der Evangelisten werden in ihnen durchsichtig und anschaulich.
– Das Markus-Grundgerüst wird hier von Matthäus und Lukas, den beiden späteren Synoptikern, weitgehend beibehalten. Das erleichtert gerade für den Anfang den Umgang mit der Synopse.

Verlaufsübersicht

Freitag

19.00 Uhr — Einführung in den Kurs

19.30 Uhr — **Erste Einheit:**
Die Passion nach Markus (I)

Samstag

7.45 Uhr — Morgenimpuls: *Kreuz-Zeichen – ganzheitlich erfahren*

9.00 Uhr — **Zweite Einheit:**
Die Passion nach Markus (II)

15.00 Uhr — **Dritte Einheit:**
Synoptischer Vergleich der Passionsgeschichten
ALTERNATIV:
Die Rolle des Judas in der Passion Jesu

19.30 Uhr — **Vierte Einheit:**
Deutende Aktualisierung der Passion im Film

Sonntag

7.45 Uhr — Morgenimpuls: *Psalm 22 – Betrachtung einer alttestamentlichen Deutungshilfe*
ALTERNATIV:
Morgenimpuls: *Sich kreuzen lassen – naturale Meditationsübung*

9.00 Uhr — **Fünfte Einheit:**
Zusammenfassender Überblick über die Deutungen des Todes Jesu

10.30 Uhr — Blitzlicht

10.45 Uhr — Gottesdienst

Zusätzliche Einheit

Sechste Einheit:
Die Passion Jesu nach dem Johannesevangelium

INHALTLICHE SCHWERPUNKTE
1. Deutungen des Todes Jesu in der urkirchlichen Überlieferung

1.1 Grundlegende Voraussetzungen: Die Eigenart der Darstellung und ihre Motive

Für das Verständnis der Passionsgeschichten ist vor allem die Einsicht in die Eigenart ihrer Darstellung und beherrschenden Motive von grundlegender Bedeutung. Was für die Evangelien als Ganze gilt, trifft in besonderer Weise auf die Passionsgeschichten zu: Sie sind nicht einfach biografische oder historische Berichte vom Leiden und Sterben Jesu, sondern immer schon **gedeutete Geschichte**. Es geht ihnen nicht in erster Linie um „nackte Tatsachen", um Berichte vom Ablauf der Ereignisse („wie es wirklich passiert ist"), sondern um ein theologisches Verstehen des Geschehenen.

Die Passionsgeschichten wollen auf die Frage antworten, warum Jesus sterben musste, wie er gestorben ist und welche Bedeutung sein Tod für die Menschen hat. Sie fragen also zuerst nach dem Sinn des Geschehens. Zugleich haben sie die Situation und das Leben der Gemeinden und Gläubigen späterer Zeit im Blick und erzählen die Ereignisse so, dass die Vorbildlichkeit des Verhaltens Jesu darin zum Ausdruck kommt.

Bei der Interpretation der Passionsgeschichten ist zu berücksichtigen, dass es nachösterliche Darstellungen sind, die aus dem Rückblick deuten, deutende Erinnerung sind. In den Passionsgeschichten haben wir nicht Jesu eigene Deutung seines Todes vor uns, sondern **wie die spätere Gemeinde Jesu Tod nach Ostern – im Licht von Ostern – verstanden hat.** Dabei darf begründeterweise angenommen werden, dass zwischen der Sicht der Gemeinde und dem Verständnis Jesu kein Widerspruch, sondern Kontinuität besteht. Allerdings spielen bei der Deutung im Rückblick auch die Erfahrungen eine wichtige Rolle, die die Jünger während des irdischen Wirkens Jesu mit ihm gemacht haben. Sein einmaliger Anspruch weckte ja erst die Frage nach dem Sinn seines Todes: Wie war dieser Tod mit dem Anspruch und dem Leben Jesu in Einklang zu bringen? Wer so wie Jesus aus Gott und auf ihn hin lebte, den konnte Gott doch nicht einfach verlassen haben! In diesem Sinn war die Frage nach dem Sinn des Todes Jesu für die Jünger zugleich eine Frage nach dem Gott Jesu und nach ihrem eigenen Gottesbild. Wer ist dieser Gott, wenn sein Messias am Kreuz stirbt?

Jesus selbst hat sich – soweit es die heutigen literarischen Quellen, also die Evangelien, erkennen lassen – während seines öffentlichen Wirkens nicht direkt zu seinem Tod geäußert (zu den sog. „Leidensansagen" und zur Bedeutung des Berichts vom letzten Mahl Jesu für das eigene Todesverständnis Jesu vgl. weiter unten). Das bedeutet allerdings nicht, dass wir gar nichts darüber wissen können, „ob oder wie Jesus in seinem Todesschicksal einen Sinn gefunden hat" (Rudolf Bultmann).

Was das Verständnis der Jünger vor Ostern betrifft, so zeigt ihr Verhalten bei der Festnahme Jesu jedenfalls, dass sie damals noch nicht begreifen konnten, was eigentlich geschah.

1.2 Das Ärgernis des gekreuzigten Messias

Die Hinrichtung durch Kreuzigung geschah zur Zeit Jesu sehr häufig. Es war die Hinrichtungsart der römischen Besatzungsmacht für politische Aufwiegler und Verbrecher. Jesu Kreuzigung war in dieser Hinsicht also nur ein Fall unter vielen anderen. (Er wurde ja auch mit zwei anderen zusammen hingerichtet.)

An einen gekreuzigten Messias zu glauben, war, wie Paulus schreibt, „für Juden ein empörendes Ärgernis, für Heiden eine Torheit" (1 Kor 1,23). Für Juden war ein Gekreuzigter von ihrem Vorverständnis her zunächst ein von Gott Verlassener oder gar Bestrafter. Denn so lasen sie in Dtn 21,23: „Ein Gehenkter ist ein von Gott Verfluchter." Die Antwort auf die Frage nach dem Sinn, nach dem Warum des Todes Jesu musste in zwei Richtungen gegeben werden, gleichsam nach innen und nach außen. Zunächst mussten die Jünger selbst mit diesem Ende Jesu (und das heißt auch mit der Zerstörung ihrer Hoffnungen) fertig werden. Um weiter an Jesus als den Messias glauben zu können, mussten sie in diesem Tod Jesu einen gottgewollten Sinn erkennen können. Denn für die Jünger musste der frühe, erniedrigende und grausame Tod Jesu in jedem Fall eine schwere Glaubensanfechtung sein.

Dann aber mussten sie auch in der **Auseinander-**

setzung mit Außenstehenden die Ärgernis erregende Tatsache des Kreuzestodes Jesu vertreten, die Christen selbst Schwierigkeiten machte und bei anderen z. T. Spott hervorrief.

Spottkreuz mit dem Text: „Alexamenos betet seinen Gott an", ca. 300 n. Chr. (Graffiti auf dem römischen Palatin)

So verfolgt die Passionsgeschichte auch ein apologetisch-missionarisches Ziel. Da die ersten Christen Juden waren, brauchte sich die „Beweisführung" nicht zu unterscheiden: Für beide, für die Jünger und die Gegner im Judentum, konnte die Antwort nur aus der Schrift (des AT) kommen. Nur wenn der Tod Jesu schriftgemäß war, d. h. im Einklang mit dem Willen Gottes stand, war es möglich, ihn zu verstehen und im Glauben zu bewältigen.

1.3 Der Rückgriff auf die Heilige Schrift – ein neues Schriftverständnis

Vom Geschick Jesu her, von seinem Leben, seinem Tod und seiner Auferstehung, erhielten viele biblische Texte einen neuen Sinn. Man las sie jetzt anders als vorher; Texte, die vorher nicht immer zu den bedeutsamsten des AT gehörten, erhielten jetzt ein anderes Gewicht und eine neue, tiefere Bedeutung. Man las sie jetzt messianisch bzw christologisch.

Es waren vor allem Texte aus den **Psalmen** (z. B. Ps 22; 69), aber auch aus **Deuterojesaja** (vor allem das 4. Gottesknechtslied Jes 52,13–53,12) und dem Buch der Weisheit (Weish 2,12-20; 5,1-7). Jetzt erschienen sie wie Vorverweise auf das Geschick Jesu. Mit ihnen konnte man zeigen, dass das Geschehen mit Jesus nicht im Widerspruch zu seiner Auserwählung durch Gott stand. Schon früher schuf Gott aus scheinbarem Scheitern seiner Erwählten Heil.

1.4 Zwei Deutungsmodelle

Es waren vor allem zwei Vorstellungen bzw. Modelle, die sich zur Deutung des Leidens und Sterbens Jesu aus der Schrift anboten. Das eine war die Vorstellung vom **„gewaltsamen Geschick der Propheten"**. Sie findet sich in der Spruch- oder Redequelle (Q). In ihr wird Jesus als der letzte endzeitliche Prophet oder Gesandte der Weisheit verstanden. Jesus teilt das Geschick vieler Propheten, die auf Ablehnung stießen und getötet wurden (vgl. Lk 11,47-52; auch Lk 4,16-30). In Lk 13,34 wird die Ablehnung der Propheten ausdrücklich auf Jesus bezogen: „Jerusalem, Jerusalem, du tötest die Propheten und steinigst die Boten, die zu dir gesandt sind. Wie oft wollte ich deine Kinder um mich sammeln ...; aber ihr habt nicht gewollt." Mit dem „ihr werdet mich nicht mehr sehen" im folgenden Vers 35 ist dann deutlich auf den Tod Jesu in Jerusalem angespielt. (Diese Deutung in der Redequelle wird im Kurs nicht ausdrücklich behandelt.)

Das zweite Modell ist das vom **unschuldig leidenden Gerechten** und seiner Erhöhung durch Gott. Ein ungerechterweise verfolgter und darum unschuldig leidender Gerechter wird wider alles Erwarten nach seinem Leiden und Tod von Gott gerechtfertigt und erhöht. Diese Vorstellung liegt (als Modell oder Schema) in Ps 22, in Jes 52,13 – 53,12 und Weish 2,10-20 und 5,1-12 vor. Diese Texte können zeigen, dass Verfolgung, Leiden und gewaltsamer Tod nicht Zeichen der Verwerfung durch Gott sind. Vielmehr wird solches Geschick geradezu zum Kennzeichen der Auserwählung. An ihm kann man erkennen, dass Gott mit diesem Menschen ist.

1.5 Bedeutung für die vormarkinische Passionsgeschichte

Die vormarkinische Passionsgeschichte ist in ihrer theologischen Deutung des Leidens und Sterbens Jesu ganz von dieser Tradition bestimmt. Diese zeigt sich allerdings weniger in ausdrücklichen Zitaten als durch Anspielungen. (Ein ausdrückliches Zitat, jedoch ohne Zitationsformel, findet sich nur in Mk 15,34, wo Jesus den Anfang von Ps 22 laut betet.) Sie bilden gleichsam die theologische Tiefenstruktur, den theologischen Hintergrund des Berichts. Es handelt sich also nicht um einen Schriftbeweis, sondern um den **Nachweis der Schriftgemäßheit**. Dass Jesu Leiden und Sterben „gemäß den Schriften" geschah, bedeutet, dass es im Einklang mit Gottes Willen stand. In dieser Sicht erschienen für die Schriftkundigen auch Einzelheiten der Passion als schriftgemäß. Dazu gehören z. B. die Kleiderverteilung (Ps 22,19), das Tränken mit Essig (Ps 69,22), das Kopfschütteln der Vorübergehenden (Ps 22,8) und die Schmähung durch die Mitgekreuzigten (Ps 69,10, vgl. Jes 53,12). Der laute Schrei könnte auf die Psalmstellen 22,25; 31,23; 69,4 anspielen. Die der Todesstunde vorausgehenden Ereignisse wie die Misshandlung Jesu und die Bezeichnung des Verräters könnten in Jes 50,6 bzw. Ps 41,10 ihre alttestamentlichen Bezugsstellen haben.

Die angeführten Beispiele zeigen, dass neben den Gottesknechtsliedern vor allem die Psalmen den Deutungshintergrund lieferten. Beachtenswert ist, dass einige alttestamentliche Stellen auch die Erhöhungsvorstellung enthalten und somit bereits die Auferstehung erahnen lassen (vgl. Ps 22; 69; Jes 53).

Der vormarkinische Passionsbericht erzählte so im Rückgriff auf alttestamentliche Texte den Weg Jesu zum Leiden und seine Rechtfertigung durch Gott (Motiv des leidenden Gerechten). Er ist daher nicht einfach ein Tatsachenbericht, sondern verfolgt vor allem die Absicht, eine Antwort auf die Frage nach dem Sinn des Todes Jesu zu geben.

1.6 Die Entwicklung bis zum markinischen Passionsbericht

Die ältesten Zeugnisse von Jesu Sterben finden sich in den Briefen des Paulus, der selbst auf alte **Bekenntnisformeln** zurückgreift. Es handelt sich um die sog. „Sterbeformel" und „Dahingabeformel". In ihnen wird nicht nur das Sterben Jesu ausgesagt, sondern die Heilsbedeutung des Todes Jesu, sein Sterben „für uns". Dieses Bekenntnis findet sich in der Form „Christus ist für uns gestorben" (vgl. 1 Thess 5,10; 1 Kor 8,11; 15,3; 2 Kor 5,14f.; Röm 5,6.8; 14,15) oder „Gott hat seinen Sohn für uns dahingegeben" bzw. Christus „hat sich selbst für uns (für mich) hingegeben" (vgl. Röm 8,32; Gal 2,20; Eph 5,2.25). Das Bekenntnis zur Heilsbedeutung des Todes Jesu steht dabei nie isoliert, sondern wird immer im Zusammenhang mit der Auferstehung gesehen. Beide Aspekte sind in 1 Kor 15,3 in einem kurzen Glaubensbekenntnis kombiniert. Das Bekenntnis zur Heilsbedeutung des Todes Jesu geht letztlich auf Jesu eigene Deutung seines Todes beim letzten Mahl zurück (vgl. unten).

1.7 Die erzählerische Entfaltung des Bekenntnisses

Die Passionsgeschichten können gleichsam als die berichtend-erzählerische Entfaltung der kurzen Bekenntnisformeln verstanden werden (wobei nicht notwendigerweise ein strenges chronologisches Nacheinander anzunehmen ist).

Zunächst hat es sicher einen sehr kurzen Passionsbericht gegeben, der dann allmählich erweitert wurde. So hat man z. B. die Tradition von der Salbung und die Einzugsgeschichte vorangestellt und auch erst später den Bericht vom letzten Mahl eingefügt. Andere Überlieferungen, wie die von der Gefangennahme mit dem Verrat des Judas, die Verleugnung des Petrus und die Verhandlungen vor dem Hohen Rat und vor Pilatus, haben sicher erst in einem längeren Prozess die heutige Form erhalten (vgl. die Entwicklung im Johannesevangelium!).

Schließlich hat man auch den Bericht vom öffentlichen Wirken Jesu auf das Passionsgeschehen ausgerichtet (vgl. die Angabe in Mk 3,6). Diesem Anliegen dienen vor allem die drei Leidensansagen (Mk 8,31; 9,31; 10,33f. par.). Mit ihren detaillierten Angaben machen sie den Eindruck nachösterlicher Zusammenfassungen und Deutungen (vgl. bes. 10,33f.).

1.8 Verschiedene Motive und Aspekte

Neben dem bereits erwähnten Hauptmotiv, eine Antwort auf die Frage nach dem Sinn des Todes Jesu zu geben, gibt es noch zahlreiche Nebenmotive und Aspekte, die in der Passionsgeschichte zur Sprache kommen. Dabei unterscheiden sich die Evangelisten in der Herausarbeitung besonderer Züge gemäß ihrer allgemeinen Tendenz bzw. Theologie oder Christologie. Zu ihnen gehören u. a. (etwas vereinfachend und schematisch dargestellt):

– Das **dogmatisch-christologische Motiv** (das allgemeiner ein verkündendes meint). Die Evangelisten betonen (mit unterschiedlicher Akzentuierung) das Vorwissen Jesu und seine Souveränität auch im Leiden. Jesus weiß, was auf ihn zukommt. Die Passion überfällt ihn nicht unvorbereitet wie ein unvermeidliches Geschick (vgl. die Verratsansage und die Ölbergszene). Während der Verhandlungen erscheint er in hoheitlicher Würde wie einer, der alles durchschaut und furchtlos seinem Tod entgegengeht. (Diese Aspekte sind dann bei Johannes noch stärker hervorgehoben.)

– Das **politische Motiv**. Bei dem Verhör vor den jüdischen Autoritäten (dem Hohenpriester und der jüdischen Ratsversammlung des Synedrions bzw. des Hohen Rates) wird Jesus, auf dem Hintergrund jüdischer Erwartungen, als der Messias und Menschensohn und „König Israels" erwiesen. Der eigentliche Prozess findet jedoch vor dem römischen Präfekten Pilatus statt. Dabei spielt der Nachweis der Unschuld Jesu eine wichtige Rolle. Dadurch soll auch gezeigt werden, dass Jesus eigentlich nicht im Auftrag des Kaisers als politischer Aufwiegler hingerichtet wurde, sondern auf Betreiben der jüdischen Autoritäten. Sie kommen in diesem Prozess besonders schlecht weg und werden umso mehr belastet, je mehr die Römer entlastet werden. (Dies gerade bei Matthäus und Johannes. Näheres zu den einzelnen Evangelisten weiter unten.)

– Das **paränetische (= ermahnend, auffordernd) Motiv**. Bei diesem Motiv geht es um die Vorbildlichkeit Jesu für die Gemeindeglieder. Sie sollen aufgerufen und motiviert werden, Jesus auf seinem Weg zu folgen, auch wenn dieser durch Verfolgungen, Leiden und Sterben geht.

Sie sollen nicht vergessen, dass der Messias und Erlöser der Gekreuzigte ist. Wie Jesus müssen die Jünger/innen bereit sein, um des Glaubens willen Verfolgungen und Leiden auf sich zu nehmen und sich furchtlos zum Herrn zu bekennen. Vorbild für die Christ/innen ist Jesus auch in seinem Gebetsringen in Getsemani mit seiner totalen Hingabe an den Willen des Vaters. Die Vorbildlichkeit bezieht sich nicht nur auf Jesus. Auch andere Personen der Passionsgeschichte werden nicht nur in ihrer Individualität gesehen, sondern auch als nachahmenswerte oder abschreckende Beispiele geschildert. Das gilt z. B. für das Verhalten des Petrus, der den Herrn zwar verraten hat (wie vielleicht mancher Christ), der dies aber zutiefst bereut. Das Gegenbeispiel ist Judas. Andere Vorbilder sind Simon aus Zyrene und die Frauen. (Hier sei darauf hingewiesen, dass die Evangelisten auch durch ihre Kompositionstechnik ihr besonderes Anliegen zum Ausdruck bringen können. So stellt z. B. Markus durch seine Anordnung die Gleichzeitigkeit – und damit die direkte Gegenüberstellung – des Bekenntnisses Jesu vor dem Hohen Rat und die Verleugnung des Petrus heraus [14,54.55-65.66-72]. Auch bei Lukas ist die Gegenwart Jesu während der Verleugnungsszene durch die literarische Komposition erreicht [22,54-62]. Matthäus stellt dagegen das Verhalten des Petrus dem des Judas gegenüber [26,69-75; 27,3-10].)

– Das **Erinnerungsmotiv**. Bei aufmerksamem Lesen fallen Wiederholungen und Dreigliederungen im Passionsbericht auf. Gesetze der Wiederholung sind typisch für kultische und liturgische Feiern. So weisen diese Wiederholungen auf einen konkreten Sitz im Leben, nämlich die liturgische Feier, hin, bei der die Passion vorgetragen, vielleicht sogar in einer „kultischen Begehung" gefeiert wurde. Durch die Wiederholung bei der Feier können sich die Gläubigen in die Motive und Deutungen des Geschehens einüben. So wird das schwer Verstehbare aufgenommen.

– Das **apokalyptische Motiv**. Auf das Anliegen, Jesu Tod als Endzeitgeschehen zu kennzeichnen, weisen apokalyptische Motive wie die Finsternis bei Jesu Tod, die Auferstehung von den Toten, das Zerreißen des Tempelvorhangs und wohl auch das Drei-Stunden-Schema bei Markus hin. Mit Jesu Tod bricht eine neue Epoche an.

– Das **historische Motiv**. Obwohl die Evangelisten bei der Darstellung der Passion Jesu in erster Linie die gegenwärtige Situation ihrer Gemeinde im Blick gehabt haben dürften, ist ihnen ein historisches Interesse nicht abzusprechen. Sie wollten nicht einen zeitlosen Mythos verkünden, sondern ein geschichtliches Ereignis: das Leiden und Sterben des Jesus von Nazaret. Sie wollten auch berichten, was wirklich geschehen war mit diesem Jesus, der unter Pontius Pilatus gekreuzigt wurde und gestorben ist. Juden wie Christen bekennen immer das Wirken Gottes in der Geschichte.

Noch einmal sei in diesem Zusammenhang an die **Bedeutung der Ostererfahrung** erinnert. Die Jünger sind nicht – wie man nach dem Gesagten missverstehen könnte – durch Reflexion über Schriftstellen zu ihrer Deutung des Todes Jesu gekommen, sondern durch die Erfahrungen mit dem Auferstandenen (in einprägsamer Weise von Lukas in der Emmausgeschichte dargestellt!). Das war das auslösende Ereignis. Ohne diese Erfahrung hätte sich Jesu Leiden und Sterben nicht von dem Leiden und Sterben eines anderen (berühmten) Menschen unterschieden, wäre es nie zur Verkündigung der Heilsbedeutung des Todes Jesu gekommen.

1.9 Jesu eigene Deutung seines Todes beim letzten Mahl

Bisher ging es um die Deutung des Todes Jesu in der nachösterlichen Rückerinnerung der Gemeinde. Wenigstens kurz soll noch auf Jesu eigenes Todesverständnis eingegangen werden, obwohl dies schwierig ist. Die Leidensansagen kommen nicht in Frage, da sie aus der Rückschau gestaltet sind, wenn auch ein historischer Kern, besonders für Mk 8,34, nicht auszuschließen ist.

Dass Jesus sein letztes Mahl mit den Jüngern im Bewusstsein seines nahen Todes gehalten hat, kann auch historisch als gesichert gelten. Damit erhält es den Charakter eines **Abschiedsmahls**, einer testamentarischen Handlung. Es ist somit gleichsam die Zusammenfassung und Verdichtung seines ganzen Lebens, das ein „Dasein für andere" war. In Worten und Zeichen (den Mahlgesten) deutet Jesus sein Leben und Werk. Als **zeichenhafte Vorausdarstellung seiner Lebenshingabe** vollendet das gemeinsame Essen in letzter Konsequenz seine Sendung als Dienst an den Menschen (vgl. besonders Lk 22,14-27). Ob es ein jüdisches Paschamahl war, ist bis heute umstritten. Zwar setzt bereits der vormarkinische Bericht ein Paschamahl voraus (vgl. Mk 14,12-16), doch könnte diese Verbindung erst nachträglich hergestellt worden sein. Der eigentliche Mahlbericht nimmt jedenfalls keinen eindeutigen Bezug darauf (z. B. keine Erwähnung des Paschalammes). Nach der johanneischen Darstellung stirbt Jesus außerdem schon vor dem Paschafest (18,28). Die überlieferten vier Fassungen der Evangelien, die im Wortlaut nicht völlig übereinstimmen, gehen auf zwei Grundformen zurück: auf die (vor-)markinische, von der Matthäus abhängt, und auf die (vor-)paulinische Form, mit der die lukanische verwandt ist. Die Berichte überliefern also nicht eindeutig Jesu eigene Worte. Was sie dagegen übereinstimmend zum Ausdruck bringen, ist Jesu ureigene Intention.

Dem eigentlichen Mahl geht bei Lukas eine „Todesprophetie" voraus (22,16-18), die bei Markus am Schluss steht (14,25). Nach dieser Prophetie geht Jesus mit dem Bewusstsein in den Tod, dass sein Sterben nicht einfach das Ende seines Lebens und seiner Sendung ist. In einer Haltung absoluten Vertrauens legt Jesus sein Leben und Sterben ganz in die Verfügungsgewalt des Vaters (vgl. Mk 14,36). Wie sein ganzes Leben ist damit auch sein Sterben mit dem Kommen der Gottesherrschaft in eine unauflösliche Beziehung gesetzt. Jesus bleibt für immer das „Begegnungszeichen" dieser Gottesherrschaft und sein Tod erhält im Hinblick auf sie Heilsbedeutung.

Durch Worte und Gesten deutet Jesus selbst Brot und Wein als Zeichen seiner Lebenshingabe. „Das (ist) mein Leib", „das (ist) mein Blut" meint: „Das bin ich als der in den Tod Hingegebene". Dass diese Lebenshingabe ein Tod für andere ist, verdeutlichen die Worte „das Blut des Bundes, das für viele vergossen wird" (Mk 14,24). Sie verweisen auf den Bundesschluss am Sinai (Ex 24,8) und auf das stellvertretende Leiden des Gottesknechts (Jes 53,11f.). Die vorpaulinische Überlieferung hebt dagegen auf den „Neuen Bund" ab, der in Jer 31,31f. für eine kommende Heilszeit angekündigt wird (vgl. 1 Kor 11,24f.; Lk 22,19f.). Dieser Neue Bund wird nach dem Verständnis der christlichen Gemeinde im Unterschied zum Alten durch das Blut Jesu, d. h. durch seine Lebenshingabe, gestiftet und ermöglicht.

2. Theologische Grundzüge der Passionsdarstellungen in den synoptischen Evangelien

2.1 Markus

Das ganze Markusevangelium ist auf die Passion Jesu hingeordnet. Während des öffentlichen Wirkens bleibt das wahre Wesen Jesu verborgen. Es gibt nur „geheime Epiphanien" (= Erscheiungen). Dieses **„Gottessohngeheimnis"** wird nun in der Passion enthüllt. Erst während des Verhörs vor dem Hohen Rat bekennt Jesus sich erstmals öffentlich als Messias und Menschensohn (14,62) und erst in der Stunde des Todes erkennt ein Mensch, ausgerechnet ein Heide, in Jesus Gottes Sohn (15,39). (Die Adressaten des Markusevangeliums sind Heiden- und Judenchristen!)

Jesus ist in der Sicht des Markus der gehorsam und verborgen seinen Weg gehende **Gottessohn,** dessen wahres Wesen sich erst im Tod enthüllt. Auch als Gekreuzigter lässt er sich nicht dazu provozieren, einer falschen, menschlichen Messiasvorstellung nachzugeben (vgl. 15,32). Dass Jesu Weg dem Willen Gottes entsprach, kommt bei Markus fast nur in den vielen indirekten Anspielungen an die Schrift zum Ausdruck.

Bereits Markus verfolgt auch ein paränetisches, d. h. **ermahnendes Ziel**. Sicher hat gerade die Art, wie Markus die Jünger und ihr Versagen betont, eine aktuelle Bedeutung für seine Gemeinde gehabt. Wie bei den Jüngern gibt es in ihr Enttäuschung, Ängstlichkeit, Versagen, vielleicht auch Abfall und Verrat. Aber es gibt auch den Weg der Umkehr und Reue wie bei Petrus (14,77). Darüber hinaus zeigt Markus, dass Leiden und Verfolgungen wesentliche Kennzeichen der Jüngerexistenz sind, so wie sie auch zum Leben Jesu gehörten.

2.2 Matthäus

Matthäus hat vor allem die Freiheit und **Souveränität Jesu** im Passionsgeschehen herausgestellt. Jesus ist der Vorherwissende (vgl. 26,2.25.45) und der eigentliche Herr des Geschehens (vgl. 26,18.25.50.53f.).

Die Passion ist bei Matthäus Durchgangsstation auf dem Weg zur Einsetzung Jesu in die universale Machtstellung als **Herr (Kyrios)** (28,16-20). Sie ist viel stärker als bei Markus mit der Auferstehung verbunden. Schon bei Jesu Tod ereignen sich Zeichen, die eine **neue Welt** ankündigen (27,51-53). So erweitert Matthäus die kurze Bemerkung des Markus über das Zerreißen des Tempelvorhangs (Mk 15,38) zu einer dramatischen Szene, die wie eine „kleine Apokalypse" wirkt. Damit verstärkt Matthäus einerseits den eschatologischen (endzeitlichen) Charakter gegenüber Markus und betont anderseits auch am Kreuz die Würde Jesu, „dem alle Macht gegeben ist im Himmel und auf Erden" (Mt 28,18). Gerade diese Hoheit Jesu wird am Kreuz verspottet: „Hilf dir selbst, wenn du Gottes Sohn bist" (V. 40), während es bei Markus noch um das Tempelwort Jesu ging.

Anders als bei Markus werden von Matthäus Schrifttexte ausdrücklich zitiert und auch auf Einzelereignisse bezogen (vgl. 26,15.54.56; 27,9f.34.43). Das lässt auf eine schriftgelehrte Auseinandersetzung mit **jüdischen Gegnern** schließen, was der Grundtendenz des ganzen Evangeliums entspricht.

Diese Auseinandersetzung ist besonders deutlich in der Verurteilung Jesu zu spüren (Mt 27,15-26). Matthäus verstärkt die Negativ-Schilderung des Hohenpriesters und der Ältesten wie auch des jüdischen Volkes bis zu dem Schrei „Sein Blut komme über uns und unsere Kinder!" (V. 26). Dieser Vers hatte eine verhängnisvolle Wirkungsgeschichte, der wir uns als Christen selbstkritisch zu stellen haben. Er ist keine „ewig gültige Selbstverfluchung" des jüdischen Volkes. Er interpretiert, was Matthäus erlebt hat, nämlich die teils heftigen Auseinandersetzungen und Absetzungsbewegungen zwischen jüdischer und urchristlicher Gemeinde sowie die Zerstörung des Tempels von Jerusalem 70 n. Chr.

Im Verhältnis Jesu zum Vater betont Matthäus den **Gehorsam Jesu** gegenüber dem Willen des Vaters (vgl. sein Gebetsringen in Getsemani [26,36-46] und die Aufforderung zur Gewaltlosigkeit [26,52ff.]). Beides ist im Hinblick auf die Gemeinde gesagt. Sie soll ihrem Herrn darin nachfolgen.

2.3 Lukas

Schon seit 9,51 hat Lukas sein Evangelium konsequent auf die Passion und Auferstehung Jesu ausgerichtet, indem er Jesus auf dem Weg nach Jerusalem schildert (der sog. „Reisebericht": 9,51–19,27). Dort wird sich seine „Aufnahme" vollziehen (24,50f.). Jesu Weg zum Leiden entspricht nach Lukas dem göttlichen Heilsplan, der sich gerade in der Passion des Messias erfüllen „musste" (vgl. 9,22; 13,33; 17,25; 22,21-23.37). Das erkennen die Jünger allerdings erst nach der Auferstehung (24,7.26). Daher bezieht Lukas das Zeugnis der Schrift auch auf den ganzen Leidensweg Jesu, nicht auf Einzelereignisse der Passion (24,27.44).

Jesus geht den Weg zum Leiden als der **unschuldig leidende Gerechte** (vgl. 23,41.47; Apg 3,14; 7,52; 22,14). Das zeigt sich gerade im Bekenntnis des Hauptmannes unter dem Kreuz, das bei Lukas lautet: „Dieser Mensch war ein Gerechter" (Lk 23,47). Im Gebet, das Lukas besonders hervorhebt, findet Jesus Stärkung und gibt sich ganz in die Hand des Vaters (22,42; 23,46). Dabei ersetzt Lukas den Klageruf (Ps 22,2) des Sterbenden am Kreuz durch das Beten von Ps 31,6: „Vater, in deine Hände empfehle ich meinen Geist." Gerade in seiner Ergebung in den Willen Gottes ist Jesus als Vorbild für die Jünger gesehen. Obgleich Jesus bei Lukas sicher mehr als ein Märtyrer ist, weil sich in seinem Leiden Gottes Heilsplan auf einmalige Weise erfüllt, hat Lukas die Passion Jesu doch mit Zügen eines Märtyrerberichts ausgestattet. Dadurch soll die **Vorbildlichkeit Jesu** zum Ausdruck gebracht und zur Nachahmung eingeladen werden (vgl. das Martyrium des Stephanus Apg 7). Jesus ist der „Anführer und Retter" (Apg 5,31), der seinen Jüngern das Kreuz vorantträgt und dem die Jünger auf diesem Weg nachfolgen sollen (23,26). Selbst auf dem Leidensweg zeigt Jesus sich noch als der Heilende (gegenüber dem verletzten Knecht des Hauptmanns 22,51), Einfühlsame (gegenüber den Frauen am Weg 23,27-31) und Vergebende (Zuspruch an den Gekreuzigten an seiner Seite 23,43) und wird so zum Vorbild für Christ/innen.

Auffallend ist, dass Lukas das Verhalten der **Jünger** weniger negativ darstellt. Petrus leugnet nur, Jesus „zu kennen" (22,31f.), und die Jünger fliehen auch nicht alle, sondern bleiben in Jerusalem, dem religiösen Zentrum. So können sie dort später als Zeugen der Auferstehung und der Kontinuität der Heilsgeschichte auftreten.

Auch das **Volk** ist häufig auf der Seite Jesu: Es hört ihm zu (19,38; 20,1), verspottet den am Kreuz Hängenden nicht (23,35a) und kommt schließlich zur Einsicht und bereut (23,35.48). All diese Züge enthalten die Einladung, Jesus anzuerkennen und ihm zu folgen.

Eine Besonderheit des lukanischen Passionsberichts ist die bewusste Entlastung des **Pilatus**: Dreimal erklärt er Jesus für unschuldig (23,4.14.22). Dahinter steht eine missionarisch-werbende Absicht und eine Botschaft: Jesus wurde von den Römern nicht als Staatsfeind verurteilt und daher sind auch die Christ/innen politisch ungefährlich.

In der Passion Jesu sieht Lukas letztlich die Auseinandersetzung Jesu mit der „Macht der Finsternis" (22,53), die in Satan verkörpert ist (vgl. 4,13 mit 22,3 und 22,31f.35-38). Wie Jesus diesen Kampf als Sieger bestanden hat, so soll und wird es auch die Kirche in seiner Nachfolge tun.

Verlaufsplan

Inhalt	Methode
Begrüßung und Einführung in den Kurs ⏱ 15 Min., Plenum *Begrüßung* Im Plenum werden die TN durch die Leiter/innen begrüßt und erhalten einen kurzen Überblick über den kommenden Kursteil. Zur Einstimmung kann ein Lied gesungen werden.	📄 Verlaufsübersicht (S. 9)

Ankommübung
→ Die Übung ermöglicht den TN, in Ruhe im Kurs anzukommen, mit den vielfältigen Erfahrungen des Alltags, die oft so unterschiedlich sind zum Kursgeschehen.
⏱ 10 Min., Plenum

In einer Ankommübung erinnern sich die TN, was an diesem Tag bereits alles gewesen ist, wie auch, was jetzt vor ihnen liegt. Für den Tagesrückblick sind Impulse hilfreich:
Wie bin ich aufgewacht? Gab es vielleicht noch Traumreste? Oder stand vor meinem Auge schon, was alles zu schaffen ist? Wem bin ich als Erstes heute begegnet? – Dann der Vormittag: die Familie oder der Beruf? Gab es da eine Begegnung, die mich besonders gefreut hat oder die schwierig war oder ärgerlich? – Der Mittag, vielleicht das Mittagessen? Und der Nachmittag? Der Aufbruch in den Kurs? Die Fahrt hierher? Geht mir etwas noch besonders im Kopf herum?

Die TN setzen sich so auf ihren Stuhl, dass sie die nächsten Minuten ruhig sitzen können. Sie beginnen mit einer Wahrnehmungsübung. Dafür sitzen die TN aufrecht, sodass sie frei atmen können und mit den Füßen fest auf dem Boden stehen. Die TN spüren den Stuhl, auf dem sie sitzen, vielleicht die Lehne, die ihnen in ihrem Rücken Halt gibt, und den Boden unter den Füßen. L gibt einige Impulse, die den TN helfen, dem Tag mit seiner ganzen Fülle an Eindrücken, Anforderungen, Begegnungen nochmals nachzugehen.
Danach kommen die TN langsam wieder an im Kurs. Sie schauen sich um im Raum, sehen die anderen an: Wer ist mit mir hier? Wer will, kann sich dann etwas räkeln und strecken.

Erste Einheit
Die Passion nach Markus (I)

→ Bevor die TN den oft so scheinbar vertrauten Text näher bearbeiten, wird er in Ruhe gelesen, damit Zeit ist, die Passionsgeschichte selbst wirken zu lassen.
⏱ 90 Min., Kleingruppe

Inhalt	Methode
Eigene Kreuzigungsdarstellungen → An ihren eigenen Kreuzigungsdarstellungen wird den TN ihr Zugang, ihr Verständnis oder Unverständnis des Todes Jesu bewusst. ⏱ 30 Min., Kleingruppe Nicht ein Symbol für die Auferstehung, sondern das Kreuz ist zum Zeichen des Christentums geworden. Kreuze oder Dar-	Die TN sind während des letzten Kursteils gebeten worden, <u>Kreuze, Darstellungen von Kreuzigungen</u> mitzubringen, die sie in ihren eigenen Räumen haben oder zu denen sie eine besondere Beziehung haben.

Inhalt	Methode

stellungen von Kreuzigungen sind sehr unterschiedlich, aber sie begegnen (noch) häufig in der Umwelt, in Kirchen oder zuhause in den eigenen vier Wänden. Oft gibt es dabei ein besonderes Kreuz, das Einzelnen viel bedeutet, zu dem sie eine eigene Beziehung haben oder vor dem sie beten.

Nachdem die TN ihre Kreuzigungsdarstellungen vorgestellt, von ihnen erzählt haben, können sie das Kreuz, das Bild in die Gruppenmitte legen.

Die Passionsgeschichte nach Markus

1. Lesen der Passionsgeschichte (14,1–16,8)

→ Die TN vergegenwärtigen sich den biblischen Text.

⊙ 45 Min., Kleingruppe

Die Passionsgeschichte nach Markus als dem ältesten Evangelium (aufbauend auf einem älteren Passionsbericht) ist die Grundlage für die Textarbeit in diesem Kursteil. Mit ihr werden in der dritten Einheit die Passionserzählungen nach Matthäus und Lukas verglichen.
Der meditativ gehörte und selbst gesprochene Text wird dabei für die TN vertrauter.

Der Text wird in kurzen Abschnitten vorgelesen. Jeweils anschließend können TN wie ein Echo den Satz oder das Wort wiederholen, der oder das ihnen „hängen geblieben" oder wichtig geworden ist.
Im Lesen können ausgewählte Stücke aus der Markuspassion von C. Ph. E. Bach integriert werden (Rezitative, Chöre, Arien aussparen).

ALTERNATIV:
Lesen mit verteilten Rollen
Die Passionsgeschichte nach Markus enthält eine Fülle von handelnden Personen. Ähnlich wie bei der Verlesung in der Liturgie am Palmsonntag kann sie mit verteilten Rollen gelesen werden und so noch eindrücklicher werden. Die Vielfalt der Personen ermöglicht jedem/r TN, eine Rolle zu übernehmen.

📄 Die Markuspassion (A 1)
🛍 Stifte

Die TN erhalten den Text Mk 14,1–16,8. Die Rollen werden verteilt und die TN markieren im Text farbig ihre eigene Rolle. Dann haben sie Zeit, sich mit der betreffenden Person vertraut zu machen, das Umfeld ihrer Textpassage zu lesen, den eigenen Text schon mal zu murmeln. Anschließend wird der Text gemeinsam gelesen, wobei es hilfreich ist, wenn die TN, so weit möglich, stehen.

2. Eigene Eindrücke

⊙ 15 Min., Kleingruppe

Die Passionsgeschichte Jesu in diesem ruhigen Rahmen zu hören und zu lesen, weckt neue Eindrücke, Erfahrungen mit einem scheinbar völlig bekannten Text.

In einer Gesprächsrunde sammeln die TN ihre Eindrücke. Was ist ihnen besonders aufgefallen? Was haben sie vielleicht anders als sonst gehört? Wie ging es ihnen mit der Person, die sie gelesen haben?

Vertiefung

→ Die Passionsmusik gibt Gelegenheit, das Gehörte und (neu) Erfahrene „sinken" zu lassen; vielleicht neue Aspekte in der Musik hinzuzufügen.

⊙ 10 Min. (falls noch Zeit ist), Kleingruppe

🛍 CD oder MC mit Passionsmusik, z. B. „Der Messias" von Händel oder Heinrich Schütz „Die sieben letzten Worte Jesu".

Samstagmorgen

Morgenimpuls

Kreuz-Zeichen – ganzheitlich erfahren (L 8)

⊙ 30 Min., Plenum

Zweite Einheit
Die Passion nach Markus (II)

→ In der zweiten Einheit werden nun die Eindrücke der ersten Einheit vertieft. Zu den persönlichen Beobachtungen kommen nun Informationen zu den historischen Umständen des Todes Jesu und die Textarbeit, sodass die TN insgesamt sowohl einen persönlichen wie einen sachlichen Zugang zum Text erhalten.

⊙ 3 Std.

Inhalt	Methode
Historische Umstände des Todes Jesu → Ein kurzer Überblick über die historischen Gegebenheiten des Todes Jesu hilft zur Orientierung bei der Arbeit mit den Texten. ⊙ 30 Min., Plenum – Politische, soziale und religiöse Verhältnisse zur Zeit Jesu in Palästina – Konfliktparteien und Gruppierungen – Prozesspraxis – Todesstrafe Kreuzigung	📄 Die Verurteilung Jesu (L 1) Palästina zur Zeit Jesu (A 2) Jerusalem zur Zeit Jesu (A 3) Politische und religiöse Situation (A 4) Kurzreferat
Inhaltliche Schwerpunkte der markinischen Passionsgeschichte → Die Informationen über den historischen Hintergrund ermöglichen den TN nun, theologische Deutungen zu entdecken und Textstrukturen, die diese Deutung unterstützen. ⊙ Zweiergespräch 30 Min. Austausch 60 Min., Kleingruppe *Theologische Geschichtsdeutung:* Auffällig viele Zeit-, Orts- und Personennamen weisen auf historische Notizen hin. Dennoch handelt es sich nicht nur um einen historischen Tatsachenbericht. Geschehen und Deutung sind miteinander verwoben. Es ist aber auch keine „erbauliche" Geschichte, sondern die Antwort des Glaubens auf die Frage nach der Sinnhaftigkeit des Todes Jesu im Licht seiner Auferweckung. *Alttestamentlicher Deutungshintergrund:* Besonders Psalmen und Prophetentexte erweisen sich als wichtige Deutungshilfe, vor allem das Bild des leidenden und erhöhten Gerechten. Die Schrift wird meist nicht wörtlich zitiert, sondern es wird nur indirekt auf sie angespielt. So wird der Kreuzigungsbericht in der Sprache der Klagepsalmen erzählt. Ausdrücklich wird die Schrifterfüllung nur in 14,21 und 49 erwähnt.	📄 Die Markuspassion (A 1) Zitate Markus – Altes Testament (A 5) EXKURS: Jesu Leben – das Lösegeld (L 7) 🛍 Plakat mit erschließenden Fragen grüne Papierbögen, Stifte Zweiergespräch: Die TN untersuchen den Text mit Hilfe der erschließenden Fragen des Plakats: – Wie wird der Ablauf des Geschehens zeitlich und räumlich dargestellt? – Wo wiederholen sich Ereignisse, Szenen, Worte, Motive? – Wo stehen sie zueinander in Kontrast? – Welche Personen spielen eine Rolle? (Jünger, Prozessgegner, andere ...) – Wie wird die Person Jesu gezeichnet? (Worte, Schweigen, Handlungen, Titel, alttestamentliche Bilder, Anspielungen ...)

Inhalt	Methode

Literarische Gestaltung bzw. Erzählstruktur:
– Dreiergliederung in Gesamtaufbau (vgl. A 6) und Komposition:
  drei Leidens- und Auferstehungsansagen
  drei Menschensohnworte
  je drei apokalyptische und passionsbezogene Amen-Worte
  drei Judasperikopen
  drei Verspottungsszenen
  dreimaliger Gebetsgang Jesu in Getsemani
  dreimalige Verleugnung des Petrus
  dreimal „König der Juden" im Mund des Pilatus
  dreimal „König der Juden" als Spotttitel usw.
– Wiederholungen von Motiven und Szenen, z. B.: zwei Prozesse, zwei Salbungserzählungen (14,3 und 16,1)
– Kontraste, z. B. Frau in Betanien (Zuwendung) – Judas (Abwendung); Männer aus der Jüngerschar (verlassen ihn) – Frauen aus der Jüngerschar (bleiben bei ihm); Jesus – Barabbas usw.
– Die häufige Verwendung des Schlüsselwortes „paradidonai" (= „überliefern, ausliefern, übergeben") drückt aus, dass Gott selbst Unheil zum Heil wirken kann.

– *Personen:*
In der Passion gipfelt das Jüngerunverständnis und -versagen und manifestiert sich in Flucht, Verleugnung und Verrat. Die Frauen, die bei Tod und Begräbnis dabei sind, werden die ersten Zeugen der Auferstehungsbotschaft. Der heidnische Hauptmann legt als Einziger ein öffentliches Bekenntnis zur Sohnschaft Jesu ab. Als Gegner Jesu erscheinen ab Kapitel 14 nicht mehr die Pharisäer, sondern die „Hohenpriester und Schriftgelehrten", die verantwortlichen religiösen Autoritäten.

Christologie:
Jesus geht freiwillig und bewusst (Voraussagen) in den Tod. Sein Schweigen betont die Bedeutung seiner wenigen Worte und zeichnet ihn als den duldenden Gerechten, der nach Gottes Willen durch das Leiden hindurch muss, wie die Schrift es angedeutet hat. Er geht gehorsam diesen Weg (14,41) und entsühnt dadurch die Vielen (14,24); den Händen der Menschen ausgeliefert (14,41), von allen verlassen – am Kreuz sogar scheinbar vom Vater – stirbt er in letzter Einsamkeit. In seinem Leiden und Tod offenbart er sich als Messias, Menschensohn und Gottessohn. In 14,55-62 bezeichnet er sich selbst als Messias und Menschensohn; in 15,39 bekennt der heidnische Hauptmann ihn als Gottes Sohn. Als der Gekreuzigte ist er auch der Juden König.

Höhepunkt:
Die Enthüllung des Messiasgeheimnisses bildet den Höhepunkt. Vorher gab es nur „geheime Offenbarungen". In 15,29-32 wurden falsch verstandene Messiasvorstellungen zerstört. Die entscheidende Offenbarung erfolgt am Kreuz. Auf diesen Höhepunkt hin ist alles ausgerichtet.

– Welches ist der Höhepunkt, auf den das ganze Geschehen zusteuert?

Anschließend Austausch in der Gruppe und Lehrgespräch:
Die Ergebnisse der Zweiergruppen werden in die Gesamtgruppe eingebracht, ergänzt und präzisiert, zusammengefasst und auf grünem Papier festgehalten.

In einem dritten Schritt vergleichen die TN den Text mithilfe des Arbeitsblattes mit den entsprechenden alttestamentlichen Stellen.

Falls es die Zeit erlaubt, kann hier ein Exkurs zur alttestamentlichen Lösegeldvorstellung eingefügt werden.

Inhalt	Methode

Aneignung: Warum musste Jesus sterben?
Identifizierung mit einer Person der Passionsgeschichte

→ In der Identifizierung können sich die TN mit der Frage, warum Jesus sterben musste, auseinandersetzen und biblische wie persönliche Antworten ins Gespräch bringen.

⊙ 45 Min., Kleingruppe

Die Frage, warum Jesus sterben musste, wird bis heute immer wieder gestellt und ganz unterschiedlich beantwortet, je nach persönlicher Lebenserfahrung und/oder theologischen Vorgaben. In den „Antworten" mischen sich die biblischen Perspektiven mit den eigenen Erfahrungen der TN. Als mögliche Identifikationspersonen eignen sich: ein Jünger Jesu, Pilatus, der Hohepriester, Judas, unbeteiligte Zuschauer …

Die verschiedenen Antworten, die sich in dieser Einheit ergeben, zeigen, dass es nicht eine „richtige" Antwort gibt. Die Deutungen des Todes Jesu sind schon im NT vielfältig. Ebenso vielfältig waren oft pauschale Schuldzuweisungen („*die* Römer", „*die* Juden").

Ein Gespräch, in dem die Fragen der TN ihren Raum haben, sollte sich anschließen.

📄 Personen der Passion (A 1)

Die TN wählen sich unter den am Passionsgeschehen beteiligten Personen eine aus, mit der sie sich identifizieren. (Die Aufstellung in 3 A 1 ist dabei hilfreich.) Aus deren Perspektive beantworten sie die Frage: Warum musste Jesus sterben? Die Antwort wird in die Gruppenrunde eingebracht, sodass die unterschiedlichen Antworten „zu Wort" kommen.

🛍 Papier, Stifte
ALTERNATIV:
Die TN schreiben aus der Sicht der biblischen Person einen Brief, der die Frage beantwortet.

Dritte Einheit
Synoptischer Vergleich der Passionsgeschichten

→ Gerade die Passions- und Auferstehungserzählung als der zentrale Text der Evangelien, der in allen vier Evangelien enthalten ist, bietet sich für einen synoptischen Vergleich an. So werden Kernaussagen, Schwerpunkte einzelner Evangelisten erkennbar. Zugleich lernen die TN das Instrument der Synopse kennen.

⊙ 3 Std., Kleingruppe

Inhalt	Methode

Struktur und Gebrauch einer Synopse

→ Die TN werden vertraut mit Struktur und Gebrauch einer Synopse und gewinnen Einblick in die synoptische Frage und den synoptischen Vergleich.

⊙ 30 Min., Kleingruppe

1. Namenserklärung

In einer Synopse stehen die in zwei oder drei Evangelien enthaltenen Texteinheiten parallel nebeneinander. Das griechische Wort „Synopsis" meint „Zusammenschau". Da sich die drei älteren Evangelien, Markus, Matthäus und Lukas, aufgrund des großen gemeinsamen Textbestands zusammenschauen und vergleichen lassen, spricht man von synoptischen Evangelien oder kurz von Synoptikern.

🛍 Evangelien-Synopse, z. B. Peisker, Carl Heinz: Evangelien-Synopse der Einheitsübersetzung; Synopse zum Münchener Neuen Testament; Vollständige Synopse der Evangelien, Hg. Otto Knoch; Schmid, Josef: Synopse der drei ersten Evangelien mit Beifügung der Johannes-Parallelen.

Leiterinformation

Inhalt	Methode

2. Die synoptische Frage

Die vier Evangelien über das Leben und Wirken Jesu fallen sowohl durch ihre Gemeinsamkeiten wie ihre Unterschiede auf. Die ersten drei Evangelien weisen auffällig viele Gemeinsamkeiten auf (z. T. bis in den Wortlaut). Gleichzeitig gibt es Textteile, die je nur eines der drei Evangelien überliefert oder die nur in Lukas und Matthäus enthalten sind, nicht aber im Markusevangelium. Literarisch wird daher heute von einer „Zweiquellentheorie" ausgegangen: Mt und Lk benutzten neben dem Markusevangelium, das ihnen vorlag, eine zweite Quelle, die vor allem Reden Jesu enthielt (genannt Logienquelle oder Q). Ins Lukas- wie ins Matthäusevangelium flossen das Markusevangelium, Q und je eigene Überlieferungen (Sondergut S) ein.

Leiterinformation

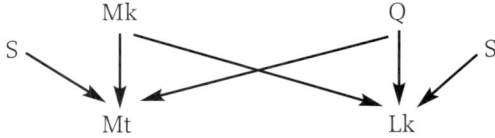

3. Gebrauch einer Synopse

In den Synopsen werden die Evangelien fortlaufend in Spalten nebeneinander geschrieben, sodass auf einer (Doppel-)Seite die vier Evangelien nebeneinander abgedruckt sind (meist: in der ersten Spalte Matthäus, in der zweiten Markus, in der dritten Lukas und in der vierten Johannes). Das Ziel ist es, die Evangelien miteinander vergleichen zu können, daher werden sie parallel gedruckt. Textteile, die in allen vier oder drei Evangelien enthalten sind, stehen direkt nebeneinander. Evangelien, die das betreffende Textstück nicht enthalten, haben an dieser Stelle in ihrer Spalte eine Lücke. So ist auf den ersten Blick erkennbar, in welchen Evangelien z. B. die Salbung in Betanien enthalten ist.

Ein zweites Ziel ist es, dass auch jedes Evangelium spaltenweise fortlaufend gelesen werden kann. Da allerdings die Evangelien, auch wenn sie Gleiches berichten, nicht immer die gleiche Reihenfolge aufweisen, werden manche Textstücke mehrfach abgedruckt. Die Textteile, die auf diese Weise nicht in der Reihenfolge „ihres" Evangeliums stehen, sind kursiv gedruckt. Häufig ist auch der Johannestext kursiv gedruckt, um ihn als „nicht-synoptisches" Evangelium mit ganz eigenem Aufbau zu kennzeichnen.

In Großbuchstaben sind wörtliche Zitate aus dem Alten Testament markiert. Wenn es sich nur um Anklänge an das AT handelt, stehen die entsprechenden Parallelstellen unter den einzelnen Textabschnitten, wie auch in anderen Bibelausgaben.

Unter den Textabschnitten stehen außerdem häufig notwendige Erläuterungen. Einzelne Synopsen bringen zusätzlich außerkanonische Parallelen (z. B. aus dem Thomasevangelium).

Die Erläuterungen zur Synopse werden anschaulich, indem die TN gemeinsam einen Textabschnitt aus der Synopse betrachten. Dafür bietet sich z. B. die Ankündigung des Verrats durch Judas an (Mt 26,20-25; Mk 14,17-21; Lk 22,14.22-23; Joh 13,21-30) (Peisker Nr. 230, S. 160).

Zugleich erläutert L, nach welchen Kriterien der synoptische Text beobachtet werden kann:

– Erwähnt ein Evangelium Besonderheiten, Zusätze, die in anderen Evangelien fehlen?

– Gibt es Auslassungen und Kürzungen?

– Werden einzelne Begebenheiten umgestellt?

– Verändert sich der Schwerpunkt in einzelnen Evangelien?

Inhalt	Methode

Der synoptische Vergleich

→ Die TN nehmen Unterschiede zwischen den einzelnen Evangelien wahr.

⊙ 45–60 Min., zu zweit

Die Unterschiede von Mt zu Mk und von Lk zu Mk werden herausgestellt und auf ihre Funktion befragt.

📄 Synoptischer Vergleich (A 6)
🛍 Synopse
rote und blaue Papierbögen

Je zwei TN bearbeiten einen der dreiteiligen Textabschnitte nach den Gesichtspunkten von Arbeitsblatt A 6.
Die Ergebnisse werden von den TN auf rotem (für Mt) und blauem (für Lk) Papier kurz festgehalten.

Folgerungen aus dem synoptischen Vergleich

⊙ 1 Std., Kleingruppe

Aus den jeweiligen Unterschieden zu Mk lassen sich theologische Leitlinien, christologische Schwerpunkte, Adressaten und Gemeindesituation der beiden jüngeren Synoptiker herausarbeiten.

📄 Theologische Grundzüge (S. 15)

Die roten und blauen Papiere werden an der Wand / Tafel angeordnet und angeheftet, sodass ein Überblick entsteht. Dabei erzählen die jeweiligen Zweiergruppen ihre Beobachtungen am Text. Ein zusammenfassender und weiterführender Austausch schließt sich an.

Vertiefung: Die Haltung Jesu

→ Das Nachspüren einer möglichen Haltung Jesu vergegenwärtigt das Passionsgeschehen nochmals ganzheitlich und ergänzt so die gedankliche Auseinandersetzung und Textarbeit.

⊙ 15 Min., Kleingruppe

Die TN werden angeregt, sich nochmals in die Haltung Jesu, in sein Verhalten gegenüber den Jüngern, Judas, dem Hohenpriester und den Schriftgelehrten, gegenüber Pilatus zu vertiefen. Sie können sich auch die Stunde am Ölberg oder die Konsequenz, mit der Jesus seinen Weg ging, vergegenwärtigen.

Die TN wählen eine Szene aus der Passionsgeschichte aus, die sie besonders anspricht. Die Haltung Jesu drücken die TN dann in einer Geste oder Körperhaltung aus. Dies geschieht schweigend. Im Hintergrund kann ruhige Musik laufen.
Zur Einstimmung gehen die TN zu Musik ruhig durch den Raum und vergegenwärtigen sich die Passionsgeschichte.
TN, die die Gestik nicht körperlich ausführen möchten, tun es in Gedanken. Wichtig ist, dass sich die Ausführenden nicht beobachtet fühlen.
Als Abschluss wird der Kanon „Wir künden deinen Tod" (Tr 96; Se 220) gesungen.

ALTERNATIV:
Das vierte Gottesknechtslied (Jes 52,13–53,12)

→ Betrachtung einer alttestamentlichen Deutungshilfe

⊙ 15 Min., Kleingruppe

Die im Judentum zur Deutung eines stellvertretenden Sühnetodes nicht verwendete Stelle wurde für die frühe Kirche zur wichtigsten Aussage bei der Deutung des Kreuzestodes Jesu. Auch das Deutewort über den Kelch beim Abschiedsmahl weist auf Jes 53,11f. hin. Die Grafik von Sieger Köder drückt diese Verbindung aus.

📄 Das vierte Lied vom Gottesknecht (A 7)
Bildmeditation zur Grafik von S. Köder:
– Die TN haben das Bild vor sich, während der Text langsam vorgelesen wird.
– Assoziationen und Beobachtungen werden ausgetauscht.
– Bild und Text werden in Verbindung gebracht.

Dritte Einheit – Alternative
Die Rolle des Judas in der Passion Jesu

→ Die Einheit beleuchtet die Passion Jesu aus der Sicht eines der beteiligten Jünger und legt den Schwerpunkt nicht auf den Tod Jesu, sondern auf Abendmahl und Verhaftung, das Versagen der Jünger und den Umgang mit Schuld. Im Lesen der Texte erfolgt eine Einführung in das synoptische Lesen.

⏷ 3 Std., Kleingruppe

Inhalt	Methode

Was fällt mir zu Judas ein?

→ Sammeln des Wissens, der Assoziationen und Fragen der TN

⏷ 15 Min., Kleingruppe

Wer „Judas" hört, denkt an Verrat. Der „Judaskuss" und „Judaslohn" sind in die Sprache eingegangen. Die Gestalt des Judas ist zum Symbol für Untreue und Verrat geworden. So wird Judas auch bereits in den Apostellisten der Evangelien vorgestellt (Mk 3,19; Mt 10,4; Lk 6,16).

▢ Plakat, Stifte

Auf einem Plakat sammeln die TN, was ihnen zu Judas einfällt.

Das Kapitell von Vezelay

→ Judas wird deutlich, nicht nur als der „Verdammte", sondern auch umfangen vom Erbarmen Christi.

⏷ 20 Min., Kleingruppe

Ein Kapitell in der Wallfahrtskirche von Vezelay (Burgund) zeigt den erhängten Judas, grausam deutlich dargestellt. Daneben jedoch ist Judas vom Strick abgenommen. Der gute Hirt hat ihn, wie das verlorene Schaf (Lk 15,3-7), auf die Schultern genommen.

▢ Kapitell von Vezelay (A 8)

Bildbetrachtung: Zunächst wird nur die linke Hälfte des Bildes angesehen, die TN können ihre Eindrücke äußern, dann folgt die rechte Bildhälfte.
Lk 15,3-7 kann vorgelesen werden.

Warum liefert Judas Jesus aus?

→ In der Sammelrunde werden die unterschiedlichen Vorstellungen von Judas und seinem Motiv sichtbar.

⏷ 10 Min., Kleingruppe

Gerade in der Literatur wird immer wieder darüber spekuliert, wer Judas war und warum er Jesus „verraten" habe: Enttäuschter Widerstandskämpfer, unverständiger Jünger, Geldgier … Die Motive sind vielfältig.

▢ A6-Karten, Stifte, Heftmaterial

Die TN schreiben zunächst einzeln auf Karten ihre Ideen zum möglichen Motiv des Judas. Diese Kärtchen werden dann an die Pinnwand geheftet.

Synoptischer Vergleich

Jede Überlieferung der Passion Jesu erzählte auch von Judas, der Jesus auslieferte (mit Ausnahme von Paulus). Im synoptischen Vergleich entsteht ein Gesamtbild des Judas ebenso wie die einzelnen Akzente der Evangelisten sichtbar werden.

Einführung in synoptisches Lesen

⏷ 15 Min., Kleingruppe

Siehe S. 21

Inhalt	Methode

Synoptisches Lesen

→ Im Vergleich der Evangelien wird das biblische Judasbild deutlich und der Umfang seiner Rolle in der Passion Jesu sowie die immer negativere Zeichnung im Verlauf der Entstehung der vier Evangelien.

 75 Min., Kleingruppe

Alle vier Evangelien berichten über Judas, doch nur an einer Stelle wird davon gesprochen, dass Judas Jesus „verrät", in Lk 6,16. An den anderen Stellen verwenden die Evangelien das Wort „ausliefern, überliefern", das gleiche Wort, mit dem die Hingabe Jesu bezeichnet wird!

Und was hätte Judas verraten sollen? Jesus selbst war bekannt, sein Tun und Handeln war den jüdischen Autoritäten bekannt, die Entscheidung, dass er sterben solle, bereits gefallen. Allerdings verhindert Judas einen Tumult oder Volksauflauf bei der Verhaftung Jesu (vgl. Lk 22,2). Hat Judas also den Aufenthaltsort oder eher einen günstigen Zeitpunkt verraten? Doch Jesus stirbt nicht, weil Judas ihn verraten hätte. Nach Johannes gibt sich Jesus sogar selbst zu erkennen (18,4ff.).

Markus betont die Zugehörigkeit des Judas zum Kreis der Zwölf. Alle Jünger fragen sich, ob sie Jesus verraten (14,19), d. h. in Judas begegnet die Christengemeinde ihrer eigenen Möglichkeit. Jesus bestimmt denjenigen, der ihn ausliefert, nicht näher.

Bei Matthäus tritt die Betonung der Zugehörigkeit zum Jüngerkreis zurück, Judas wird der Fremde. Das zeigt sich auch an der Anrede „Rabbi", die Judas verwendet (vgl. Mt 23,7f.), während die Jünger Jesus „Herr" nennen. Und daher bestimmt Mt den Namen des Auslieferers schon beim Mahl. Nur Mt überliefert die Selbsttötung des Judas und als Motiv die Geldgier. So weiß Mt auch allein die genaue Summe von 30 Silberlingen, die Judas gezahlt wurde (vgl. Sach 11,12 oder Ex 21,32). Der Bezug auf das AT passt in das mt Konzept, Jesu Geschick in Erfüllung atl. Prophetenworte zu sehen.

Lukas ist der Einzige, der Judas als „Verräter" (6,16) kennzeichnet. Gleichzeitig verschärft er die Komplizenschaft des Judas mit den Hohenpriestern (22,4f.). Und obwohl Judas nach Lk beim Abendmahl dabei ist, bringt Lk erstmalig Judas mit dem Satan in Verbindung (22,3). In der Apg überliefert Lk dann den Tod des Judas durch einen Unfall, ohne dass er Reue zeigt.

Johannes verstärkt die Verbindung mit dem Teufel, indem er Judas in der ersten Nennung im Evangelium als Teufel selbst bezeichnet (6,71). Judas ist der Repräsentant der Finsternis, der verloren geht (17,12). Zugleich ist er von Anfang an als Dieb gekennzeichnet (12,6), dennoch ist der Verräterlohn nicht das Motiv der Auslieferung. Wie bei Lk wird Judas während des Mahls eindeutig entlarvt.

Je geringer die zeitliche Distanz der Evangelisten zu den Ereignissen ist, desto vorsichtiger sind sie im Urteil und desto blasser

Synoptischer Überblick (A 9)
A6-Kärtchen in fünf verschiedenen Farben, Stifte, Haftmaterial

Die TN bilden Dreier-Gruppen und erhalten je fünf verschiedenfarbige Kärtchen. Zunächst suchen sie die Gemeinsamkeiten zwischen den vier Evangelien und schreiben diese auf eine Karte.

Auf je eine Karte werden die Besonderheiten der einzelnen Evangelien geschrieben.

Diese Karten werden nach Farben sortiert an die Wand geheftet, sodass ein Überblick über die Gemeinsamkeiten der Überlieferung und über das jeweilige Judasbild der einzelnen Evangelisten entsteht.

Zur Anregung können folgende Fragen für die TN dienen:
– Wie kommt es zur Geldübergabe an Judas?
– Warum liefert Judas Jesus aus?
– Welche Rolle spielt Judas während des Abendmahls?
– Was „verrät" Judas?
– Wie geschieht der „Verrat"?
– Was ist über das weitere Schicksal des Judas bekannt?

ALTERNATIV:
Die Gemeinsamkeiten zur Person des Judas in einer Farbe unterstreichen und die jeweiligen Sonderüberlieferungen zu Judas bei den einzelnen Evangelisten in einer anderen Farbe unterstreichen.

Im Gespräch kann – je nach Zeit und Interesse – auf die Jüngerlisten der Evangelien und die atl. Bezüge verwiesen werden.

ist das Judasbild. Mit dem zeitlichen Abstand verschärft sich das Urteil, wird das Judasbild ausgemalt. Judas wird zum Sündenbock und Gegenspieler Jesu.

Das Motiv des Judas
Während Markus nichts über ein Motiv des Judas sagt, klingt bei Mt und Joh die Geldgier des Judas an (von Joh dadurch verstärkt, dass er Judas bereits bei der Salbung in Betanien einen Dieb nennt: 12,6). Zusammen mit Lk zeichnet Joh Judas außerdem als ein Werkzeug des Satans.

Der Tod des Judas
Mt und die Apg überliefern den Tod des Judas, dabei erwähnt Mt eine Selbsttötung des Judas (vgl. 2 Sam 15,23: Tod des Ahitofel, der Abschalom bei der Revolte gegen seinen Vater David half), während nach der Apg der Tod ein Unfall war (vgl. 2 Makk 9: Tod König Antiochus' oder Weish 4,19: der Tod des Frevlers). In der Tradition wurde die Selbsttötung des Judas oft als zusätzliche Schuld verstanden. Die Bibel jedoch zeigt den Tod als Folge der Reue, die Judas befiel, nachdem ihm die Folgen seiner Tat bewusst werden (Mt 27,3).

Jesus und Judas – aktive Bildbetrachtung

 30 Min., Kleingruppe

 Holzschnitt (A 10)

Der Holzschnitt aus dem 15. Jh. zeigt Jesus, der Judas die Füße wäscht. Deutlich ist Judas unter den Jüngern gekennzeichnet: ohne Heiligenschein, mit Geldbeutel. Dennoch: Er nimmt teil an der Fußwaschung. Joh überliefert anstelle der Abendmahlstradition die Fußwaschung. Und so schwarz Joh auch Judas zeichnet, Judas werden ebenso von Jesus die Füße gewaschen wie den anderen Jüngern auch. (Ebenso ist Judas nach Lk beim Abendmahl dabei.) Erst nach diesem Dienst Jesu und vor den Abschiedsreden Jesu geht Judas aus dem Saal.

Mit beiden Händen drücken die TN die Beziehung zwischen Jesus und Judas aus, d. h. die linke Hand übernimmt die Stellung Jesu, die rechte die des Judas. Die TN spüren der Beziehung der beiden Personen in der Haltung ihrer Hände nach: Wie groß ist der Abstand zwischen beiden Händen? Wie werden die Finger gehalten? Ist eine Hand höher als die andere? Umschließt eine die andere?

Ein Gespräch über den Umgang mit Schuld, eigener und fremder, folgt.

ALTERNATIV:
Anstelle des Gesprächs können die TN auf A6-Karten einen Satz schreiben, den Judas im Moment der Fußwaschung Jesus sagen möchte. Dieser Satz kann, muss aber nicht in die Runde eingebracht werden.

Vierte Einheit
Deutende Aktualisierung der Passion im Film

→ Drei verschiedene Filme bieten die Möglichkeit, sich in einem anderen Medium mit dem Tod Jesu auseinanderzusetzen. Die Veranschaulichung im Bild bringt dabei manches näher.

⊙ je nach Filmlänge, Plenum

Inhalt	Methode
Kontakion ⊙ 30 Min. Eine Londoner Tanzgruppe gestaltet ausgewählte zentrale Szenen aus den Evangelien als Ballett: Menschwerdung, Taufe, Versuchung, Jüngerberufung und -nachfolge, Tempelreinigung, Abendmahl, Verrat, Kreuzweg, Kreuzestod, Grablegung, Auferweckung, Himmelfahrt. Jeder Tänzer stellt mehrere Rollen dar bis auf denjenigen, der die Jesusgestalt verkörpert. Die Requisiten ändern jeweils situativ ihre Symbolbedeutung.	📁 Filmprojektor Film: „Kontakion – A Song of Praise", Thames, Großbritannien 1971. Während der Vorführung werden die englisch gesprochenen Bibelzitate für die TN übersetzt.
ALTERNATIVE 1 **Romero** ⊙ 100 Min. Der Erzbischof von San Salvador wurde 1980 aufgrund seines entschiedenen Eintretens für soziale Gerechtigkeit erschossen. Der Film zeigt die Konsequenz, mit der Romero in der Nachfolge Jesu seinen Weg ging, auch als sich mehrende Konflikte mit der herrschenden Schicht die Bedrohung seines Lebens andeuteten.	📁 Videogerät „Romero", John Duigan, USA 1989, 106 Min.
ALTERNATIVE 2 **Jesus von Montreal** ⊙ 106 Min. Der Film versucht eine Aktualisierung des Lebens Jesu im heutigen Montreal.	📁 Filmprojektor „Jesus von Montreal", Denys Arcand, Kanada 1989, 110 Min.
Anschließendes Gespräch → Das Gespräch gibt Raum, Eindrücke auszutauschen, Fragen zu klären und das Gesehene in Beziehung zu setzen zur Passionsgeschichte. ⊙ ca. 30 Min., kleine Gruppen Das Gespräch erfolgt in drei Phasen: 1. Unmittelbare Eindrücke: – Bilder / Szenen, die mir spontan einfallen – Was hat mir gefallen? / Was hat mich geärgert? – Welche Fragen bewegen mich jetzt besonders? 2. Klären von Verständnisschwierigkeiten 3. Thematische Bearbeitung z. B. für Kontakion: Wie deutet die Tanzgruppe die Passion Jesu? Lassen sich Deutungselemente der Synoptiker erkennen? Welchen Anteil haben Musik, Gebärde, Gestik und Mimik an der Interpretation?	Gespräch in kleinen Gruppen Alternative für die Sammelrunde: 📁 Plakate, Stifte An den Wänden hängen (oder auf verschiedenen Tischen liegen aus) Plakate mit den Symbolen: +, –, ?. Hier tragen die TN zunächst schweigend ihre Eindrücke ein: Was hat mich beeindruckt? Was gestört? Wo bleiben Fragen offen? Anschließend sind die Plakate Gesprächsgrundlage.

Sonntagmorgen

Morgenimpuls

Psalm 22 – Betrachtung einer alttestamentlichen Deutungshilfe (L 8)

ALTERNATIV:

Kreuz – naturale Meditationsübung (L 8)

⊙ 30 Min., Plenum

Fünfte Einheit
Zusammenfassender Überblick über die Deutungen des Todes Jesu

→ Das Referat im Plenum fasst das in diesem Kursteil Erarbeitete zusammen und vertieft es. Gleichzeitig zeigt es die großen zusammenhängenden Linien auf.

⊙ 45 Min., Plenum

Inhalt	Methode
Zusammenfassender Überblick über die Deutungen des Todes Jesu in der urkirchlichen Überlieferung und über die theologischen Grundzüge der verschiedenen Passionsdarstellungen in den synoptischen Evangelien.	📄 Schaubild: Deutungen des Todes Jesu (L 5) Inhaltliche Schwerpunkte S. 10 Zum Hintergrund: vgl. L 1 bis L 4 Während des Referats wird das Schaubild entweder in vorgefertigten farbigen Einzelteilen an die Wand geheftet oder als Folie stückweise aufgedeckt.
Einführung in die Nachbereitung Die TN erhalten außerdem die Literaturliste.	📄 Nachbereitung (A 14) Literaturliste (A 15)
Blitzlicht ⊙ 15 Min., Untergruppen im Plenum Im Blitzlicht geben die TN sich selbst/oder der Gruppe eine kurze Rückmeldung zum vergangenen Kursteil oder auch zum Ende einer Einheit. Wichtig ist dabei, dass die einzelnen kurzen (!) Beiträge nicht kommentiert werden. Das Blitzlicht ist keine Diskussion. Inhalte des Feedbacks können die Sachthemen des Kursteils, persönliche Erfahrungen und/oder die Gruppe sein.	In einer kurzen Runde können die TN Eindrücke, Wünsche, Schwierigkeiten zum Kurs äußern.

Gottesdienst

Der Kreuzweg Jesu

ALTERNATIV: Symbole zur Passion

(L 9)

Sechste Einheit
Die Passion Jesu nach dem Johannesevangelium

→ Auf dem Hintergrund der Kenntnisse der Passionsgeschichten der Synoptiker erfassen die TN die Besonderheit der johanneischen Passionsgeschichte.

⊙ 2,5 Std.

Inhalt	Methode

Besprechung der Nachbereitung

→ Die Nachbereitung vertieft den vorangegangenen Kursteil und gibt Gelegenheit, Fragen zu klären.

⊙ Je nach Intensität und Gruppe, ca. 30 Min.

📄 Nachbereitung (A 14)

Die Blätter mit der Nachbereitung werden besprochen und auftretende Fragen geklärt.

Einstimmende Meditation

→ Die Meditation über die Darstellung eines romanisch-hoheitlichen Gekreuzigten stimmt auf die Passionsgeschichte nach Johannes ein.

⊙ 10 Min., Kleingruppe

Aus dem 13. Jh. stammt die Kreuzigungsgruppe aus dem Dom zu Innichen (Südtirol) von einem unbekannten Künstler. Der Gekreuzigte trägt eine Krone; trotz der Lanzenwunde und der Folter zeigt er keine Spur von Leid, sondern strahlt Hoheit aus.

📄 Kreuzigungsdarstellung (K 1)

Bildmeditation

Die TN betrachten das Bild und sagen, was ihnen auffällt und einfällt.

ALTERNATIV:
Der Eingangschor der Johannespassion von Bach
Auch in der Musik strahlt trotz Passion die Herrlichkeit Jesu auf.

📄 Text zum Eingangschor (A 11)

An das Hören schließt sich ein kurzer Austausch an.

Die „Stunde Jesu"

→ Im Blick auf die „Stunde Jesu" wird die spezifische Ausrichtung auch des Johannesevangeliums auf Jesu Tod und Auferstehung sichtbar.

⊙ 25 Min., Kleingruppe

Einführung

Wie das Markusevangelium läuft auch das Johannesevangelium auf Tod und Auferstehung Jesu von Anfang an zu. Bei Joh wird dies immer wieder angedeutet durch den Verweis auf die kommende oder noch nicht gekommene Stunde Jesu. Im Sprechen von der Stunde Jesu deutet Joh das Leiden Jesu.

Leiterinformation

Arbeit mit dem Text

Das Johannesevangelium ist durchzogen von Hinweisen auf die (noch nicht gekommene) „Stunde (oder Zeit) Jesu". Sie wirken wie Spannungsmomente, die das gesamte Evangelium auf Tod und Verherrlichung Jesu ausrichten (2,4; 7,30; 8,20).
Die Stunde Jesu meint dabei keine 60 Minuten an einem bestimmten Tag, sondern den Zeitpunkt seiner Verherrlichung, an dem seine Gottessohnschaft erkennbar wird. Paradoxerweise ist sie zugleich die Stunde seines Todes mit allen Folterqualen. Sie

📄 Die „Stunde Jesu" (A 12)

Einzelarbeit

Jede/r TN befasst sich mit einer der angegebenen Stellen und vergleicht diese mit 12,20-36 und 13,1.

Gemeinsam wird dann zusammengetragen: Was meint das Sprechen von der Stunde Jesu?

umspannt Leiden und Erhöhung Jesu sowie das Gericht über den Fürsten dieser Welt (12,23-33). In ihr vollendet sich das irdische Wirken Jesu. Sie bezeichnet Jesu Weggang aus der Welt, sein Gehen zum Vater und seinen stellvertretenden Tod. Die Stunde Jesu ist die Stunde seiner Verherrlichung, umschließt dabei aber seinen Tod, seine Erhöhung am Kreuz.

Die Deutung des Todes Jesu in den Abschiedsreden

→ Die TN erinnern sich aus den Abschiedsreden an die Motive und Deutungen zum Tod Jesu.

⊙ 10 Min., Kleingruppe

Das Johannesevangelium bereitet vielfach den Tod Jesu vor und deutet ihn, gerade auch in den gestalteten Abschiedsreden:
– Rückkehr zum Vater: 14,2f.28; 16,5.18.
– Hingabe des Lebens für andere: 15,13; 10,11-18.
– Bereitschaft zum Dienen: 13,1-20.
– Freiwilliger Gehorsam des Gesandten gegenüber dem Auftrag des Vaters: 14,31.

Leiterinformation

Theologische Leitlinien der Johannespassion

→ In der Gruppe erarbeiten die TN die Hauptmerkmale der Johannespassion.

⊙ 1 Std., Kleingruppe

1. Gliederung
– Verhaftung Jesu 18,4-11
– Verhör durch Hannas und die Verleugnung des Petrus 18,12-27
– Prozess vor Pilatus 18,28–19,16a
– Kreuzigung und Sterben Jesu 19,16b-30
– Öffnung der Seite Jesu und Grablegung 19,31-42

Der Prozess vor Pilatus lässt sich nochmals in drei Szenen gliedern (mit insgesamt sieben Ortswechseln drinnen – draußen), sodass die ganze Komposition aus sieben Szenen besteht, jede wird durch einen Ortswechsel markiert. Die Geißelung ist als Königsproklamation in der Mitte der Johannespassion angesiedelt.

2. Stilmittel
› *Dramatische Steigerung* auf einzelne Höhepunkte hin, z. B. im Prozess vor allem dann, wenn Jesus selbst das Wort ergreift. Steigerung der christologischen Titel: König der Juden (18,33.39; 19,3) – der Mensch (19,5) – Sohn Gottes (19,7).
› *Raffung bzw. Dehnung* von Überlieferungsstoff (Verhandlung, Kreuzweg, Kreuzigung), Ausgestaltung der Dialoge.
› *Rollentausch:* Alle Feinde Jesu treten beim Prozess wie auf einer einzigen Bühne auf. Sie wähnen, über Jesus Gericht zu halten, und richten in Wirklichkeit sich selbst. Die Hintergründigkeit stellt den Vordergrund infrage (vgl. 19,15).

Schaubild (L 5)
Gliederung (L 6)
Stilmittel und Motive (A 12)
Plakatpapier, Stifte

Textarbeit

Der Text Joh 18–19 wird gemeinsam in Abschnitten gelesen.
L gibt durch die Leseabschnitte die Gliederung vor.
Das Schaubild (L 5) entsteht im Gespräch.

Nach jedem Abschnitt werden Beobachtungen am Text ausgetauscht und so gemeinsam der theologische Hintergrund der Johannespassion erhellt.
Als Beobachtungshilfe werden auf dem Arbeitsblatt (A 12) Stilmittel und Motive vorgegeben.

Inhalt	Methode

> *Symbolik der Handlungsräume:* Zeitliche und räumliche Angaben erhalten eine symbolische Bedeutung, z. B. Pilatus schwankt zwischen draußen und drinnen. Oder: Der Garten wird zum Ausgangs- und Endpunkt der Passionserzählung (betont durch den Chiasmus: Garten – Ort (18,1f.), Ort – Garten (19,41).

3. Motive

> Königsmotiv:

Es spielt schon bei den Synoptikern eine bedeutende Rolle; bei Joh bildet es den Mittelpunkt des Prozesses. Dabei kommt es zu Auseinandersetzungen zwischen dem Königsverständnis des Pilatus, dem der Juden und dem von Jesus selbst. Der Prozess wird als Königsepiphanie gezeichnet. Sogar die Spottzeichen zeugen noch in ihrer sarkastischen Verzerrung von Jesu wahrem Königtum.

> Motiv der Entscheidungssituation (Krise):

Das Wirken Jesu provoziert unterschiedliche Reaktionen bei den Menschen: Die einen glauben und wählen das Leben, die andern verweigern sich und wählen den Tod (vgl. dazu 1,5; 3,18; 16,8-11).

> Motiv der Unschuld Jesu:

In starkem Kontrast zur Unschuld und zum Schweigen Jesu stehen auf der Gegenseite Hass, Geschrei und unhaltbare Anklagen (vor allem 18,38; 19,4.6).

> Motiv der Schuldzuweisung:

Die johanneische Gemeinde ist bereits aus dem Synagogenverband ausgeschlossen (16,2; vgl. auch 9,22) und wird um Jesu willen verfolgt (15,18-25). So werden für Joh die Juden zu Repräsentanten des Unglaubens. Während sie Pascha feiern, stirbt das wahre Paschalamm, sodass das Urteil aus 8,44; 12,37ff. endgültig scheint. – Hier wird L behutsam antijüdische Äußerungen abfangen müssen.

> Motiv der geheimen Erhöhung Jesu:

Der Prozess trägt in der johanneischen Darstellung den Charakter einer Epiphanie, der Enthüllung der Herrlichkeit mitten in der tiefsten Erniedrigung. So wird der Weg zum Kreuz zugleich der Aufstieg in die Herrlichkeit des Vaters.

Die hauptsächlichen Unterschiede zur synoptischen Darstellung der Passion

→ Diese Sammelrunde fasst die Eigenarten der johanneischen Passionsgeschichte zusammen.

⊙ 10 Min., Kleingruppe

Die johanneische Passion zeichnet sich aus durch eine eigenständige, theologisch konsequent durchgeführte Konzeption mit einheitlicher Sprache, Vorstellungs- und Begriffswelt, mit kunstvoller Gliederung und literarischer Ausgestaltung.

Inhalt	Methode

Viele Szenen und Einzelheiten sind von symbolischer Bedeutung, z. B. Jesus übergibt den Geist (19,30, vgl. 3,16 und 10,17f.). Er ist das wahre Paschalamm (19,33.36, vgl. Ex 12,46 u. die Todeszeit!). Der Garten (18,1; 19,41) deutet vielleicht auf den Paradiesgarten hin.

Joh betont die Majestät des leidenden Gottessohnes. Synoptische Aussagen der Schwachheit Jesu werden in Hoheitsaussagen umgeprägt (vgl. 12,27-32; 18,4-8; 19,28-30). Jesus beherrscht in seiner Erniedrigung souverän das Geschehen, z. B. mit seiner Aussage „Ich bin es!" (18,5f.). Die Art seines Königtums wird in einem Dialog mit Pilatus dargestellt und in 19,20 der ganzen Welt bekannt gemacht. Die Deutung des Todes Jesu findet sich im prophetischen Wort des Kajafas (11,50; 18,14).

Tod und Erhöhung verschmelzen zu einem Geschehen. Immer wieder leuchtet mitten in der Passion die Herrlichkeit des Gesandten des Vaters auf.

Auch die Schwächen der Jünger werden Teil der göttlichen Planung (13,22-32.36-38; 18,15-18.25-27).

Daneben gibt es Einzelheiten, die nur das Johannesevangelium mitteilt, so die Beteiligung der römischen Kohorte bei der Verhaftung (= 600 Soldaten), die Namen der Beteiligten an der Schwertszene (Petrus und Malchus), das Verhör vor Hannas und Kajafas oder die Diskussion um die Kreuzesinschrift.

In einem kurzen Gespräch sammeln die TN die Unterschiede zu den Synoptikern, die ihnen aufgefallen sind.

Meditativer Abschluss

→ Auf dem Hintergrund des Erarbeiteten sehen die TN nochmals die Darstellung des romanischen Kruzifixus.

⏲ 5 Min., Kleingruppe

Bild- oder Musikmeditation

CD / MC: Johannespassion von Bach
CD-Player oder Kassettenrekorder
Die TN hören einen Ausschnitt aus der Johannespassion von J. S. Bach, z. B. Schlusschor und -choral, in dem gegen Ende österlicher Jubel aufblitzt, oder das Lied „Der Held aus Juda stirbt mit Macht".

ALTERNATIV: Bildbetrachtung
Kreuzigungsdarstellung (K 1)
Die TN sehen nochmals die Kreuzigungsdarstellung, mit der die Einheit begonnen hatte. Hier können die TN in die Stille Sätze aus der Johannespassion wiederholen, die sie besonders beeindruckt haben.

Arbeitsmaterialien für die Leiter/innen

L | 1   Die Verurteilung Jesu zum Tod am Kreuz

L | 2   Zur Problematik einer historischen Auswertung der Passionsgeschichte

L | 3   Sind „die" Juden schuld am Tode Jesu?

L | 4   Die Bedeutung der Sühneaussage

L | 5   Deutungen des Todes Jesu in der urkirchlichen Überlieferung (Schaubild)

L | 6   Gliederung der Johannespassion

L | 7   Exkurs: Jesu Leben – das Lösegeld für viele

L | 8   Morgenimpulse

L | 9   Anregungen für den Gottesdienst

K | 1   Kreuzigungsdarstellung

Die Verurteilung Jesu zum Tod am Kreuz
– im politischen und religiösen Kontext gesehen –

Wenn wir eine Antwort auf die Frage geben wollen, warum Jesus auf solch grausame Art zu Tode gebracht wurde, dann müssen wir uns die politischen und religiösen Bedingungen in Palästina vergegenwärtigen. Der Kreuzestod Jesu ist das Ergebnis eines Zusammenspiels ungünstiger Umstände und der Verquickung verschiedenartiger politisch-religiöser Interessen. Eine Kenntnis dieser Zusammenhänge ist umso notwendiger, da ja keine Prozessprotokolle vorliegen, sondern nur die Darstellung der Evangelisten aus nachösterlicher theologischer Sicht. Im Folgenden wird daher zunächst ein Überblick über die politische und religiöse Verwaltung Palästinas gegeben. Im zweiten Teil werden sodann die religiös-politischen Gruppierungen (Parteien) im Judentum kurz dargestellt. Orientierungshilfe bietet der Überblick auf dem Arbeitsblatt A 3.

1. Die politische und religiöse Verwaltung in Palästina

Palästina war 63 v. Chr. von Pompeius Rom tributpflichtig gemacht worden und Teile davon wurden der römischen Provinz Syrien unterstellt. Herodes der Große war bis 4. v. Chr. ein Vasallenkönig von „Roms Gnaden". Er herrschte als Tyrann und war bei den Juden verhasst. Nach seinem Tod wurde sein Reich unter drei seiner Söhne aufgeteilt. Der Teil des Herodes Archelaos (Judäa, Samaria, Idumäa) ging, nachdem er wegen seiner Grausamkeit 6 n. Chr. verbannt worden war, auf die römische Provinz Syrien über, sodass nun dieser Teil Palästinas römischen Statthaltern unterstand. Einer davon war Pontius Pilatus (26–36 n. Chr.). Unter seiner Amtszeit verschärften sich die Spannungen zwischen der jüdischen Bevölkerung und Rom. Es gab im Judentum Träume von einer religiösen und zugleich politischen Befreiung. Dazu gehören die Messiasvorstellungen dieser Zeit.

Durch die politische Situation war auch die religiöse Handlungsfreiheit für die Juden mit Einschränkungen gegeben. Das Judentum hatte von Rom einen religiösen Sonderstatus. Es war vom Herrscherkult befreit. Die Juden mussten dem Kaiser kein Opfer darbringen. In Jerusalem durfte es keine fremden Kulte geben. Das bekam auch Pilatus zu spüren, als er versuchte, Kaiserbilder und Schilder mit dem Namen des Kaisers in die Stadt zu bringen. Auf die Intervention der Juden beim Kaiser selbst zog er den Kürzeren. Die Drohung mit dem Kaiser spielt beim Prozess Jesu wieder eine Rolle.

In der Verwaltung erstreckte sich der Aufgabenbereich des Statthalters auf den militärischen Schutz, die Regelung der Finanzen und eine richterliche Funktion (im zivilen Bereich nur Gerichtsbarkeit bei Todesstrafe). Die Juden haben für den religiösen Bereich sowie die einfache Gerichtsbarkeit ihre Selbstverwaltung. An deren Spitze steht der Hohepriester, der dem Statthalter gegenüber die jüdischen Belange vertritt wie auch den Kult beaufsichtigt. Er ist Vorsitzender des 70-köpfigen Synedriums, des „Hohen Rates". Darin finden sich Vertreter der hohepriesterlichen Familien, der Priester- und Laienaristokratie (Sadduzäer) sowie Schriftgelehrte (zum größten Teil Pharisäer). Das Gremium verwaltet den Tempelbetrieb. Durch Jesu „Tempelreinigung" ist es direkt angegriffen, wie die Festnahme und das Verhör zeigen.

2. Die religiös-politischen Gruppierungen (Parteien)

Es gab zur Zeit Jesu im Judentum alle möglichen Schattierungen von Gruppen mit der ganzen Bandbreite von politischen Anliegen bis zu rein religiösen. Es ist bemerkenswert, dass in der Darstellung der letzten Tage Jesu durch die Evangelisten diese Parteien wieder eine Rolle spielen, vor allem bei den Streitgesprächen im Tempel.

Die Sadduzäer

Ihr Name leitet sich her von dem Priester Sadok aus der Zeit Salomos (1 Kön 1,32). Sie sind sozusagen die kleine herrschende „Kaste" in Jerusalem, weitgehend konservativ, zusammengesetzt aus altem Priester- und Laienadel. Sie stellten in jener Zeit fast alle Hohenpriester, bestimmten im Hohen Rat. Ihre Macht übten sie im Einverständnis mit den Römern aus und versuchten, Umsturzversuche zu unterbinden. Von den Pharisäern wurden sie verachtet und bekämpft. Nur die Herodianer, die Anhänger des Herodes Antipas, waren noch römerfreundlicher, aber wieder eine eigene Partei.

Religiös waren die Sadduzäer konservativ. Sie anerkannten nur die hebräisch geschriebenen Bücher des Alten Testaments, besonders die Tora (die fünf Bücher Mose), nicht aber die Lehren von der Auferstehung der Toten und von der Existenz von Engeln und Dämonen, die erst in jüngerer Zeit entstanden waren.

Die Essener
Ihr Name bedeutet „die Frommen". Sie lehnten die amtierende Priesterschaft und deren Tempelbetrieb ab. Sie sahen sich als wahre Kultgemeinde. Teile der essenischen Bewegung lebten in Bruderschaften (Ehe und Besitz zugelassen) oder in Qumran am Toten Meer zurückgezogen in Gemeinschaft. So versuchten sie, in dieser Endzeit zu bestehen. Ein dualistisch geprägter Glaube – Söhne des Lichtes stehen Söhnen der Finsternis gegenüber – sowie eine apokalyptisch gefärbte Naherwartung auf den Messias zeichnen sie aus. Die Gruppe führte sich zurück auf einen unbekannten Gründer, den „Lehrer der Gerechtigkeit". Soweit bekannt, waren die Essener nicht in die Auseinandersetzung um Jesus verwickelt.

Die Zeloten
Der Name bedeutet wörtlich „Eiferer". Sie setzten sich leidenschaftlich für die nationale und religiöse Unabhängigkeit ein, auch mit Gewalttaten. Sie lehnten es auch ab, den Römern Steuern zu zahlen. Die Widerstandsbewegung war 6 n. Chr. entstanden aus religiösen Motiven, aus einer Auflehnung von Pharisäern gegen eine Steuererhebung der Römer, als das Gebiet des Herodes Archelaos direkt auf die Römer überging mit Statthaltern, die der Provinz Syrien zugeordnet waren. Wahrscheinlich kam Jesus irgendwie mit den Zeloten zusammen (Frage nach der Kaisersteuer). Vielleicht war Simon, der Eiferer, ursprünglich ein Zelot. Jesus selbst lehnte gewaltsame Auflehnung ab.

Die Pharisäer
Sie sind wohl die Gruppe, mit der Jesus während seiner öffentlichen Tätigkeit am meisten zu tun hatte. Mit ihnen war die Auseinandersetzung am größten. Der Name stammt aus der Makkabäerzeit und bedeutet „Abgesonderte". Sie sind eine Laienbewegung, die sich über das ganze Land erstreckte und sich ursprünglich gegen hellenistischen Einfluss abgrenzte. Sie legen die Schrifttexte aus als „Schriftgelehrte" oder versuchen, auch in kleinen Gruppen besonders nach der Schrift und dem Gesetz zu leben. Durch eine gewissenhafte Erfüllung des Gesetzes, der Tora, wollten sie sich vor Gott rechtfertigen und so die Endzeit mit ihren Heilsgütern herbeiführen. Genaueste Beobachtung des Gesetzes war wichtig, dem Üblen vorzubeugen, die Reinheitsgesetze, die Verzehntung, die zahlreichen Bestimmungen der Vätertradition zu erfüllen. Auch die Gefahren einer religiösen Zurschaustellung, Leistung und Berechnung wurden in den eigenen Reihen schon gesehen, und demgegenüber wurde das Tun aus Liebe betont. Trotzdem hatten viele von ihnen – vor allem die Frommen –, die es gerade auch im Kleinen in ihrer religiösen Praxis sehr genau nahmen, Schwierigkeiten mit Jesus. Im Neuen Testament finden sich aber auch einige Hinweise, dass das Verhältnis Jesu zu den Pharisäern nicht nur negativ war (Lk 7,36-50; 11,37; 13,31; Joh 3).

Selbst an diesen kurzen Hinweisen wird deutlich, welche Gruppierung am meisten an der Beseitigung Jesu Interesse haben konnte: die Sadduzäer als Hüter der religiösen Tradition, der politischen Ordnung und besonders als Hüter des Tempelbetriebs.

3. Konkrete Umstände, die zum Tod Jesu führten

Auslösender Faktor für den Beschluss, Jesus zu beseitigen, war nach den Evangelienberichten offensichtlich eine provozierende Handlung Jesu auf dem Tempelplatz, die sogenannte Tempelreinigung, Mk 11,15-17. Die sadduzäische Priesterschaft vor allem konnte in solch einer Tat eine Störung des Tempelbetriebs und Bedrohung ihrer Amtsmacht sehen und das nicht hinnehmen. Sie mussten schnell handeln, noch vor Beginn des Paschafestes, da sie einen Aufruhr am Fest fürchteten (vgl. Mk 14,2). So erklärt sich die Verhaftung bei „Nacht und Nebel".

Die Tatsache, dass es zwei „Prozesse" gab, einen vor dem jüdischen Synedrium und einen vor Pilatus, hat schon immer Anlass zu der Frage gegeben, wer eigentlich schuld am Tod Jesu war, die jüdische oder die römische Behörde. Zu beachten ist, dass beide Instanzen, trotz ihres Zusammenspiels, von ganz verschiedenen Interessen geleitet wurden. Die jüdischen Gegner Jesu, vornehmlich die Priesterschaft, handelten aus theologischer Motivation. Sie befragen daher in einem Verhör Jesus nach der Legitimation seines Auftretens und seines messianischen Anspruchs (Mk 14,61–64). Die bestätigende Antwort Jesu gilt für sie – nach Darstellung der Evangelisten – als todeswürdige

Gotteslästerung. Da nur dem römischen Statthalter das Recht zustand, die Todesstrafe zu verhängen, mussten die jüdischen Behörden Gründe finden, Jesus vor Pilatus eines todeswürdigen Verbrechens anklagen zu können. Ein rein religiöses Motiv reichte vor dem heidnischen Römer nicht aus. Daher argumentieren sie mit politischen Gründen und klagen ihn als Staatsfeind an. So kommt es zu einem offiziellen Gerichtsprozess vor Pilatus, der mit der Verurteilung zum Kreuzestod endet.

Daraus ergibt sich: Die Gruppe, die eigentlich die Beseitigung Jesu betrieb, war die Priesterschaft mit ihren theologischen Motiven. Die Verurteilung aus politischen Gründen und die Hinrichtung selbst geschah durch die Römer.

Die Evangelisten haben mit unterschiedlicher Intensität ein Interesse daran, Jesus als politisch ungefährlich erscheinen zu lassen. Dadurch, dass ein Vertreter Roms die Unschuld Jesu ausspricht, soll einer Verfolgung der Christen als Staatsfeinde, als Anhänger eines politisch Verurteilten, der Boden entzogen werden. Dass dadurch die Juden zugleich stärker belastet werden, darf nicht übersehen werden.

4. Der Tod Jesu am Kreuz

Todesjahr und -tag Jesu sind nicht genau bekannt. Nach der Darstellung der Synoptiker starb Jesus am Paschafest selbst, am 15. Nisan, während nach der johanneischen Darstellung Jesus am Rüsttag zum Paschafest, am 14. Nisan, starb. Die Mehrzahl der Exegeten hält den 7. April im Jahr 30 für den wahrscheinlichen Todestag Jesu.

Die Kreuzigung war eine typische Hinrichtungsart der Römer, die – ausgehend von den Persern – über die Punier zu ihnen gekommen war. Sie galt als schmachvollste und grausamste Todesart und sie wurde nur bei Nichtrömern angewandt für rebellische und verbrecherische Sklaven und Hochverräter und im Krieg zur Demoralisierung der Gegner (z. B. Varus in Palästina 6 n. Chr.). Cicero äußerte sich 63 v. Chr. dazu so: „Wenn vollends der Tod angedroht wird, so wollen wir in Freiheit sterben, doch der Kerker, die Verhüllung des Hauptes und die bloße Bezeichnung ‚Kreuz' sei nicht nur vom Leib und Leben der römischen Bürger verbannt, sondern auch von ihren Gedanken, Augen und Ohren."

Zur Kreuzigung gehörte die vorherige Geißelung, die durch die schlimmen Verletzungen allein schon tödlich sein konnte. Der Verurteilte musste den Querbalken selbst zur Hinrichtungsstätte tragen, wo ein Pfahl eingerammt war. Jesus war offensichtlich durch die Geißelung so geschwächt, dass er dies nicht mehr allein tun konnte und Simon von Zyrene mithelfen musste. Dem Verurteilten wurden die Kleider ausgezogen (sie gingen in den Besitz der Henker über) und er wurde am Querbalken mit den Händen angebunden oder -genagelt und hochgezogen, bis der Balken in einer Einkerbung lag. Für die Zurschaustellung diente manchmal ein Hochkreuz. Hinweise darauf finden sich bei den Evangelisten. Durch den Fund der Gebeine eines Gekreuzigten bei Ausgrabungen in einer Jerusalemer Grabkammer im Jahr 1968 wissen wir, dass es kein Aufstützen auf ein Fußbrett gab, wie in Kunstdarstellungen seit dem 7. Jahrhundert dargestellt, dafür aber meist einen Sitzpflock. Dadurch wurde der Tod um vieles – manchmal tagelang – hinausgezögert. Die Gekreuzigten konnten sich so immer wieder aufrichten bis zur völligen Erschöpfung. Das Atmen wurde durch das Hängen immer schwieriger und vermutlich trat der Tod langsam durch Ersticken ein. Das furchtbare körperliche Leiden, die Schande der Entblößung – und nicht einmal die Auswürfe zurückhalten zu können –, die Zurschaustellung machen das Kreuz zur grässlichsten Todesstrafe. Der Gekreuzigte war gleichsam durch sein Festgebundensein und Sich-nicht-rühren-Können schon dem Tod gegeben, obwohl er noch lebte. Wollte man die Dauer der Kreuzigungsqualen abkürzen, wurden die Unterschenkel mit einem Keulenschlag durchschlagen, was der Fund 1968 bestätigte und was nach Joh 19,31-33 auch an den Mitgekreuzigten Jesu vollzogen wurde. Durch das Durchschlagen trat der Erstickungstod rasch ein. Das schnelle Sterben Jesu wird in der Literatur vielfach auf einen traumatischen Schock zurückgeführt, verursacht auch durch die Schwächung der Geißelung.

Für das Judentum war ein gekreuzigter Messias undenkbar, ein „Ärgernis" (1 Kor 1,22). Verflucht ist nach Dtn 21,22f., wer am Schandpfahl als Hingerichteter hängt. Wie kann ein Gekreuzigter der Messias sein, ist nach Ostern die zentrale Frage.

Literatur: R. Pesch, Das Markusevangelium. Herders Theologischer Kommentar zum NT, Band II, © Verlag Herder GmbH, Freiburg i. Br. ⁴1991, 4–79; H.-R. Weber, Kreuz, Überlieferung und Deutung der Kreuzigung Jesu im neutest. Kulturraum, Bibliothek Themen der Theologie, © Kreuz Verlag im Herder Verlag, Stuttgart 1976, S. 7–52.

Zur Problematik einer historischen Auswertung der Passionsgeschichte

Die meisten Menschen, die die Passionsgeschichte lesen, tun dies mehr oder minder bewusst aus einem historischen Fragehorizont heraus. Dies ist durchaus legitim. Allerdings stößt man sehr schnell auf Grenzen. Historischer Fixpunkt der Passsionsüberlieferung ist die Kreuzigung Jesu. Auch die Kreuzesinschrift (der sog. titulus crucis) „der König der Juden" (Mk 15,26) gibt mit hoher Wahrscheinlichkeit historische Realität wieder. Es ist also davon auszugehen, dass Jesus von den Römern aufgrund messianischer Anschuldigungen hingerichtet wurde. Messianische Ansprüche standen aus römischer Sicht – mit einer gewissen inneren Konsequenz – meist unter dem Verdacht politischer Ambitionen. Von Josephus wissen wir, dass die Römer in solchen Fällen meist kurzen Prozess gemacht haben. Potenzielle Messias-, d. h. Königsanwärter wurden gefangen genommen und in aller Regel gekreuzigt.

Die messianischen Anschuldigungen gegen Jesus kamen der markinischen Passionsgeschichte zufolge vonseiten des Hohen Rates, der zuvor Jesus in einem *offiziellen Verfahren* wegen seines Messiasanspruchs verurteilt hatte (Mk 14,61-64). Ob dies historisch zutrifft, ist schon weniger sicher. Selbst die christliche Überlieferung ist in diesem Punkt nicht eindeutig. Das Johannesevangelium weiß nichts von einem jüdischen Prozess gegen Jesus, sondern kennt nur eine Befragung durch den bzw. die Hohenpriester (Joh 18,19-24).

Hinzu kommt, dass der Prozess Jesu unter Voraussetzung des mischnischen Strafrechts gewisse Irregularitäten aufweist. So schreibt die Mischna vor (mSan IV,1h), dass Kriminalfälle im Unterschied zu Zivilsachen am Tage verhandelt und entschieden werden müssen. Ferner muss zwischen Beweisführung und Urteilsverkündigung mindestens ein Tag verstreichen. Überhaupt sind Verhandlungen am Rüsttag eines Sabbats oder Feiertags verboten. [...] So wird man feststellen müssen, dass ein offizieller jüdischer Prozess gegen Jesus nicht über alle Zweifel erhaben ist. Es ist nicht auszuschließen, dass Jesus lediglich durch die saddzuäische Hochpriesterschaft verhört und dann Pilatus überstellt wurde.

Nicht minder problematisch ist die Antwort auf die Frage, aus welchem Grund Jesus von jüdischer Seite für schuldig befunden und mit messianischer Anschuldigung dem römischen Präfekten präsentiert wurde.

Das Markusevangelium führt dies unmittelbar auf einen messianischen Anspruch Jesu zurück. Als Jesus die Frage des Hohenpriesters „Bist du der Messias, der Sohn des Hochgelobten?" bejaht, fällt der Hohe Rat einstimmig das Urteil: „Er ist des Todes schuldig" (Mk 14,61-64). In der Antwort Jesu spiegelt sich zweifellos das Bekenntnis der jungen Christengemeinde, durch das sie sich von anderen jüdischen Gruppen unterschied. Unter historischer Rücksicht wird man aber zweifeln müssen, ob der Anspruch, Messias zu sein, für Juden ein hinreichender Grund war, um einen Volksgenossen zu verurteilen oder den Heiden auszuliefern. Es gab in der Zeit bis zum 2. Jüdischen Krieg immer wieder Juden, die als messianische Führer auftraten (der prominenteste war Bar Kochba!), ohne dass eine jüdische Behörde eingeschritten wäre. Im Übrigen steht historisch nicht einmal fest, ob Jesus selbst sich ausdrücklich als Messias bezeichnet oder verstanden hat.

Als weiterer Grund für eine jüdische Verurteilung werden die *Gesetzeskonflikte* Jesu angeführt. Doch auch hier ist unter historischen Prämissen Vorsicht geboten. Zwar finden sich in der Bergpredigt einige Worte Jesu, die mit der Auffassung der Pharisäer oder Sadduzäer nicht konform gehen. Nicht zuletzt durch die Qumran-Schriften wissen wir aber, dass die mögliche Bandbreite halachischer (religionsgesetzlicher) Differenzen im Frühjudentum relativ groß war. Der Umstand, dass eine konkrete Halacha über den unmittelbaren Wortlaut der Tora hinausging, hinderte nicht, sie als Offenbarung vom Sinai zu verstehen. Unter dieser Rücksicht bleibt auch für Jesus festzustellen, dass alles, was er gelehrt hat, im Rahmen des frühjüdisch Möglichen blieb. Dies schließt nicht aus, dass Jesus durch seine Lehre und Praxis sich Feinde geschaffen hat. Ein Grund, ihn zu töten, ergibt sich daraus aber nicht.

Historisch gesehen wird man den Hauptgrund für eine jüdische Verurteilung Jesu in einem Wort bzw. *einer Aktion Jesu gegen den Tempel* sehen müssen. Die synoptische Tradition spricht von einer „Tempelreinigung" (Mk 11,15-19.27-33 par). Tatsächlich ging es Jesus wohl um mehr. Der Verkauf kultisch einwandfreier Opfertiere und das Wechseln in die allein im Tempel akzeptierte tyrische Währung dienten der Aufrechterhaltung eines geordneten Kultbetriebes. Wenn Jesus hier störend eingriff, dann stellte er den Kultbetrieb infrage. Dies bedeutet nicht, dass Jesus den Kult abschaffen wollte. Seine Aktion hatte die Qualität prophetischer Zeichenhandlung. Sie wollte zum Ausdruck bringen, dass Tempel und Kult nichts nützen, ja von Gott verworfen werden, wenn diejenigen, die den Kult vollziehen, sich nicht dem eschatologischen Anspruch seiner Botschaft stellen. In diesen Zusammenhang gehört wahrscheinlich auch das (im Wortlaut nicht mehr rekonstruierbare) Tempellogion (Mk 14,58; 15,29 par; Joh 2,19; vgl. Apg 6,13f.). Dass die saddzuzäische Priesteraristokratie auf derartige Reden und Aktionen allergisch reagierte, wissen wir von einem ähnlich gelagerten Vorgehen gegen einen Propheten namens Jesus ben Ananja (Jos. Bell. 6, 300–305). Tempelkritische Worte und Aktionen mussten den Sadduzäern verdächtig erscheinen. Sie stellten nicht nur deren wirtschaftliche Existenzgrundlage infrage, sondern auch die theologische Basis Israels, dessen Heil – nach sadduzäischer Auffassung – durch den Kult (Sühne!) gewährleistet war. Theokratie und Eschatologie prallten in Form unversöhnlicher Gegensätze aufeinander. Von da aus ist es nur zu verständlich, dass die Hochpriesterschaft Jesus beseitigen wollte und ihn der römischen Behörde überstellte. Die messianische Anschuldigung war dabei sicherlich ein (sadduzäisches) Interpretament, entbehrte aber insofern nicht der sachlichen Grundlage, als man Aktionen gegen den Tempel auch als politischen Umsturzversuch deuten konnte.

Aus: Helmut Merklein: Die Jesusgeschichte – synoptisch gelesen. Stuttgart: Verlag Katholisches Bibelwerk 1995, 205–207.

Sind „die" Juden schuld am Tode Jesu?

Das Christentum hat über Jahrhunderte behauptet, die Juden seien Gottesmörder, sie hätten Schuld an der Kreuzigung Jesu. Diese Behauptung hat Pogrome gegen jüdische Menschen gerechtfertigt. Sie ist ein wichtiger Baustein, auf dem der christliche Antijudaismus und der rassistische Antisemitismus aufgebaut haben. Belegt wurde diese tödliche Behauptung mit Aussagen des Neuen Testaments über die Beteiligung von Männern aus der jüdischen Führungsschicht wie Kajafas an der Vorbereitung des Kreuzigungsurteils durch Pilatus. Diese Beteiligung wird historisch zutreffen. Sie sollte aber nicht missbraucht werden, um „das Judentum" für schuldig zu erklären.

Vielmehr muss nach den unterschiedlichen politischen Interessen in der jüdischen Führung gefragt werden. Es gab Menschen, die mit Rom zusammengearbeitet haben. Diese Zusammenarbeit hatte bei den herodianischen Königen andere Gründe als bei manchen Hohenpriestern. Die herodianischen Könige waren Nutznießer der Herrschaft Roms, Kollaborateure, wie die Legende vom Kindermord des Herodes in Betlehem beweist. Im Johannesevangelium (11,48) wird ein Hoherpriester zitiert, der fürchtet, dass Jesus durch seinen Erfolg im jüdischen Volk den Römern als politische Bedrohung erscheinen könnte; eine durchaus realistische Einschätzung der Verhältnisse.

Eine Schuld des Volkes am Tod Jesu ist spätere Deutung, nachdem die christliche Urgemeinde sich vom Judentum getrennt hatte. Umgekehrt muss man nach der Shoah die Schuld erkennen, die das Christentum durch diese Behauptung auf sich geladen hat. Sie ist bleibendes Erbe, das aufgearbeitet werden muss, auch für zukünftige christliche Generationen.

Aus: Dorothee Sölle / Luise Schottroff: Jesus von Nazaret.
© 2000 Deutscher Taschenbuch Verlag, München.

Die Bedeutung der Sühneaussage
Helmut Merklein

Mit der Aussage, dass jemand sein Leben stellvertretend zur Sühne einsetzt, tun wir uns schwer. Ich möchte im Sinne eines Ausblicks wenigstens eine kleine Hilfestellung geben. Um zu verstehen, welchen Sinn die Aussage von der stellvertretenden Sühne hat, sollte man nicht von der Satisfaktionstheorie Anselms von Canterbury ausgehen und fragen: Wie kann Gott das Opfer eines Unschuldigen verlangen? Für das biblische Denken ist Sünde eine konkrete, fast dingliche Wirklichkeit, die durch (bewusste oder unbewusste) Fehltat gesetzt wird und dann zur Wirkung kommt. Sünde ist daher nicht in erster Linie eine Beleidigung Gottes, sondern eine Störung der menschlichen Lebenssphäre, die Gott in Form von Recht und Gerechtigkeit – wiederum fast dinglich verstanden – über die Erde gebreitet hat. Indem die Sünde diese Atmosphäre von Recht und Gerechtigkeit stört, vergiftet sie den Lebensraum der Menschen. Nach gemeinantiker Vorstellung schlägt die Sünde insbesondere auf den Sünder zurück (Tun-Ergehn-Zusammenhang). Als Wirk–lichkeit kommt Sünde erst zur Ruhe, wenn ihre Ursache, der Sünder, vernichtet ist. Erst wenn der Strahlungsherd der Sünde beseitigt ist, wenn Sünde sich am Sünder ausge–wirkt hat, ist die Wirk–lichkeit der Sünde beseitigt. Das heißt, die entscheidende Frage lautet nicht: Wie wird ein erzürnter Gott besänftigt?, sondern: Wie kann der sündigende Mensch mit der Wirk–lichkeit der Sünde leben, ohne daran zugrunde zu gehen? Gibt es ein Entrinnen aus dem tödlichen Kreislauf von Sünde und Tod?

Nach biblischer Auffassung ist Sühne (in ihren verschiedenen Formen) eine, wenn nicht *die* Antwort auf diese existenzbedrohende Wirk–lichkeit. Es wäre ein grobes Missverständnis, wenn man in den alttestamentlichen Sühneriten Vorleistungen zur Besänftigung Gottes sehen wollte. Sühne ist Gabe Gottes. Die Sühneriten sind von Gott gewährte Symbole, mit deren Hilfe der Sünder, der durch die Wirk–lichkeit der Sünde sein Leben ver–wirkt hat, neue Lebensperspektive gewinnen kann. Als Symbol der Sühne tritt meistens ein „Stellvertreter" auf, dessen Symbolik sich allerdings – je nach zugrundeliegendem Sühneritus – auf recht unterschiedlichen Ebenen bewegt. [...] Als Deutekategorie hat die Symbolik des Sündopfers die nachösterliche Reflexion des Todes Jesu erheblich beeinflusst. [...]

Im Hintergrund [des Sterbens „für alle"] steht Jes 53. Der Gottesknecht gibt „sein Leben als Sühnopfer" (V. 10). Das hebräische Wort, das die Einheitsübersetzung mit „Sühnopfer" wiedergibt, meint eigentlich das „Schuldopfer" (*ascham*). Das (kultische) Schuldopfer (Lev 5,14-26) geht von der Ableistung einer Schuldverpflichtung bzw. einer Ersatzleistung aus, die in Jes 53 allerdings – einmalig im Alten Testament – personalisiert ist. Der Gerechte (Gottesknecht) nimmt die Schuld der vielen auf sich (V. 11) und trägt die Sünden der vielen (V. 12). Wegen unserer Verbrechen und Sünden wird er misshandelt (V. 5; vgl. V. 8). Auf ihm liegt die Strafe (V. 5), all unsere Sünden wirft der Herr auf ihn (V. 6). In der letzten tödlichen Züchtigung, die ihn trifft (VV. 7f.), erleidet er demnach das Geschick der Sünder. Die für das Sündopfer bezeichnende Identitätssymbolik fehlt. Im Wesentlichen operiert der Text mit dem Gedanken der Ersatzleistung, wonach ein Gerechter an die Stelle der Sünder tritt und sein Leben zur Ableistung der Schuldverpflichtung der Sünder einsetzt (VV. 10.12).

Gerade an dieser Stelle werden wir aber mit aller Macht auf eine fundamentale moderne Schwierigkeit gestoßen. Nach neuzeitlichem Subjektverständnis kann Schuld nicht durch einen Stellvertreter bewältigt werden. Schuld haftet unvertretbar am Subjekt. Niemand kann seine Schuld auf einen anderen abwälzen. Niemand kann die Schuld eines anderen übernehmen. Das ist richtig, übersieht allerdings – als Einwand gegen den biblischen Sühnegedanken – dessen symbolische Dimension. Der biblische Sühnegedanke will nicht das Subjekt entmündigen oder aus seiner Verantwortung entlassen. Wenn die Bibel von Sühne und Stellvertretung redet, dann beschreibt sie keinen magischen Mechanismus, der die Wirk–lichkeit der Sünde un–wirk–lich macht und die Schuld des Subjekts für gegenstandslos erklärt. Die biblische Rede von Sühne und Stellvertretung ist keine mechanistische Beschreibung innersubjektiver Vorgänge. Nicht Deskription des Subjekts, sondern Erschließung symbolischer Wirklichkeit ist ihr Ziel. Im Gegensatz zu einer bloß verbalen Vergebung, die nicht minder dem magischen Missverständnis ausgesetzt ist, lässt gerade die Symbolik der Sühne keinen Zweifel an der Wirk–lichkeit der Sünde, ja sie führt dem Sünder diese Wirk–lichkeit in der Symbolik des Stellvertreters unübersehbar vor Augen. Und wenn zur Sühne gewiss auch der Gedanke der Vergebung durch Gott gehört, so macht die Vergebung nicht die Schuld ungeschehen, sondern eröffnet dem Schuldigen eine neue Lebensmöglichkeit. Stellvertretung bedeutet nicht, dass der Stellvertreter dem schuldigen Subjekt die Schuld wegnimmt. Der Stellvertreter ist vielmehr das Symbol einer von Gott gewährten Lebensmöglichkeit für den Sünder, der ohne dieses Symbol – den Tod vor Augen – zerbrechen oder seine Schuld verdrängen müsste. Gerade die Symbolik der Sühne eröffnet dem schuldigen Subjekt die Möglichkeit, sich uneingeschränkt zur eigenen Schuld zu stellen, im Symbol des Stellvertreters den verdienten eigenen Tod zu bejahen und eben darin sich mit neuer Lebensmöglichkeit beschenken zu lassen. Erst in dieser Konstellation kann Vergebung verantwortet akzeptiert werden. Dem heutigen Menschen mag ein geopfertes Tier, ein sterbender Gottesknecht und ein hingerichteter Jesus als allzu drastisches Symbol erscheinen. Das ist eine Frage kulturgeschichtlichen Empfindens. Sachlich entspricht das Symbol jedenfalls der drastischen Wirk–lichkeit der Sünde, die unweigerlich den Tod produziert und – das will das Symbol aufrechterhalten – nur im Tod ausgehalten und bewältigt werden kann. [...]

Die eingangs gestellte Frage lautete: Wie hat Jesus seinen Tod verstanden? Ich möchte sie mit dem einfachen Satz beantworten: Jesus hat seinen Tod als Sühnetod verstanden. Das bedeutet: Nach Jesu eigener Einschätzung ist sein Tod nicht das Ende, sondern der Garant des ungebrochenen Heilswillens Gottes für sein Volk Israel. Die Kirche sieht im Tode Jesu das Zeichen, dass auch die Heiden in das endzeitliche Heil einbezogen sind. Deshalb feiert die Kirche den Tod Jesu, bis er wiederkommt.

Aus: Helmut Merklein: Wie hat Jesus seinen Tod verstanden?, in: Pastoralblatt für die Diözesen Aachen, Berlin, Essen, Hamburg, Hildesheim, Köln, Osnabrück 12/1996, 355–366, hier: 363–365.

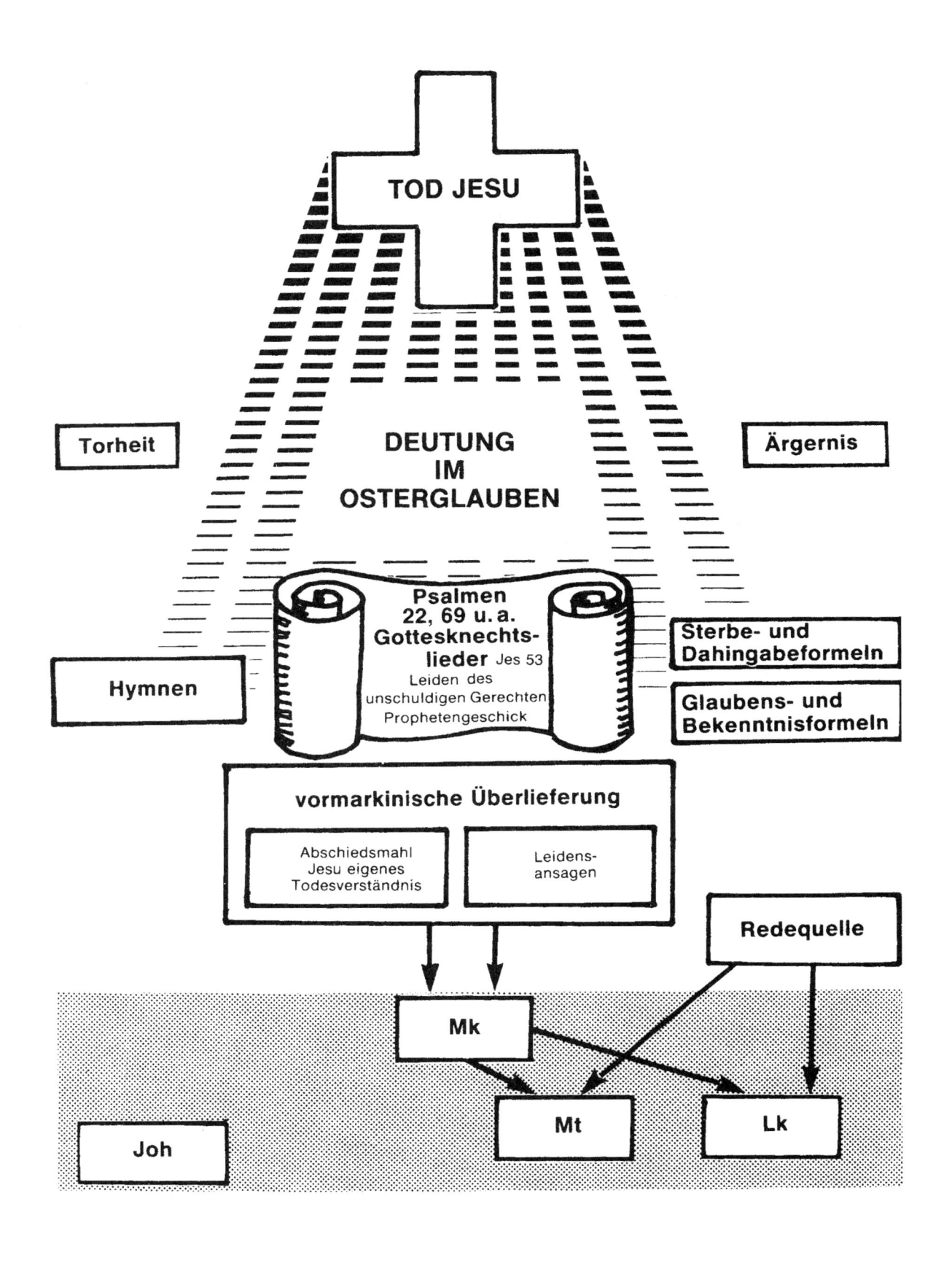

Deutungen des Todes Jesu in der urkirchlichen Überlieferung
(Schaubild)

TOD JESU

DEUTUNG IM OSTERGLAUBEN

Torheit

Ärgernis

Psalmen 22, 69 u. a.
Gottesknechtslieder Jes 53
Leiden des unschuldigen Gerechten
Prophetengeschick

Hymnen

Sterbe- und Dahingabeformeln

Glaubens- und Bekenntnisformeln

vormarkinische Überlieferung

| Abschiedsmahl Jesu eigenes Todesverständnis | Leidensansagen |

Redequelle

Mk

Mt

Lk

Joh

Gliederung der Johannespassion (Joh 18,1–19,42)

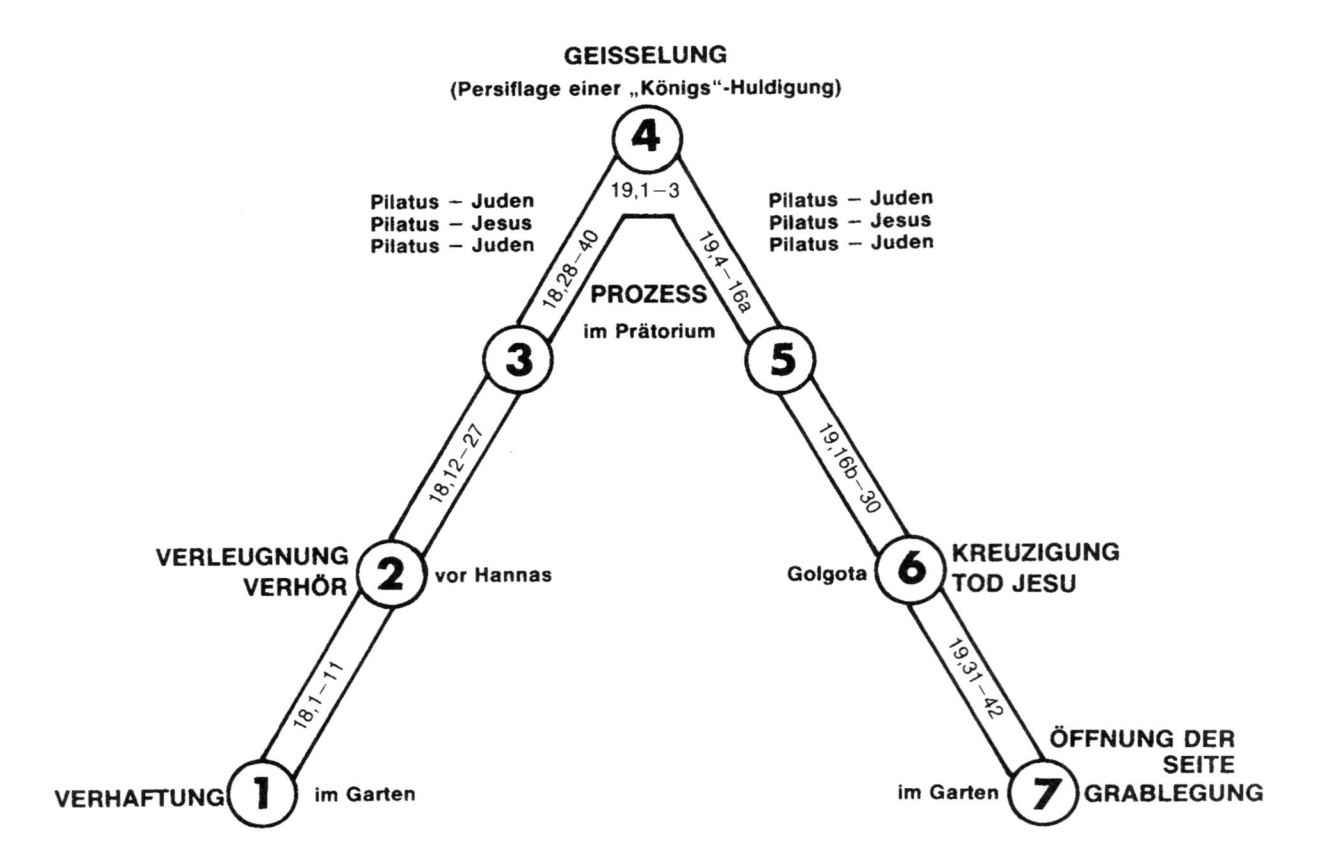

GEISSELUNG
(Persiflage einer „Königs"-Huldigung)

④ 19,1–3

Pilatus – Juden
Pilatus – Jesus
Pilatus – Juden

Pilatus – Juden
Pilatus – Jesus
Pilatus – Juden

18,28–40   19,4–16a

③   **PROZESS**   **⑤**
im Prätorium

18,12–27   19,16b–30

VERLEUGNUNG   **②** vor Hannas   Golgota   **⑥** **KREUZIGUNG TOD JESU**
VERHÖR

18,1–11   19,31–42

VERHAFTUNG **①** im Garten   im Garten **⑦** **ÖFFNUNG DER SEITE GRABLEGUNG**

Exkurs: Jesu Leben – das Lösegeld für viele

Gott will in dieser Welt des Unheils (Gen 3–11) Heil schaffen (Gen 12,1-3). Diese Überzeugung gehört zu den Fundamenten des jüdischen Glaubens, weshalb sich Israel nie mit der Existenz des Bösen in seiner Mitte abfand. Nur – wie war das Böse aus der Welt zu schaffen? Wie konnte das Unheil überwunden werden?

Der Täter trägt die Folgen seiner Tat

Auch in Israel galt die Wiedergutmachung als die natürlichste und wirksamste Art, Böses aus der Welt zu schaffen und Unheil zu überwinden:

> „Wenn Männer in Streit geraten und einer den andern mit einem Stein oder einer Hacke verletzt, sodass er zwar nicht stirbt, aber bettlägerig wird, später wieder aufstehen und mit Krücken draußen umhergehen kann, so ist der freizusprechen, der geschlagen hat; nur für die Arbeitsunfähigkeit des Geschädigten muss er Ersatz leisten und er muss für die Heilung aufkommen" (Ex 21,18f.).

Der Täter trägt die Folgen seiner Tat, durch die er die Ordnung verletzt hatte.

Was aber war zu tun, wenn es unmöglich war, den angerichteten Schaden auf so einfache Weise wiedergutzumachen, da man sich *am Leben* des anderen vergangen hatte? In diesem Fall hatte der Täter sein eigenes Leben hinzugeben, damit das von ihm in die Welt gesetzte Böse gleichsam auf ihn zurückfallen und so „zur Ruhe kommen" kann:

> „Wenn Männer miteinander raufen und dabei eine schwangere Frau treffen, sodass sie eine Fehlgeburt hat, ohne dass ein weiterer Schaden entsteht, dann soll der Täter eine Buße zahlen, die ihm der Ehemann auferlegt; er kann die Zahlung nach dem Urteil von Schiedsrichtern leisten. Ist weiterer Schaden entstanden, dann musst du geben: Leben für Leben, Auge für Auge, Zahn für Zahn, Hand für Hand, Fuß für Fuß, Brandmal für Brandmal, Wunde für Wunde, Strieme für Strieme" (Ex 21,22-25).

Wer sich am Leben eines anderen vergangen hat, hat im gleichen Maß sein eigenes Leben verwirkt. Er hat sein Lebens*recht* verloren.

Die Auslösung des verwirkten Lebens

Das israelitische Recht sieht allerdings auch – in Ausnahmen! – die Möglichkeit vor, das an sich verwirkte Leben „auslösen" zu können:

> „Wenn ein Rind einen Mann oder eine Frau so stößt, dass der Betreffende stirbt, dann muss man das Rind steinigen und sein Fleisch darf man nicht essen; der Eigentümer des Rinds aber bleibt straffrei. Hat das Rind aber schon früher gestoßen und hat der Eigentümer, obwohl man ihn darauf aufmerksam gemacht hat, auf das Tier nicht aufgepasst, sodass es einen Mann oder eine Frau getötet hat, dann soll man das Rind steinigen und auch sein Eigentümer soll getötet werden. Will man ihm aber eine Sühne auferlegen, soll er als Lösegeld für sein Leben so viel geben, wie man von ihm fordert" (Ex 21,28-30).

Ein Doppeltes ist bei diesem Gesetz von Bedeutung:

1. Die Sühne, die der Schuldige zu leisten hat, soll nicht den Geschädigten versöhnen, d. h. beruhigen, sondern den aus dem Todesverhängnis lösen, der infolge seines Fehlverhaltens sein eigenes Leben verwirkt hat.

2. Diese Sühne ist eine Ausnahme (vgl. dagegen Num 35,31f.; Spr 13,8; 6,32-35) und sie ist nur möglich, weil der Geschädigte von sich aus bereit ist, dem Schuldiggewordenen entgegenzugehen. Die Initiative zur Sühne kann demnach nie vom Täter, sondern immer nur vom „Opfer" ausgehen!

Was ist also das Eigentümliche des biblischen Sühnegedankens? Es besteht darin, dass der Betroffene – unter bestimmten Bedingungen – auf *sein* Recht gegen den Täter verzichtet, sodass dieser am Leben bleiben kann, obgleich er an sich sein Leben verwirkt hatte.

Dieser Sühnegedanke begegnet nun in der nachexilischen Theologie nicht mehr nur im zwischenmenschlichen Bereich. Er wird jetzt auch auf das Verhältnis Gottes zu Israel übertragen. So lesen wir bei Deuterojesaja, dem Propheten im babylonischen Exil:

> „Ich, der Herr, bin dein Gott,
> ich, der Heilige Israels, bin dein Retter.
> Ich gebe Ägypten als Lösegeld für dich,

Kusch und Seba an deiner Statt,
weil du teuer bist in meinen Augen, wertgeachtet
und ich dich liebe.
So gebe ich Menschen für dich und Nationen für dein
Leben" (Jes 43,3f.).

Nach den Worten des Propheten ist Jahwe bereit, das ganze, damals bekannte Nordost-Afrika als Lösegeld an Kyros, den Eroberer Babylons (!), zu geben, um Israel aus dem Exil auszulösen und so am Leben zu erhalten.

Vergleicht man diese Stelle mit der zuvor genannten (Ex 21,28-30), fällt nun allerdings ein wichtiger Unterschied auf: Bei Deuterojesaja verzichtet der Geschädigte, d. h. Jahwe, nicht nur auf sein Recht gegen sein Volk Israel, sondern er zahlt darüber hinaus auch das Lösegeld (das ja sonst der aufbringen musste, der sich verschuldet hatte!).

Nichts wäre also verkehrter als die Annahme, das Lösegeld, das als Sühne bezahlt werden muss, sei für Gott bestimmt. Nie rettet das Lösegeld den Verschuldeten vor Gottes Gerichtszorn, vielmehr löst es ihn aus dem Todesverhängnis, in das er sich durch sein Fehlverhalten selbst gebracht hat. (Wenn wir also beten: „Schau gütig auf die Gabe deiner Kirche. Denn sie stellt dir das Lamm vor Augen, das geopfert wurde und uns nach deinem Willen mit dir versöhnt hat!", dann entspricht eine solche Ausdrucksweise weder dem biblischen Sühneverständnis noch dem biblischen Gottesbild!).

Aus: Meinrad Limbeck: Markus-Evangelium. (Stuttgarter Kleiner Kommentar Neues Testament 2). Verlag Katholisches Bibelwerk GmbH, Stuttgart 1984, 148–151.

Morgenimpulse

Kreuz-Zeichen – ganzheitlich erfahren

🕐 30 Min., Plenum
🛍 Ruhige Musik, Kassettenrekorder/CD-Player

Die TN erhalten den Impuls, sich einen Platz im Raum zu suchen und dem Motiv „Kreuz" nachzugehen. Sie bücken sich zu Boden und formen gleichsam mit beiden Händen vor sich aufstrebend den senkrechten Kreuzesbalken in einer Bewegung bis in die äußerste Dehnung nach oben. Die Hände werden dabei im Abstand der Breite eines Balkens geführt. Die Haltung in der äußersten Ausstreckung des Körpers wird einen Moment beibehalten (dabei Atem nicht pressen oder anhalten). Dann wird die ganze Dimension des Oben – Unten noch einmal ersprürt, indem die Hände nochmals im Geist den „Balken" herabgleiten bis zum Boden. Die Übung wird wiederholt (ganz nach oben und teilweise nach unten) bis zu dem Punkt, wo im Heruntergehen von der Spitze der (vorgestellte) Kreuzungspunkt mit dem Querbalken ist. Dort gehen beide Hände auseinander bis zum Ende der Reichweite. Die Handinnenflächen weisen an den äußersten Punkten nach außen. Die Arme sind ganz gestreckt, waagrecht nach den Seiten ausgestreckt. Im Körper wird sehr stark die Spannung wahrgenommen, die die Dehnung verursacht. Nach einem Moment des Haltens (dabei den Atem wieder nicht pressen!) werden beide Hände in einer langsamen, gebundenen Bewegung wieder bis auf „Balkenbreite" vor der Brust zusammengeführt. Auch diese Bewegung wird langsam wiederholt, um sie einzuprägen und ihre Eigenarten wahrzunehmen. Dann vollziehen die Einzelnen die ganze Bewegung des Kreuzes in einem Fluss, der bei allen gleich ist, sich aber im eigenen Tempo und Ausdruck vollzieht. Die Gesamtbewegung umfasst also: Von ganz unten nach ganz oben, herunter bis zur Brust, dort streben die Arme nach den Seiten waagrecht auseinander und dann wieder zusammen, die Bewegung wird nach ganz unten zu Ende geführt.

Die TN sind dann eingeladen, zu einer Musikbegleitung (getragene, klassische Musik, wie z. B. ein Largo, oder ruhige moderne Meditationsmusik) die Bewegung langsam im Raum gehend zu vollziehen und sie zunächst mit jeweils einem beggenenden Gruppenmitglied zusammen synchron auszuführen oder im Wechsel: Eine/r beginnt mit dem „Längsbalken" von unten, eine/r mit dem „Querbalken" mit beiden Händen vor der Brust, sodass das Kreuz als Ganzes, immer wieder von beiden gebildet, im Ausdruck entsteht.

Die Partnerübung ist vereinfacht, wenn sie mit gleichbleibendem Partner bzw. Partnerin gegenüberstehend ausgeführt wird.

Am Schluss kann ein Satz der TN stehen: „Kreuz ist für mich ...", der von denen, die möchten, gesagt wird. Oder es kann in einer kurzen Reflexion ausgetauscht werden, was den Einzelnen bei der ritualisierten Bewegung aufging oder spürbar war. Es kann jedoch auch wohltun, die Übung für sich stehen zu lassen, vor allem, wenn eine große Dichte spürbar war, sodass nicht tiefe Anrührung zerredet wird.

Morgenimpulse

Psalm 22: Betrachtung einer alttestamentlichen Deutungshilfe

- 20 Min., Plenum
- Text Ps 22 (A 10)
- CD / MC: Felix Mendelssohn-Bartholdy: Ps 22 (Motette)

Kurze Einführung

Dieses Klagelied eines leidenden Gerechten führt durch die Tiefe des Leidens hindurch zu Vertrauen, Freude und Lobgesang – vom Kreuz zur Auferstehung. In den Passionsgeschichten klingt dieser Psalm immer wieder an, bei Markus vor allem an drei Stellen:

Mk 15,34 – Ps 22,2
Mk 15, 29.32 – Ps 22,8
Mk 15,24 – Ps 22,19.

Der Gebetsschrei Jesu am Kreuz ist Andeutung für den ganzen Psalm, der die Wende von der Klage zum Loben, von der Gottverlassenheit zur Gottesgewissheit, vom Tod zum Leben besingt.

Dieser Psalm hat der jungen Kirche verdeutlicht: Hier leidet nicht ein von Gott Verworfener, sondern einer, der von Gott erhöht und angenommen ist.

Freies Psalmengebet

Der Psalm 22 wird gelesen (vgl. A 10). Dann können die TN das Wort, den Psalmvers, der sie besonders angesprochen hat, laut in den Raum sagen. Dabei kommt es nicht auf die Reihenfolge oder Vollständigkeit an. Es entsteht ein Klangteppich der Worte, die an diesem Morgen ihren Widerhall gefunden haben.

Musikmeditation

Das Psalmengebet wird vertieft durch das Hören der Motette von Felix Mendelssohn-Bartholdy „Psalm 22".

Kreuz – naturale Meditationsübung

- 30 Min., Plenum
- Frische Aststückchen, nach Anzahl der TN

Tr 363A

Diese Übung kann, wenn sie gesammelt und in Ruhe durchgeführt wird, außerordentlich eindrucksvoll sein. Das körperliche Spüren von Spannung und Zerbrechen wird durch den deutenden Text ergänzt.

Für diese naturale Meditation braucht jede/r ein Aststückchen von etwa 25 cm Länge, ungefähr in Fingerdicke. Wichtig ist, dass diese Stückchen frisch und geschmeidig sind, damit sie beim starken Anspannen nicht ganz auseinanderbrechen. Schösslinge von Flieder oder Obstbäumen eignen sich gut. Jede/r hat ein Aststückchen in der Hand und führt bei den sieben angegebenen Schritten das Entsprechende aus. Mit kurzen Sätzen wird das meditative Tun ergänzt. Die TN nehmen dabei nur die Impulse auf, die für sie passen. Nach jedem Abschnitt wird der Kyrie-Ruf (Tr 363A) zweimal gesungen.

1. Gerade sein:

Den Ast anschauen, fühlen, ihn an den Enden fassen, ihn „sprechen" lassen.
Dieses Stück Ast kann ein Gleichnis für mich und mein Leben sein.
So bin ich – so möchte ich sein:
jung, gesund,
voller Kraft und Leben,
gut gewachsen, natürlich und schön,
gerade und richtig.
Soll alles glatt gehen?

2. Gespannt sein:

Den Ast mit beiden Händen anspannen, erst leicht, dann etwas stärker.
Nur keine Angst vor Anforderungen.
Ich verkrafte einiges.
Mich bringt so schnell nichts um.
Ich schaff das schon!
Ich lasse mich nicht unterkriegen.
Denen werde ich es zeigen!
So schnell geb ich nicht auf.

Ich kann das schon allein.
Ich brauche niemanden.
Selbst ist der „Mann", ist die Frau!

3. Belastet bis zum Äußersten:
Den Ast immer stärker biegen, die intensive Spannung innerlich nachfühlen und aushalten.
Belastung!
Gespannt bis zum Äußersten.
Nicht zum Aushalten!
Es geht über meine Kräfte.
Beginnen, an mir und anderen zu zweifeln.
Auf Biegen und Brechen.
Hat das Sinn?
Ich kann nicht mehr.

4. Angeknackst sein:
Den Ast biegen, bis er knackst; nicht ganz durchbrechen!
Schuld, Leid Enttäuschung!
In mir ist etwas gerissen, gebrochen.
Zu viel!
Gebrochen.
Sinnlos!
Keine Aussicht mehr.
Versagt.
Hoffnungslos!
Alles ist leer und ausgebrannt.
Einfach aus!
Einfach aus?

5. Gebrochen sein:
Die Bruchstelle anschauen, hineindenken und fühlen in diese offene Mitte.
Bis jetzt lief alles glatt.
Die Bruchstelle reißt auf,
liefert aus, macht offen,
ermöglicht einen Blick in das Innere, in die Tiefe.
Das bin ich also.
Ich erfahre mich anders, ich erlebe mich neu.
Und die anderen?
Ich kann mich nicht mehr vor ihnen verstellen.
Du – hilf mir!
Nimm mich so an, wie ich bin!

6. In der Verwundung anderen begegnen:
Sich zu zweit zusammentun, den gebrochenen Ast, den/die andere/n auf mich wirken lassen, dann langsam die Bruchstellen zusammenfügen (die Äste müssen kreuzweise liegen), ineinander drücken, sodass ein Kreuz entsteht, das in den Bruckstellen gehalten ist.
Auch der und die andere ist gebrochen,
verletzt und schwach, aufgebrochen und offen.
Wir brauchen einander nichts mehr zu verheimlichen.
Die Masken sind gefallen.
Versagen zugeben.
Sich nicht genieren.
Ein Stück von mir preisgeben.
Einander trauen.
Die Stelle des Gebrochenseins – eine Chance für Begegnung, für echtes Verstehen, für Einssein?

7. Gekreuzt sein:
Die Stäbe etwas zurechtbiegen, das gemeinsame Kreuz anschauen.
Ich bin gekreuzt mit anderen.
Mein Stab, dein Stab –
unser gemeinsames Kreuz!
Wird die schwächste Stelle meine stärkste?
Wächst aus meiner Schwachheit Kraft?
Ist das vielleicht ein Sinn von Leid?

Christus, dieses Kreuz, dein Kreuz,
sie sind Zeichen der Begegnung,
sind ein neuer Anfang,
sind Leben
für mich, für uns!

Anregungen für den Gottesdienst

📎 Fotokarton in den Farben schwarz, weiß und grau
Schere, Klebstoff

Einen biblischen Kreuzweg gestalten

Anstelle der Predigt können die TN sich zu kleinen Gruppen (je 3–4) zusammenschließen. Aus der Passionsgeschichte wählen sie sich eine biblische Kreuzwegstation aus, die sie gestalten möchten. Dabei muss die Station nicht mit den traditionellen Kreuzwegstationen übereinstimmen.

Aus weißem und schwarzem Fotokarton gestalten die TN (einfache) Bilder, die sie auf grauen Fotokarton legen oder kleben.

Der Kreuzweg kann „gegangen" werden zu den Fürbitten, indem jede Gruppe eine kurze Fürbitte zu ihrer Station formuliert.

Lesungen:
Weish 2,12-21; Mk 10,32-45

📎 Material für die verschiedenen Symbole, Tücher, Kreuz

Symbole zur Passion

Die Passion Jesu wird durch verschiedene Symbole symbolisiert:
– *schwarzes Tuch:* Nacht der Gefangennahme
– *Strick:* Fesselung Jesu
– *Dornenkrone:* „Seht den Menschen"
– *Balken:* Kreuz als Hinrichtungspfahl
– *weißer Stoff:* Raub der Kleider, Entblößung
– *Essig:* der Schmerz am Kreuz
– *Christusbild oder Kreuz mit Korpus:* Tod am Kreuz

Je ein TN nimmt ein Symbol und erklärt seine Bedeutung: Was bedeutet dieses Symbol für die Passion Jesu?

Daran schließt sich eine Fürbitte für Menschen an, die ähnliches Leid erleben müssen. Als Antwortruf eignet sich: „Herr, erbarme dich".

Das Symbol wird in die Gruppenmitte gelegt, sodass im Verlauf eine gestaltete Mitte entsteht.

Romantischer Kruzifixus, Stiftskirche Innichen
Rechte: Religionspädagogisches Seminar der Diözöse Regensburg,
Niedermünstergasse 2, 93047 Regensburg

Arbeitsmaterialien für die Teilnehmer/innen

A | 1   Die Markuspassion

A | 2   Palästina zur Zeit des Neuen Testaments

A | 3   Jerusalem zur Zeit Jesu

A | 4   Politische und religiöse Situation zur Zeit Jesu

A | 5   Zitate aus Markus in Verbindung mit dem Alten Testament

A | 6   Synoptischer Vergleich der Passion Jesu nach Mk, Mt, Lk

A | 7   Das vierte Lied vom Gottesknecht

A | 8   Kapitell von Vezelay

A | 9   Synoptischer Überblick zur Gestalt des Judas

A | 10   Fußwaschung (Holzschnitt)

A | 11   Johannespassion (J. S. Bach)

A | 12   Die Passion Jesu nach dem Johannesevangelium

A | 13   Warum hast du mich verlassen? (Psalm 22)

A | 14   Nachbereitung

A | 15   Literaturliste

Die Markuspassion

Erzähler
Jesus .... 14,6-9.13-15.18.20-21.22.
.... 24-25.27-28.30.32.34.36.
.... 37-38.41-42.48-49.62.72;
.... 15,2.34
Jünger 14,13.19
Petrus 14,29.31.68.71
Judas 14,44.45
Schriftgelehrte /
Hoherpriester 14,2.64-65; 15, 31-32
Pilatus 15,2.4.9.12.14
Einige / Leute im Hof / .... 14,4-5.70; 15,13.14.29-30.
    Menge 35
falsche Zeugen 14,58
Magd 14,67.69
Soldaten / Hauptmann 15,18.39
Frauen 16,3
Engel 16,6

Das Leiden und die Auferstehung Jesu

14¹ Es war zwei Tage vor dem Pascha und dem Fest der Ungesäuerten Brote. Die Hohenpriester und die Schriftgelehrten suchten nach einer Möglichkeit, Jesus mit List in ihre Gewalt zu bringen, um ihn zu töten.

² Sie sagten aber: *Ja nicht am Fest, damit es im Volk keinen Aufruhr gibt.*

³ Als Jesus in Betanien im Haus Simons des Aussätzigen bei Tisch war, kam eine Frau mit einem Alabastergefäß voll echtem, kostbarem Nardenöl, zerbrach es und goss das Öl über sein Haar.

⁴ Einige aber wurden unwillig und sagten zueinander: *Wozu diese Verschwendung?*

⁵ *Man hätte das Öl um mehr als dreihundert Denare verkaufen und das Geld den Armen geben können.* Und sie machten der Frau heftige Vorwürfe.

⁶ Jesus aber sagte: *Hört auf! Warum lasst ihr sie nicht in Ruhe? Sie hat ein gutes Werk an mir getan.*

⁷ *Denn die Armen habt ihr immer bei euch und ihr könnt ihnen Gutes tun, sooft ihr wollt; mich aber habt ihr nicht immer.*

⁸ *Sie hat getan, was sie konnte. Sie hat im Voraus meinen Leib für das Begräbnis gesalbt.*

⁹ *Amen, ich sage euch: Überall auf der Welt, wo das Evangelium verkündet wird, wird man sich an sie erinnern und erzählen, was sie getan hat.*

¹⁰ Judas Iskariot, einer der Zwölf, ging zu den Hohenpriestern. Er wollte Jesus an sie ausliefern.

¹¹ Als sie das hörten, freuten sie sich und versprachen, ihm Geld dafür zu geben. Von da an suchte er nach einer günstigen Gelegenheit, ihn auszuliefern.

¹² Am ersten Tag des Festes der Ungesäuerten Brote, an dem man das Paschalamm schlachtete, sagten die Jünger zu Jesus: *Wo sollen wir das Paschamahl für dich vorbereiten?*

¹³ Da schickte er zwei seiner Jünger voraus und sagte zu ihnen: *Geht in die Stadt; dort wird euch ein Mann begegnen, der einen Wasserkrug trägt. Folgt ihm,*

¹⁴ *bis er in ein Haus hineingeht; dann sagt zu dem Herrn des Hauses: Der Meister lässt dich fragen: Wo ist der Raum, in dem ich mit meinen Jüngern das Paschalamm essen kann?*

¹⁵ *Und der Hausherr wird euch einen großen Raum im Obergeschoss zeigen, der schon für das Festmahl hergerichtet und mit Polstern ausgestattet ist. Dort bereitet alles für uns vor!*

¹⁶ Die Jünger machten sich auf den Weg und kamen in die Stadt. Sie fanden alles so, wie er es ihnen gesagt hatte, und bereiteten das Paschamahl vor.

¹⁷ Als es Abend wurde, kam Jesus mit den Zwölf.

¹⁸ Während sie nun bei Tisch waren und aßen, sagte er: *Amen, ich sage euch: Einer von euch wird mich verraten und ausliefern, einer von denen, die zusammen mit mir essen.*

¹⁹ Da wurden sie traurig und einer nach dem andern fragte ihn: *Doch nicht etwa ich?*

²⁰ Er sagte zu ihnen: *Einer von euch Zwölf, der mit mir aus derselben Schüssel isst.*

²¹ *Der Menschensohn muss zwar seinen Weg gehen, wie die Schrift über ihn sagt. Doch weh dem Menschen, durch den der Menschensohn verraten wird. Für ihn wäre es besser, wenn er nie geboren wäre.*

²² Während des Mahls nahm er das Brot und sprach den Lobpreis; dann brach er das Brot, reichte es ihnen und sagte: *Nehmt, das ist mein Leib.*

²³ Dann nahm er den Kelch, sprach das Dankgebet, reichte ihn den Jüngern und sie tranken alle daraus.

²⁴ Und er sagte zu ihnen: *Das ist mein Blut, das Blut des Bundes, das für viele vergossen wird.*

²⁵ *Amen, ich sage euch: Ich werde nicht mehr von der Frucht des Weinstocks trinken bis zu dem Tag, an dem ich von Neuem davon trinke im Reich Gottes.*

²⁶ Nach dem Lobgesang gingen sie zum Ölberg hinaus.

²⁷ Da sagte Jesus zu ihnen: *Ihr werdet alle (an mir) Anstoß nehmen und zu Fall kommen; denn in der Schrift steht: Ich werde den Hirten erschlagen, dann werden sich die Schafe zerstreuen.*

²⁸ *Aber nach meiner Auferstehung werde ich euch nach Galiläa vorausgehen.*

²⁹ Da sagte Petrus zu ihm: *Auch wenn alle (an dir) Anstoß nehmen – ich nicht!*

³⁰ Jesus antwortete ihm: *Amen, ich sage dir: Noch heute Nacht, ehe der Hahn zweimal kräht, wirst du mich dreimal verleugnen.*

³¹ Petrus aber beteuerte: *Und wenn ich mit dir sterben müsste – ich werde dich nie verleugnen.* Das Gleiche sagten auch alle anderen.

³² Sie kamen zu einem Grundstück, das Getsemani heißt, und er sagte zu seinen Jüngern: *Setzt euch und wartet hier, während ich bete.*

³³ Und er nahm Petrus, Jakobus und Johannes mit sich. Da ergriff ihn Furcht und Angst

³⁴ und er sagte zu ihnen: *Meine Seele ist zu Tode betrübt. Bleibt hier und wacht!*

³⁵ Und er ging ein Stück weiter, warf sich auf die Erde nieder und betete, dass die Stunde, wenn möglich, an ihm vorübergehe.

³⁶ Er sprach: *Abba, Vater, alles ist dir möglich. Nimm diesen Kelch von mir! Aber nicht, was ich will, sondern was du willst (soll geschehen).*

³⁷ Und er ging zurück und fand sie schlafend. Da sagte er zu Petrus: *Simon, du schläfst? Konntest du nicht einmal eine Stunde wach bleiben?*

³⁸ *Wacht und betet, damit ihr nicht in Versuchung geratet. Der Geist ist willig, aber das Fleisch ist schwach.*

³⁹ Und er ging wieder weg und betete mit den gleichen Worten.

⁴⁰ Als er zurückkam, fand er sie wieder schlafend, denn die Augen waren ihnen zugefallen; und sie wussten nicht, was sie ihm antworten sollten.

⁴¹ Und er kam zum dritten Mal und sagte zu ihnen: *Schlaft ihr immer noch und ruht euch aus? Es ist genug. Die Stunde ist gekommen; jetzt wird der Menschensohn den Sündern ausgeliefert.*

⁴² *Steht auf, wir wollen gehen! Seht, der Verräter, der mich ausliefert, ist da.*

⁴³ Noch während er redete, kam Judas, einer der Zwölf, mit einer Schar von Männern, die mit Schwertern und Knüppeln bewaffnet waren; sie waren von den Hohenpriestern, den Schriftgelehrten und den Ältesten geschickt worden.

⁴⁴ Der Verräter hatte mit ihnen ein Zeichen vereinbart und gesagt: *Der, den ich küssen werde, der ist es. Nehmt ihn fest, führt ihn ab und lasst ihn nicht entkommen.*

⁴⁵ Und als er kam, ging er sogleich auf Jesus zu und sagte: *Rabbi!* Und er küsste ihn.

⁴⁶ Da ergriffen sie ihn und nahmen ihn fest.

⁴⁷ Einer von denen, die dabeistanden, zog das Schwert, schlug auf den Diener des Hohenpriesters ein und hieb ihm ein Ohr ab.

⁴⁸ Da sagte Jesus zu ihnen: *Wie gegen einen Räuber seid ihr mit Schwertern und Knüppeln ausgezogen, um mich festzunehmen.*

⁴⁹ *Tag für Tag war ich bei euch im Tempel und lehrte und ihr habt mich nicht verhaftet; aber (das ist geschehen), damit die Schrift in Erfüllung geht.*

⁵⁰ Da verließen ihn alle und flohen.

⁵¹ Ein junger Mann aber, der nur mit einem leinenen Tuch bekleidet war, wollte ihm nachgehen. Da packten sie ihn;

⁵² er aber ließ das Tuch fallen und lief nackt davon.

⁵³ Darauf führten sie Jesus zum Hohenpriester und es versammelten sich alle Hohenpriester und Ältesten und Schriftgelehrten.

⁵⁴ Petrus aber war Jesus von Weitem bis in den Hof des hohepriesterlichen Palastes gefolgt; nun saß er dort bei den Dienern und wärmte sich am Feuer.

⁵⁵ Die Hohenpriester und der ganze Hohe Rat bemühten sich um Zeugenaussagen gegen Jesus, um ihn zum Tod verurteilen zu können; sie fanden aber nichts.

⁵⁶ Viele machten zwar falsche Aussagen über ihn, aber die Aussagen stimmten nicht überein.

⁵⁷ Einige der falschen Zeugen, die gegen ihn auftraten, behaupteten:

⁵⁸ *Wir haben ihn sagen hören: Ich werde diesen von Menschen erbauten Tempel niederreißen und in drei Tagen einen anderen errichten, der nicht von Menschenhand gemacht ist.*

⁵⁹ Aber auch in diesem Fall stimmten die Aussagen nicht überein.

⁶⁰ Da stand der Hohepriester auf, trat in die Mitte und fragte Jesus: *Willst du denn nichts sagen zu dem, was diese Leute gegen dich vorbringen?*

⁶¹ Er aber schwieg und gab keine Antwort. Da wandte sich der Hohepriester nochmals an ihn und fragte: *Bist du der Messias, der Sohn des Hochgelobten?*

⁶² Jesus sagte: *Ich bin es. Und ihr werdet den Menschensohn zur Rechten der Macht sitzen und mit den Wolken des Himmels kommen sehen.*

⁶³ Da zerriss der Hohepriester sein Gewand und rief: *Wozu brauchen wir noch Zeugen?*

⁶⁴ *Ihr habt die Gotteslästerung gehört. Was ist eure Meinung?* Und sie fällten einstimmig das Urteil: *Er ist schuldig und muss sterben.*

⁶⁵ Und einige spuckten ihn an, verhüllten sein Gesicht, schlugen ihn und riefen: *Zeig, dass du ein Prophet bist!* Auch die Diener schlugen ihn ins Gesicht.

⁶⁶ Als Petrus unten im Hof war, kam eine von den Mägden des Hohenpriesters.

⁶⁷ Sie sah, wie Petrus sich wärmte, blickte ihn an und sagte: *Auch du warst mit diesem Jesus aus Nazaret zusammen.*

⁶⁸ Doch er leugnete es und sagte: *Ich weiß nicht und verstehe nicht, wovon du redest.* Dann ging er in den Vorhof hinaus.

⁶⁹ Als die Magd ihn dort bemerkte, sagte sie zu denen, die dabeistanden, noch einmal: *Der gehört zu ihnen.*

⁷⁰ Er aber leugnete es wieder ab. Wenig später sagten die Leute, die dort standen, von Neuem zu Petrus: *Du gehörst wirklich zu ihnen; du bist doch auch ein Galiläer.*

⁷¹ Da fing er an zu fluchen und schwor: *Ich kenne diesen Menschen nicht, von dem ihr redet.*

⁷² Gleich darauf krähte der Hahn zum zweiten Mal und Petrus erinnerte sich, dass Jesus zu ihm gesagt hatte: *Ehe der Hahn zweimal kräht, wirst du mich dreimal verleugnen.* Und er begann zu weinen.

15 ¹ Gleich in der Frühe fassten die Hohenpriester, die Ältesten und die Schriftgelehrten, also der ganze Hohe Rat, über Jesus einen Beschluss: Sie ließen ihn fesseln und abführen und lieferten ihn Pilatus aus.

² Pilatus fragte ihn: *Bist du der König der Juden?* Er antwortete ihm: *Du sagst es.*

³ Die Hohenpriester brachten viele Anklagen gegen ihn vor.

⁴ Da wandte sich Pilatus wieder an ihn und fragte: *Willst du denn nichts dazu sagen? Sieh doch, wie viele Anklagen sie gegen dich vorbringen.*

⁵ Jesus aber gab keine Antwort mehr, sodass Pilatus sich wunderte.

⁶ Jeweils zum Fest ließ Pilatus einen Gefangenen frei, den sie sich ausbitten durften.

⁷ Damals saß gerade ein Mann namens Barabbas im Gefängnis, zusammen mit anderen Aufrührern, die bei einem Aufstand einen Mord begangen hatten.

⁸ Die Volksmenge zog (zu Pilatus) hinauf und bat, ihnen die gleiche Gunst zu gewähren wie sonst.

⁹ Pilatus fragte sie: *Wollt ihr, dass ich den König der Juden freilasse?*

¹⁰ Er merkte nämlich, dass die Hohenpriester nur aus Neid Jesus an ihn ausgeliefert hatten.

¹¹ Die Hohenpriester aber wiegelten die Menge auf, lieber die Freilassung des Barabbas zu fordern.

¹² Pilatus wandte sich von Neuem an sie und fragte: *Was soll ich dann mit dem tun, den ihr den König der Juden nennt?*

¹³ Da schrien sie: *Kreuzige ihn!*

¹⁴ Pilatus entgegnete: *Was hat er denn für ein Verbrechen begangen?* Sie schrien noch lauter: *Kreuzige ihn!*

¹⁵ Darauf ließ Pilatus, um die Menge zufriedenzustellen, Barabbas frei und gab den Befehl, Jesus zu geißeln und zu kreuzigen.

¹⁶ Die Soldaten führten ihn in den Palast hinein, das heißt in das Prätorium, und riefen die ganze Kohorte zusammen.

¹⁷ Dann legten sie ihm einen Purpurmantel um und flochten einen Dornenkranz; den setzten sie ihm auf

¹⁸ und grüßten ihn: *Heil dir, König der Juden!*

¹⁹ Sie schlugen ihm mit einem Stock auf den Kopf und spuckten ihn an, knieten vor ihm nieder und huldigten ihm.

²⁰ᵃ Nachdem sie so ihren Spott mit ihm getrieben hatten, nahmen sie ihm den Purpurmantel ab und zogen ihm seine eigenen Kleider wieder an.

²⁰ᵇ Dann führten sie Jesus hinaus, um ihn zu kreuzigen.

²¹ Einen Mann, der gerade vom Feld kam, Simon von Zyrene, den Vater des Alexander und des Rufus, zwangen sie, sein Kreuz zu tragen.

²² Und sie brachten Jesus an einen Ort namens Golgota, das heißt übersetzt: Schädelhöhe.

²³ Dort reichten sie ihm Wein, der mit Myrrhe gewürzt war; er aber nahm ihn nicht.

²⁴ Dann kreuzigten sie ihn. Sie warfen das Los und verteilten seine Kleider unter sich und gaben jedem, was ihm zufiel.
²⁵ Es war die dritte Stunde, als sie ihn kreuzigten.
²⁶ Und eine Aufschrift (auf einer Tafel) gab seine Schuld an: Der König der Juden.
²⁷ Zusammen mit ihm kreuzigten sie zwei Räuber, den einen rechts von ihm, den andern links.
²⁹ Die Leute, die vorbeikamen, verhöhnten ihn, schüttelten den Kopf und riefen: *Ach, du willst den Tempel niederreißen und in drei Tagen wieder aufbauen?*
³⁰ *Hilf dir doch selbst und steig herab vom Kreuz!*
³¹ Auch die Hohenpriester und die Schriftgelehrten verhöhnten ihn und sagten zueinander: *Anderen hat er geholfen, sich selbst kann er nicht helfen.*
³² *Der Messias, der König von Israel! Er soll doch jetzt vom Kreuz herabsteigen, damit wir sehen und glauben.* Auch die beiden Männer, die mit ihm zusammen gekreuzigt wurden, beschimpften ihn.
³³ Als die sechste Stunde kam, brach über das ganze Land eine Finsternis herein. Sie dauerte bis zur neunten Stunde.
³⁴ Und in der neunten Stunde rief Jesus mit lauter Stimme: *Eloï, Eloï, lema sabachtani?*, das heißt übersetzt: *Mein Gott, mein Gott, warum hast du mich verlassen?*
³⁵ Einige von denen, die dabeistanden und es hörten, sagten: *Hört, er ruft nach Elija!*
³⁶ Einer lief hin, tauchte einen Schwamm in Essig, steckte ihn auf einen Stock und gab Jesus zu trinken. Dabei sagte er: *Lasst uns doch sehen, ob Elija kommt und ihn herabnimmt.*
³⁷ Jesus aber schrie laut auf. Dann hauchte er den Geist aus.
³⁸ Da riss der Vorhang im Tempel von oben bis unten entzwei.
³⁹ Als der Hauptmann, der Jesus gegenüberstand, ihn auf diese Weise sterben sah, sagte er: *Wahrhaftig, dieser Mensch war Gottes Sohn.*
⁴⁰ Auch einige Frauen sahen von Weitem zu, darunter Maria aus Magdala, Maria, die Mutter von Jakobus dem Kleinen und Joses, sowie Salome;
⁴¹ sie waren Jesus schon in Galiläa nachgefolgt und hatten ihm gedient. Noch viele andere Frauen waren dabei, die mit ihm nach Jerusalem hinaufgezogen waren.
⁴² Da es Rüsttag war, der Tag vor dem Sabbat, und es schon Abend wurde,
⁴³ ging Josef von Arimathäa, ein vornehmer Ratsherr, der auch auf das Reich Gottes wartete, zu Pilatus und wagte es, um den Leichnam Jesu zu bitten.
⁴⁴ Pilatus war überrascht, als er hörte, dass Jesus schon tot sei. Er ließ den Hauptmann kommen und fragte ihn, ob Jesus bereits gestorben sei.
⁴⁵ Als der Hauptmann ihm das bestätigte, überließ er Josef den Leichnam.
⁴⁶ Josef kaufte ein Leinentuch, nahm Jesus vom Kreuz, wickelte ihn in das Tuch und legte ihn in ein Grab, das in einen Felsen gehauen war. Dann wälzte er einen Stein vor den Eingang des Grabes.
⁴⁷ Maria aus Magdala aber und Maria, die Mutter des Joses, beobachteten, wohin der Leichnam gelegt wurde.
16¹ Als der Sabbat vorüber war, kauften Maria aus Magdala, Maria, die Mutter des Jakobus, und Salome wohlriechende Öle, um damit zum Grab zu gehen und Jesus zu salben.
² Am ersten Tag der Woche kamen sie in aller Frühe zum Grab, als eben die Sonne aufging.
³ Sie sagten zueinander: *Wer könnte uns den Stein vom Eingang des Grabes wegwälzen?*
⁴ Doch als sie hinblickten, sahen sie, dass der Stein schon weggewälzt war; er war sehr groß.
⁵ Sie gingen in das Grab hinein und sahen auf der rechten Seite einen jungen Mann sitzen, der mit einem weißen Gewand bekleidet war; da erschraken sie sehr.
⁶ Er aber sagte zu ihnen: *Erschreckt nicht! Ihr sucht Jesus von Nazaret, den Gekreuzigten. Er ist auferstanden; er ist nicht hier. Seht, da ist die Stelle, wo man ihn hingelegt hatte.*
⁷ *Nun aber geht und sagt seinen Jüngern, vor allem Petrus: Er geht euch voraus nach Galiläa; dort werdet ihr ihn sehen, wie er es euch gesagt hat.*
⁸ Da verließen sie das Grab und flohen; denn Schrecken und Entsetzen hatte sie gepackt. Und sie sagten niemand etwas davon; denn sie fürchteten sich.

Einheitsübersetzung der Heiligen Schrift, © 1980 Katholische Bibelanstalt, Stuttgart.

Palästina zur Zeit des Neuen Testaments

Judäa, Samaria und Idumäa stehen unter römischer Verwaltung. In Galiläa und Peräa regiert Herodes Antipas.

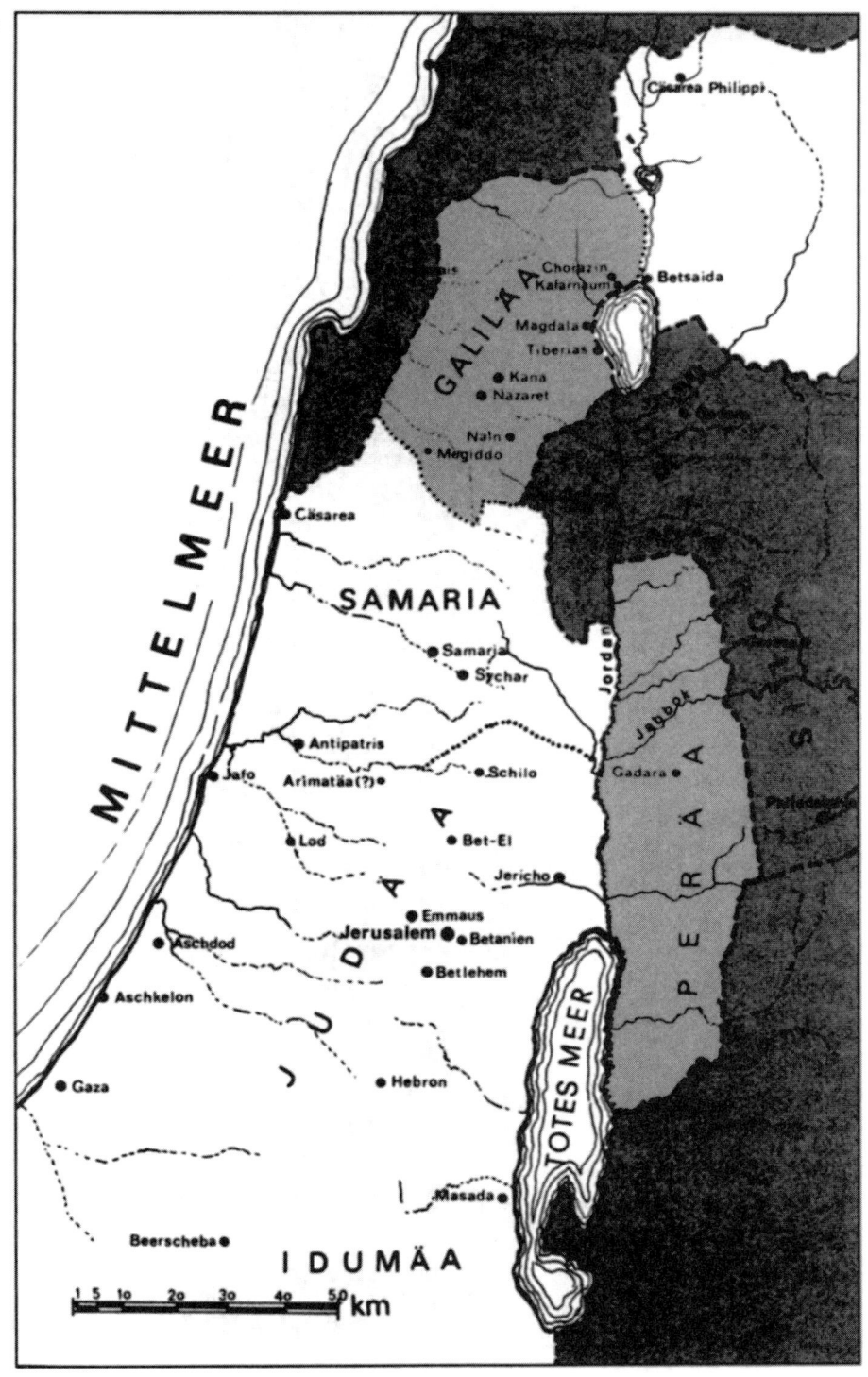

Aus: *K. A. Speidel*, Das Urteil des Pilatus. Bilder und Berichte zur Passion Jesu. Stuttgart: Verlag Katholisches Bibelwerk ³1988, S. 18.

A|3 Jerusalem zur Zeit Jesu

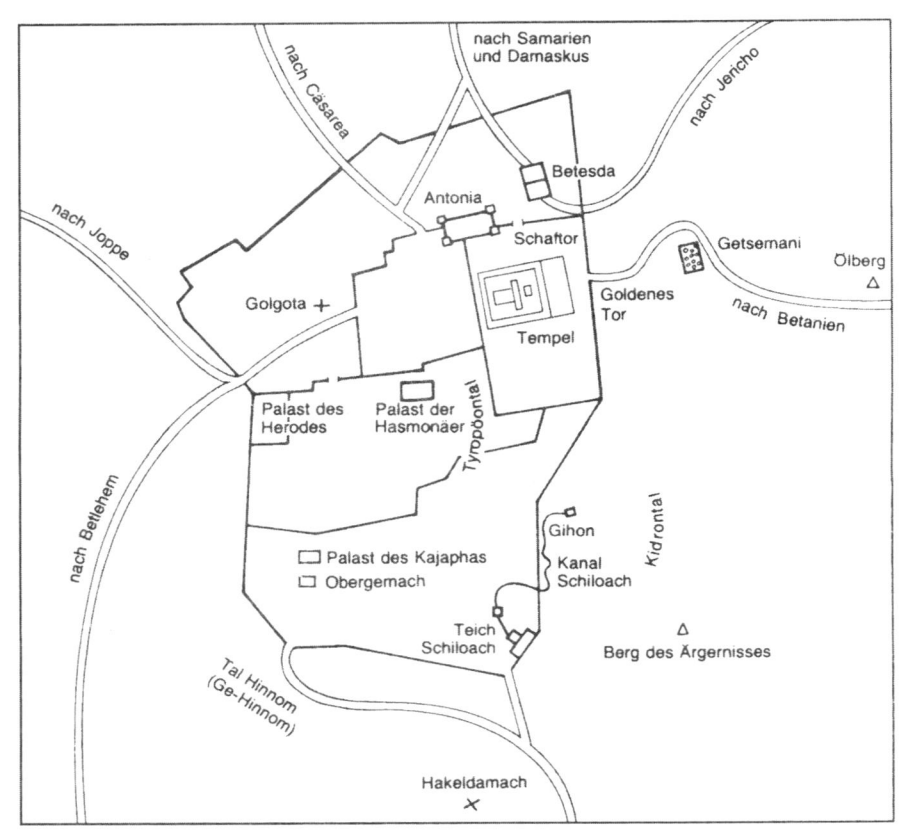

Aus: Einheitsübersetzung der Heiligen Schrift. © 1980 Katholische Bibelanstalt, Stuttgart.

A|4 Politische und religiöse Situation zur Zeit Jesu

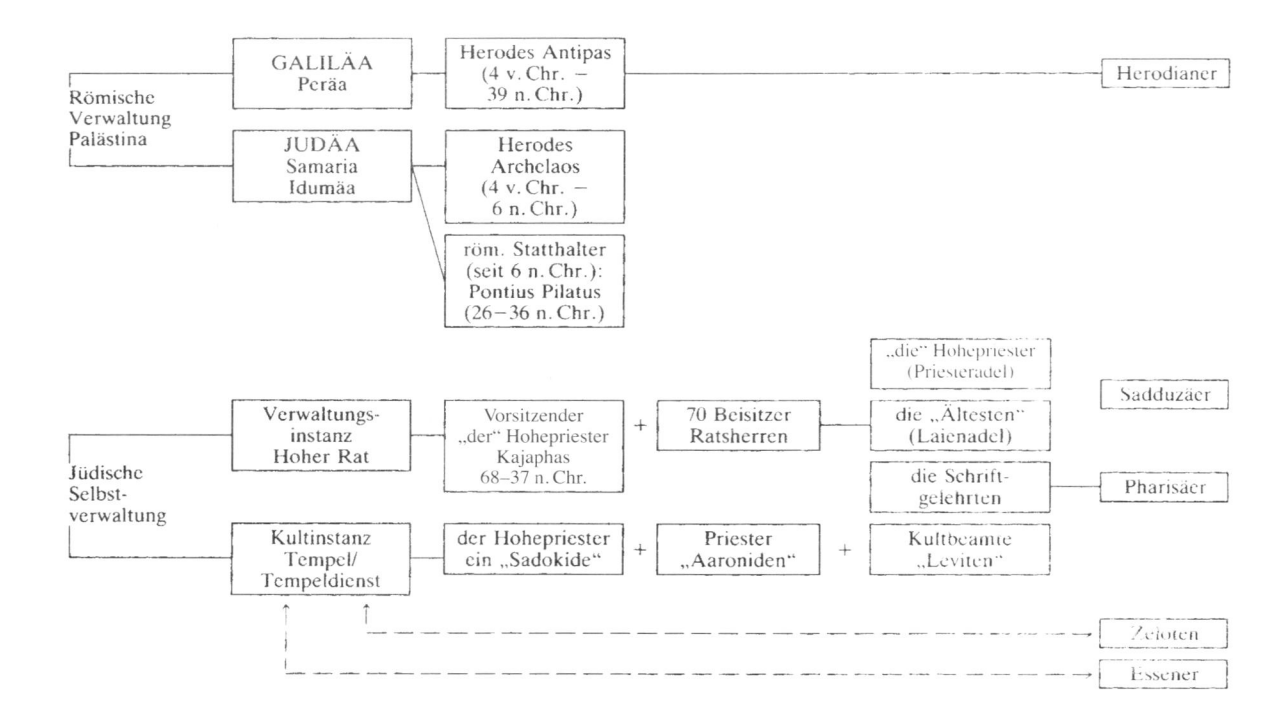

Römische Verwaltung Palästina
- GALILÄA, Peräa → Herodes Antipas (4 v. Chr. – 39 n. Chr.) → Herodianer
- JUDÄA, Samaria, Idumäa → Herodes Archelaos (4 v. Chr. – 6 n. Chr.)
- röm. Statthalter (seit 6 n. Chr.): Pontius Pilatus (26–36 n. Chr.)

Jüdische Selbstverwaltung
- Verwaltungsinstanz Hoher Rat → Vorsitzender „der" Hohepriester Kajaphas 68–37 n. Chr. + 70 Beisitzer Ratsherren
  - „die" Hohepriester (Priesteradel) → Sadduzäer
  - die „Ältesten" (Laienadel)
  - die Schriftgelehrten → Pharisäer
- Kultinstanz Tempel/Tempeldienst → der Hohepriester ein „Sadokide" + Priester „Aaroniden" + Kultbeamte „Leviten"

- - - → Zeloten
- - - → Essener

Zitate aus Markus in Verbindung mit dem Alten Testament

(aus der Einheitsübersetzung)

Markus

Altes Testament

14,3
Als Jesus in Betanien im Haus Simons des Aussätzigen bei Tisch war, kam eine Frau mit einem Alabastergefäß voll echtem, kostbarem Nardenöl, zerbrach es und goss das Öl über sein Haar.

Ps 23,5
Du deckst mir den Tisch vor den Augen meiner Feinde. Du salbst mein Haupt mit Öl, du füllst mir reichlich den Becher.

14,11
Als sie das hörten, freuten sie sich und versprachen, ihm Geld dafür zu geben. Von da an suchte er nach einer günstigen Gelegenheit, ihn auszuliefern.

Sach 11,12ff.
Ich sagte zu ihnen: Wenn es euch recht scheint, so bringt mir meinen Lohn; wenn nicht, so lasst es. Doch sie wogen mir meinen Lohn ab, 30 Silberstücke.

14,18
Während sie nun bei Tisch waren und aßen, sagte er: „Amen, ich sage euch: Einer von euch wird mich verraten und ausliefern, einer von denen, die zusammen mit mir essen."

Ps 41,10
Auch mein Freund, dem ich vertraute, der mein Brot aß, hat gegen mich geprahlt.

14,24
Und er sagte zu ihnen: „Das ist mein Blut, das Blut des Bundes, das für viele vergossen wird."

Ex 24,8
Da nahm Mose das Blut, besprengte damit das Volk und sagte: „Das ist das Blut des Bundes, den der Herr aufgrund all dieser Worte mit euch geschlossen hat."

Jes 53,11ff.
Nachdem er so vieles ertrug, erblickte er das Licht. Er sättigt sich an Erkenntnis. Mein Knecht, der gerechte, macht die vielen gerecht; er lädt ihre Schuld auf sich.

Jer 31,31
Seht, es werden Tage kommen – Spruch des Herrn –, in denen ich mit dem Haus Israel und dem Haus Juda einen neuen Bund schließen werde.

14,27
Da sagte Jesus zu ihnen: „Ihr werdet alle (an mir) Anstoß nehmen und zu Fall kommen; denn in der Schrift steht: Ich werde den Hirten erschlagen, dann werden sich die Schafe zerstreuen."

Sach 13,7
Schwert, erheb dich gegen meinen Hirten, gegen den Mann meines Vertrauens – Spruch des Herrn der Heere. Schlag den Hirten, dann werden sich die Schafe zerstreuen. Ich richte die Hand gegen die Kleinen.

14,34
Und er sagte zu ihnen: „Meine Seele ist zu Tode betrübt. Bleibt hier und wacht!"

Ps 42,6.12 und 43,5 (gleicher Text)
Warum bist du so betrübt und bist so unruhig in mir? Harre auf Gott; denn ich werde ihm noch danken, meinem Gott und Retter, auf den ich schaue.

14,52
Er aber ließ das Tuch fallen und lief nackt davon.

Am 2,16
Selbst der Tapferste unter den Kämpfern, nackt muss er fliehen an jenem Tag – Wort des Herrn.

14,56
Viele machten zwar falsche Aussagen über ihn, aber die Aussagen stimmten nicht überein.

Ps 109,2
Denn ein Mund voll Frevel, ein Lügenmaul hat sich gegen mich aufgetan. Sie reden zu mir mit falscher Zunge.

14,62
Jesus sagte: „Ich bin es. Und ihr werdet den Menschensohn zur Rechten der Macht sitzen und mit den Wolken des Himmels kommen sehen."

Dan 7,13
Immer noch hatte ich die nächtlichen Visionen: Da kam mit den Wolken des Himmels einer wie ein Menschensohn. Er gelangte bis zu den Hochbetagten und wurde vor ihn geführt.

Ps 110,1
So spricht der Herr zu meinem Herrn: Setze dich mir zur Rechten und ich lege dir deine Feinde als Schemel unter die Füße.

14,63
Da zerriss der Hohepriester sein Gewand.

Gen 37,29
Als Ruben zur Zisterne zurückkam, war Josef nicht mehr dort. Er zerriss seine Kleider …

Gen 37,34
Jakob zerriss seine Kleider, legte Trauerkleider an und trauerte um seinen Sohn viele Tage.

14,72
Und er (Petrus) begann zu weinen.

Jes 22,4
Darum sage ich: Blickt von mir weg, ich weine in bitterem Schmerz. Bemüht euch nicht, mich zu trösten über die Misshandlung der Tochter, meines Volkes.

15,5
Jesus aber gab keine Antwort mehr …

Jes 53,7
Er wurde misshandelt und niedergedrückt, aber er tat seinen Mund nicht auf. Wie ein Lamm, das man zum Schlachten führt, und wie ein Schaf angesichts seiner Scherer, so tat auch er seinen Mund nicht auf.

15,23
Dort reichten sie ihm Wein, der mit Myrrhe gewürzt war …

Ps 69,22
Sie gaben mir Gift zu essen, für den Durst reichten sie mir Essig.

15,24
Sie warfen das Los und verteilten seine Kleider unter sich und gaben jedem, was ihm zufiel.

Ps 22,19
Sie verteilen unter sich meine Kleider und werfen das Los um mein Gewand.

15,29
Die Leute, die vorbeikamen, verhöhnten ihn, schüttelten den Kopf und riefen: „Ach, du willst den Tempel niederreißen und in drei Tagen wieder aufbauen?"

Ps 22,8
Alle, die mich sehen, verlachen mich, verziehen die Lippen, schütteln den Kopf.

15,33
Als die sechste Stunde kam, brach über das ganze Land eine Finsternis herein. Sie dauerte bis zur neunten Stunde.

Am 8,9
An jenem Tag – Spruch Gottes, des Herrn – lasse ich am Mittag die Sonne untergehen und breite am helllichten Tag über die Erde Finsternis aus.

15,34
Und in der neunten Stunde rief Jesus mit lauter Stimme: „Eloi, Eloi, lema sabachtani?" Das heißt übersetzt: Mein Gott, mein Gott, warum hast du mich verlassen?

Ps 22,2
Mein Gott, mein Gott, warum hast du mich verlassen, bist fern meinem Schreien, den Worten meiner Klage?

15,36
Einer lief hin, tauchte einen Schwamm in Essig, steckte ihn auf einen Stock und gab Jesus zu trinken.

Ps 69,22
Sie gaben mir Gift zu essen, für den Durst reichten sie mir Essig.

Synoptischer Vergleich der Passion Jesu nach Mk, Mt, Lk

Je zwei TN bearbeiten einen der folgenden sieben (dreiteiligen) Textabschnitte:

1. Salbung und Verrat:	1. 14,1-2:	Tötungsbestreben der Gegner Jesu
	2. 14,3-9:	Vorweggenommene Totensalbung Jesu
	3. 14,10-11:	Der Verrat des Judas
2. Das Paschamahl:	1. 14,12-16:	Vorbereitung des Paschamahls
	2. 14,17-21:	Verratsvorhersage beim Paschamahl
	3. 14,22-25:	Jesu Todesdeutung beim Paschamahl
3. Getsemani:	1. 14,26-31:	Vorhersage von Jüngerflucht und Petrusverleugnung
	2. 14,32-42:	Jesu Gebetsringen in Getsemani
	3. 14,43-52:	Verhaftung Jesu und Flucht der Jünger
4. Vor dem Hohen Rat und die Verleugnung des Petrus:	1. 14,53-54:	Abführung Jesu und Nachfolge des Petrus
	2. 14,55-65:	Das Verhör vor dem Synedrion
	3. 14,66-72	Verleugnung Jesu durch Petrus
5. Bei Pilatus:	1. 15,1-5:	Auslieferung an und Verhör vor Pilatus
	2. 15,6-15:	Paschaamnestie: Jesus oder Barabbas – Auslieferung
	3. 15,16-20a:	Verhöhnung Jesu durch die römischen Soldaten
6. Kreuzigung:	1. 15,20b-24:	Die Kreuzigung Jesu
	2. 15,25-32:	Die Verspottung des Gekreuzigten
	3. 15,33-39:	Der Tod Jesu
7. Begräbnis und Auferweckung:	1. 15,40-41:	Die galiläischen Frauen, Zeugen beim Kreuz
	2. 15,42-47:	Das Begräbnis Jesu
	3. 16,1-8:	Die Auferweckungsbotschaft

Stellen Sie die **Unterschiede** von Mt und Lk zu Mk heraus!
Schreiben Sie die Unterschiede des Lk zu Mk auf blaues Papier, die Unterschiede des Mt zu Mk auf rotes Papier!

Folgende **Gesichtspunkte** können Hilfen sein:
> **Jesusbild:** Worte, Schweigen, Handlungen, Titel, Erzählperspektive, Voraussagen, Wunder, Aktiv/Passiv
> **Prozessgegner:** Gruppierungen, namentliche Präzisierung, Tendenzen zum Pauschalieren, Schuldzuweisung, alttestamentliche Hinweise, Deutungen, Urteil
> **Jünger:** einzelne Jünger, Verhalten, Beurteilungen, Kontrastierung
> **Sonstige Personen:** namentliche oder allgemeine Erwähnung, in Kontrast zu ...
> **Chronologische Unterschiede** und Umstellungen
> **Alttestamentlicher Deutungshintergrund:** direkte Zitate oder Anklänge, bevorzugte Textabschnitte
> **Parallelstellen** im Evangelium, in der Apg, z. B. Leidens- und Auferstehungsweissagungen
> **Strukturvergleich** (unterschiedliche Gliederung)

Das vierte Lied vom Gottesknecht: Jes 52,13–53,12

© Sieger Köder, aus: Sieger Köder, Neue Bilder der Heiligen Schrift, Skizzen zum Lesejahr A, Süddeutsche Verlagsgesellschaft Ulm 1977.

53 Wer hat unserer Kunde geglaubt?
Der Arm des Herrn – wem wurde er offenbar?
² Vor seinen Augen wuchs er auf wie ein junger Spross,
wie ein Wurzeltrieb aus trockenem Boden.
Er hatte keine schöne und edle Gestalt,
sodass wir ihn anschauen mochten.
Er sah nicht so aus, dass wir Gefallen fanden an ihm.
³ Er wurde verachtet und von den Menschen gemieden,
ein Mann voller Schmerzen, mit Krankheit vertraut.
Wie einer, vor dem man das Gesicht verhüllt,
war er verachtet; wir schätzten ihn nicht.
⁴ Aber er hat unsere Krankheit getragen
und unsere Schmerzen auf sich geladen.
Wir meinten, er sei von Gott geschlagen,
von ihm getroffen und gebeugt.
⁵ Doch er wurde durchbohrt wegen unserer Verbrechen,
wegen unserer Sünden zermalmt.
Zu unserem Heil lag die Strafe auf ihm,
durch seine Wunden sind wir geheilt.
⁶ Wir hatten uns verirrt wie Schafe,
jeder ging für sich seinen Weg.
Doch der Herr lud auf ihn die Schuld von uns allen.
⁷ Er wurde misshandelt und niedergedrückt,
aber er tat seinen Mund nicht auf.
Wie ein Lamm, das man zum Schlachten führt,
und wie ein Schaf angesichts seiner Scherer,
so tat auch er seinen Mund nicht auf.
⁸ Durch Haft und Gericht wurde er dahingerafft,
doch wen kümmerte sein Geschick?
Er wurde vom Land der Lebenden abgeschnitten
und wegen der Verbrechen seines Volkes zu Tode getroffen.
⁹ Bei den Ruchlosen gab man ihm sein Grab,
bei den Verbrechern seine Ruhestätte,
obwohl er kein Unrecht getan hat
und kein trügerisches Wort in seinem Mund war.
¹⁰ Doch der Herr fand Gefallen an seinem zerschlagenen (Knecht),
er rettete den, der sein Leben als Sühnopfer hingab.
Er wird Nachkommen sehen und lange leben.
Der Plan des Herrn wird durch ihn gelingen.
¹¹ Nachdem er so vieles ertrug, erblickt er das Licht.
Er sättigt sich an Erkenntnis.
Mein Knecht, der gerechte, macht die vielen gerecht;
er lädt ihre Schuld auf sich.
¹² Deshalb gebe ich ihm seinen Anteil unter den Großen
und mit den Mächtigen teilt er die Beute,
weil er sein Leben dem Tod preisgab
und sich unter die Verbrecher rechnen ließ.
Denn er trug die Sünden von vielen
und trat für die Schuldigen ein.
¹³ Seht, mein Knecht hat Erfolg,
er wird groß sein und hoch erhaben.
¹⁴ Viele haben sich über ihn entsetzt,
so entstellt sah er aus, nicht mehr wie ein Mensch,
seine Gestalt war nicht mehr die eines Menschen.
¹⁵ Jetzt aber setzt er viele Völker in Staunen,
Könige müssen vor ihm verstummen.
Denn was man ihnen noch nie erzählt hat, das sehen sie nun;
was sie niemals hörten, das erfahren sie jetzt.

Kapitell in der Wallfahrtskirche von Vezelay (Burgund)
Foto: Otto Enger

Synoptischer Überblick zur Gestalt des Judas

Markus	*Matthäus*

14,10-11

Judas Iskariot, einer der Zwölf, ging zu den Hohenpriestern. Er wollte Jesus an sie ausliefern. Als sie das hörten, freuten sie sich und versprachen, ihm Geld dafür zu geben. Von da an suchte er nach einer günstigen Gelegenheit, ihn auszuliefern.

14,17-21

Als es Abend wurde, kam Jesus mit den Zwölf. Während sie nun bei Tisch waren und aßen, sagte er: Amen, ich sage euch: Einer von euch wird mich verraten und ausliefern, einer von denen, die zusammen mit mir essen (Ps 41,10). Da wurden sie traurig und einer nach dem andern fragte ihn: Doch nicht etwa ich? Er sagte zu ihnen: Einer von euch Zwölf, der mit mir aus derselben Schüssel isst. Der Menschensohn muss zwar seinen Weg gehen, wie die Schrift über ihn sagt. Doch weh dem Menschen, durch den der Menschensohn verraten wird. Für ihn wäre es besser, wenn er nie geboren wäre.

14,43-45

Noch während er redete, kam Judas, einer der Zwölf, mit einer Schar von Männern, die mit Schwertern und Knüppeln bewaffnet waren; sie waren von den Hohenpriestern, den Schriftgelehrten und den Ältesten geschickt worden. Der Verräter hatte mit ihnen ein Zeichen vereinbart und gesagt: Der, den ich küssen werde, der ist es. Nehmt ihn fest, führt ihn ab und lasst ihn nicht entkommen. Und als er kam, ging er sogleich auf Jesus zu und sagte: Rabbi! Und er küsste ihn. Da ergriffen sie ihn und nahmen ihn fest.

Einheitsübersetzung, © Katholische Bibelanstalt, Stuttgart 1980.

26, 14-16

Darauf ging einer der Zwölf namens Judas Iskariot zu den Hohenpriestern und sagte: Was wollt ihr mir geben, wenn ich euch Jesus ausliefere? Und sie zahlten ihm dreißig Silberstücke (Sach 11,12). Von da an suchte er nach einer Gelegenheit, ihn auszuliefern.

26, 20-25

Als es Abend wurde, begab er sich mit den zwölf Jüngern zu Tisch. Und während sie aßen, sprach er: Amen, ich sage euch: Einer von euch wird mich verraten und ausliefern. Da waren sie sehr betroffen und einer nach dem andern fragte ihn: Bin ich es etwa, Herr? Er antwortete: Der, der die Hand mit mir in die Schüssel getaucht hat, wird mich verraten. Der Menschensohn muss zwar seinen Weg gehen, wie die Schrift über ihn sagt, doch weh dem Menschen, durch den der Menschensohn verraten wird. Für ihn wäre es besser, wenn er nie geboren wäre. Da fragte Judas, der ihn verriet: Bin ich es etwa, Rabbi? Jesus sagte zu ihm: Du sagst es.

26,47-50

Während er noch redete, kam Judas, einer der Zwölf, mit einer großen Schar von Männern, die mit Schwertern und Knüppeln bewaffnet waren; sie waren von den Hohenpriestern und den Ältesten des Volkes geschickt worden. Der Verräter hatte mit ihnen ein Zeichen verabredet und gesagt: Der, den ich küssen werde, der ist es; nehmt ihn fest. Sogleich ging er auf Jesus zu und sagte: Sei gegrüßt, Rabbi! Und er küsste ihn. Jesus erwiderte ihm: Freund, dazu bist du gekommen? Da gingen sie auf Jesus zu, ergriffen ihn und nahmen ihn fest.

27,3-10

Als nun Judas, der ihn verraten hatte, sah, dass Jesus zum Tod verurteilt war, reute ihn seine Tat. Er brachte den Hohenpriestern und den Ältesten die dreißig Silberstücke zurück und sagte: Ich habe gesündigt, ich habe euch einen unschuldigen Menschen ausgeliefert. Sie antworteten: Was geht das uns an? Das ist deine Sache. Da warf er die Silberstücke in den Tempel; dann ging er weg und erhängte sich (2 Sam 17,23). Die Hohenpriester nahmen die Silberstücke und sagten: Man darf das Geld nicht in den Tempelschatz tun; denn es klebt Blut daran. Und sie beschlossen, von dem Geld den Töpferacker zu kaufen als Begräbnisplatz für die Fremden. Deshalb heißt dieser Acker bis heute Blutacker. So erfüllte sich, was durch den Propheten Jeremia gesagt worden ist: Sie nahmen die dreißig Silberstücke – das ist der Preis, den er den Israeliten wert war – und kauften für das Geld den Töpferacker, wie mir der Herr befohlen hatte (Sach 11,12f.).

Synoptischer Überblick zur Gestalt des Judas

Lukas und Apg

22,3-6
Der Satan aber fuhr in Judas hinein, der Iskariot genannt wurde und zu den Zwölfen gehörte. Und Judas ging zu den Hohenpriestern und den Hauptleuten und beriet mit ihnen, wie er ihnen Jesus ausliefern könnte. Da freuten sie sich und kamen überein, ihm Geld dafür zu geben. Er sagte zu und suchte von da an nach einer günstigen Gelegenheit, ihn an sie auszuliefern, abseits von der Volksmenge.

22,14.20-24
Als die Stunde gekommen war, begab er sich mit den Aposteln zu Tisch. Und er sagte zu ihnen: ... Dieser Kelch ist der Neue Bund in meinem Blut, das für euch vergossen wird. Doch siehe, die Hand dessen, der mich ausliefert, ist mit mir am Tisch. Der Menschensohn muss zwar den Weg gehen, der ihm bestimmt ist. Aber weh dem Menschen, durch den er ausgeliefert wird. Da fragte einer den andern, wer von ihnen das wohl sei, der dies verüben werde. Es entstand aber unter ihnen auch ein Streit darüber, wer von ihnen wohl der Größere sei.

22,47
Während er noch redete, siehe, da kam eine Schar, und Judas, einer der Zwölf, ging ihnen voran. Er näherte sich Jesus, um ihn zu küssen. Jesus aber sagte zu ihm: Judas, mit einem Kuss lieferst du den Menschensohn aus?

Apg 1,16-19 (Rede des Petrus)
Brüder! Es musste sich das Schriftwort erfüllen, das der Heilige Geist durch den Mund Davids im Voraus über Judas gesprochen hat. Judas wurde denen, die Jesus festnahmen, zum Wegweiser. Denn er war uns zugezählt und hatte das Los dieses Dienstes empfangen. Dieser nun hatte vom Lohn der Ungerechtigkeit einen Acker erworben. Dann aber stürzte er vornüber zu Boden, barst mitten entzwei und alle Eingeweide wurden herausgeschüttet (2 Sam 20,10). Das wurde allen Einwohnern Jerusalems bekannt; deshalb nannten sie jenes Grundstück in ihrer Sprache Hakeldamach, das heißt Blutacker.

Johannes

12,4-6 (Salbung in Betanien)
Doch einer von seinen Jüngern, Judas Iskariot, der ihn später verriet, sagte: Warum hat man dieses Öl nicht für dreihundert Denare verkauft und den Erlös den Armen gegeben? Das sagte er aber nicht, weil er ein Herz für die Armen gehabt hätte, sondern weil er ein Dieb war; er hatte nämlich die Kasse und veruntreute die Einkünfte.

13,2.21-30
Es fand ein Mahl statt und der Teufel hatte Judas, dem Sohn des Simon Iskariot, schon ins Herz gegeben, Jesus auszuliefern ... Nach diesen Worten war Jesus im Innersten erschüttert und bekräftigte: Amen, amen, ich sage euch: Einer von euch wird mich ausliefern. Die Jünger blickten einander an, ratlos, wen er meinte. Einer von seinen Jüngern lag an der Brust Jesu: es war der, den Jesus liebte. Simon Petrus nickte ihm zu, er solle fragen, wer es sei, von dem Jesus spreche. Da lehnte sich dieser an die Brust Jesu und fragte ihn: Herr, wer ist es? Jesus antwortete: Der ist es, dem ich den Bissen Brot eintauchen und geben werde. Dann tauchte er das Brot ein, nahm es und gab es Judas, dem Sohn des Simon Iskariot. Als Judas den Bissen Brot genommen hatte, fuhr der Satan in ihn. Jesus sagte zu ihm: Was du tun willst, das tu bald! Aber keiner der Anwesenden verstand, warum er ihm das sagte. Weil Judas die Kasse hatte, meinten einige, Jesus wollte ihm sagen: Kaufe, was wir zum Fest brauchen!, oder Jesus trage ihm auf, etwas den Armen zu geben. Als also Judas den Bissen Brot genommen hatte, ging er sofort hinaus. Es war aber Nacht.

18,1-5
Nach diesen Worten ging Jesus mit seinen Jüngern hinaus, auf die andere Seite des Baches Kidron. Dort war ein Garten; in den ging er mit seinen Jüngern hinein. Auch Judas, der Verräter, der ihn auslieferte, kannte den Ort, weil Jesus dort oft mit seinen Jüngern zusammengekommen war. Judas holte die Soldaten und die Gerichtsdiener der Hohenpriester und der Pharisäer und sie kamen dorthin mit Fackeln, Laternen und Waffen. Jesus, der alles wusste, was mit ihm geschehen sollte, ging hinaus und fragte sie: Wen sucht ihr? Sie antworteten ihm: Jesus von Nazaret. Er sagte zu ihnen: Ich bin es. Auch Judas, der Verräter, stand bei ihnen.

Holzschnitt (vor 1485)

Johannespassion
Johann Sebastian Bach

Eingangschor:

> Herr, unser Herrscher,
> Dessen Ruhm
> In allen Landen herrlich ist!
> Zeig uns durch deine Passion,
> Dass du, der wahre Gottessohn,
> Zu aller Zeit,
> Auch in der größten Niedrigkeit
> Verherrlicht worden bist.

Schlusschoral:

> Ach Herr, lass dein' lieb' Engelein
> Am letzten End' die Seele mein
> In Abrahams Schoß tragen;
> Den Leib in sein'm Schlafkämmerlein
> Gar sanft, ohn' ein'ge Qual und Pein,
> Ruhn bis am Jüngsten Tage!
> Alsdann vom Tod erwecke mich,
> Dass meine Augen sehen dich
> In aller Freud', o Gottes Sohn,
> Mein Heiland und Gnadenthron!
> Herr Jesu Christ, erhöre mich,
> Ich will dich preisen ewiglich!

Die Passion Jesu nach dem Johannesevangelium

1. Die „Stunde Jesu"

Im Johannesevangelium geschieht die Vollendung des irdischen Wirkens Jesu in der „Stunde Jesu", der „Stunde" der Verherrlichung Jesu (in der Einheitsübersetzung z. T. auch mit „Zeit" übersetzt).

Vgl. dazu:

Joh 2,4	Joh 7,30	Joh 12,27
Joh 7,6	Joh 8,20	Joh 13,1
Joh 7,8	Joh 12,33	Joh 17,1

Welches ist nach 12,20-36 und 13,1 der Inhalt, das Geschehen dieser „Stunde Jesu"?

2. Stilmittel und Motive

Stilmittel:
– dramatische Steigerung auf einzelne Höhepunkte hin (z. B. Prozess; vor allem dann, wenn Jesus selbst das Wort ergreift)
– Verkürzen oder Ausdehnen von Überlieferungsstoff (Verhandlung, Kreuzweg, Kreuzigung)
– vertauschte Rollen
– besondere Umstände (scheinbar äußerliche Nebenumstände bekommen besonderes Gewicht)

Motive:
– Königsmotiv
– Motiv von der Entscheidungssituation (Krise)
– Motiv der Unschuld Jesu
– polemische Belastung der führenden Juden
– Gegenüberstellung von Jesus zu Personen (z. B. Pilatus) und zu einem der „Welt" verhafteten Denken
– geheime „Erhöhung" und Inthronisation Jesu

A | 13 Warum hast du mich verlassen?
(Psalm 22)

² Mein Gott, mein Gott, warum hast du mich verlassen,
> bist fern meinem Schreien, den Worten meiner Klage?

³ Mein Gott, ich rufe bei Tag, doch du gibst keine Antwort;
> ich rufe bei Nacht und finde doch keine Ruhe.

⁴ Aber du bist heilig,
> du thronst über dem Lobpreis Israels.

⁵ Dir haben unsere Väter vertraut,
> sie haben vertraut und du hast sie gerettet.

⁶ Zu dir riefen sie und wurden befreit,
> dir vertrauten sie und wurden nicht zuschanden.

⁷ Ich aber bin ein Wurm und kein Mensch,
> der Leute Spott, vom Volk verachtet.

⁸ Alle, die mich sehen, verlachen mich,
> verziehen die Lippen, schütteln den Kopf:

⁹ „Er wälze die Last auf den Herrn,
> der soll ihn befreien!
Der reiße ihn heraus,
> wenn er an ihm Gefallen hat."

¹⁰ Du bist es, der mich aus dem Schoß meiner Mutter zog,
> mich barg an der Brust der Mutter.

¹¹ Von Geburt an bin ich geworfen auf dich,
> vom Mutterleib an bist du mein Gott.

¹² Sei mir nicht fern, denn die Not ist nahe
> und niemand ist da, der hilft.

¹³ Viele Stiere umgeben mich,
> Büffel von Baschan umringen mich.

¹⁴ Sie sperren gegen mich ihren Rachen auf,
> reißende, brüllende Löwen.

¹⁵ Ich bin hingeschüttet wie Wasser, /
gelöst haben sich all meine Glieder.
> Mein Herz ist in meinem Leib wie Wachs zerflossen.

¹⁶ Meine Kehle ist trocken wie eine Scherbe, /
die Zunge klebt mir am Gaumen,
> du legst mich in den Staub des Todes.

¹⁷ Viele Hunde umlagern mich, /
eine Rotte von Bösen umkreist mich.
> Sie durchbohren mir Hände und Füße.

¹⁸ Man kann all meine Knochen zählen;
sie gaffen und weiden sich an mir.

¹⁹ Sie verteilen unter sich meine Kleider
> und werfen das Los um mein Gewand.

²⁰ Du aber, Herr, halte dich nicht fern!
> Du, meine Stärke, eil mir zu Hilfe!

²¹ Entreiße mein Leben dem Schwert,
> mein einziges Gut aus der Gewalt der Hunde!

²² Rette mich vor dem Rachen des Löwen,
> vor den Hörnern der Büffel rette mich Armen!

²³ Ich will deinen Namen meinen Brüdern verkünden,
> inmitten der Gemeinde dich preisen.

²⁴ Die ihr den Herrn fürchtet, preist ihn, /
ihr alle vom Stamm Jakobs, rühmt ihn;
> erschauert alle vor ihm, ihr Nachkommen Israels!

²⁵ Denn er hat nicht verachtet,
> nicht verabscheut das Elend des Armen.
Er verbirgt sein Gesicht nicht vor ihm;
> er hat auf sein Schreien gehört.

²⁶ Deine Treue preise ich in großer Gemeinde;
> ich erfülle mein Gelübde vor denen, die Gott fürchten.

²⁷ Die Armen sollen essen und sich sättigen; /
den Herrn sollen preisen, die ihn suchen.
> Aufleben soll euer Herz für immer.

²⁸ Alle Enden der Erde sollen daran denken /
und werden umkehren zum Herrn:
> Vor ihm werfen sich alle Stämme der Völker nieder.

²⁹ Denn der Herr regiert als König;
> er herrscht über die Völker.

³⁰ Vor ihm allein sollen niederfallen die Mächtigen der Erde,
> vor ihm sich alle niederwerfen, die in der Erde ruhen.

[Meine Seele, sie lebt für ihn;
³¹ mein Stamm wird ihm dienen.]
Vom Herrn wird man dem künftigen Geschlecht erzählen, /
³² seine Heilstat verkündet man dem kommenden Volk;
> denn er hat das Werk getan.

Nachbereitung

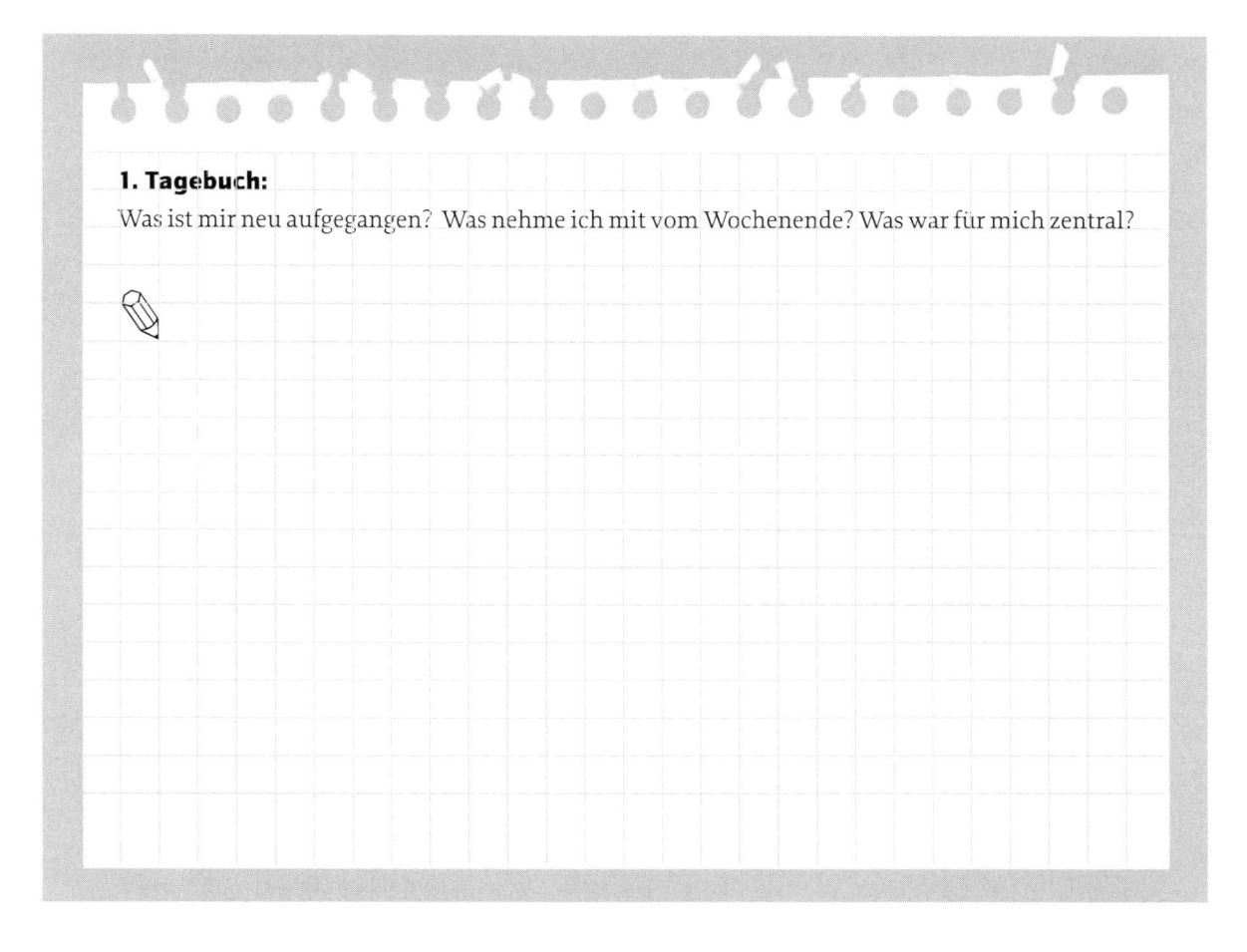

1. Tagebuch:
Was ist mir neu aufgegangen? Was nehme ich mit vom Wochenende? Was war für mich zentral?

2. Fragen zur Nachbereitung

1. Warum musste Jesus sterben?
Antworten auf diese Frage können auf drei Ebenen gefunden werden:
a) Unmittelbare „äußere" Anlässe für Verhaftung, Prozess und Hinrichtung Jesu. Was führte zur Zuspitzung des Konflikts und zur Auslösung des Prozesses?
b) Warum wurde Jesus von Menschen angefeindet? Was sind die tiefer liegenden Motive?
c) Die Urgemeinde deutet den Tod Jesu aus dem Glauben. Welche Deutungen fallen Ihnen noch ein? Wie würden Sie diese in heutige Sprache übertragen?

2. Welche Rolle spielten die religiösen Gruppen der damaligen Zeit in Bezug auf den Tod Jesu?

3. Wie stehen Sie zu dem Satz: „Jesus musste sterben, weil Gott es so gewollt hat"? Inwiefern könnten Sie diesen Satz bejahen, inwiefern nicht?

4. Welche Unterschiede lassen sich zwischen Mk, Mt und Lk in der Schilderung des Sterbens Jesu festmachen?

5. Welche verschiedenen Deutungs- und Sichtweisen des Todes Jesu durch die einzelnen Evangelisten kommen damit zum Ausdruck?

6. Wie deutet Jesus sein Sterben in den Abendmahlsworten?
(Vgl. Mt 26,26-29 par; 1 Kor 11,23-25)

3. Als Vorbereitung auf den Osterkurs

Lesen Sie bitte in Ihrer Bibel:
Die Emmauserzählung Lk 24,13-35 und eine Grabesgeschichte (Mk 16,1-8; Mt 28,1-10; Lk 24,1-12; Joh 20,1-10)

Literaturliste
(Stand 2009)

Kirchschläger, Walter
Einführung in das Neue Testament; in: Struppe, Ursula; Kirchschläger, Walter: Einführung in das Alte und Neue Testament. Neuausgabe. Stuttgart: Katholisches Bibelwerk 1998, 67–77.

Merklein, Helmut
Die Jesusgeschichte – synoptisch gelesen. Stuttgart: Verlag Katholisches Bibelwerk 1995, 205–220.

Theißen, Gerd
Der Schatten des Galiläers. Historische Jesusforschung in erzählender Form. München: Kaiser ¹⁴1999, 234–240.

Zusätzliche Literatur für die Leitung

Bösen, Willibald
Der letzte Tag Jesu. Was wirklich geschah. (Akzent). Neuausg. Freiburg: Herder 1999.

Limbeck, Meinrad
Markus-Evangelium (Stuttgarter Kleiner Kommentar – NT 2) Stuttgart: Katholisches Bibelwerk ⁶1998.

Merklein, Helmut
Wie hat Jesus seinen Tod verstanden?; in: Pastoralblatt für die Diözesen Aachen, Berlin, Essen, Hamburg, Hildesheim, Köln, Osnabrück 12 / 1996, 355–366.

Pesch, Rudolf
Das Markusevangelium II. Teil. Kommentar zu Kap. 8,27–16,20 (Herders Theologischer Kommentar zum Neuen Testament II/2). Freiburg – Basel – Wien: Herder ⁴1991.

Synopsen

Knoch, Otto (Hg.)
Vollständige Synopse der Evangelien. Nach dem Text der Einheitsübersetzung. Mit wichtigen außerbiblischen Parallelen. Stuttgart: Katholisches Bibelwerk ²1989.

Peisker, Carl Heinz
Evangelien-Synopse der Einheitsübersetzung. Stuttgart: Katholisches Bibelwerk; Wuppertal, Kassel: Oncken ⁴1997.

Schmid, Josef
Synopse der drei ersten Evangelien mit Beifügung der Johannes-Parallelen. Regensburg: Pustet ¹¹1997.

Synopse zum Münchener Neuen Testament
Für das Collegium Biblicum München hg. von Josef Hainz. 2. durchges. und bearb. Aufl. Düsseldorf: Patmos 1998.

Die Botschaft von der Auferstehung Jesu

Von den ältesten Bekenntnissen zu den Ostererzählungen

Kurs: Die Botschaft von der Auferstehung Jesu
– Einführung –

Tod und Auferstehung Jesu können nur zusammen gesehen werden. Das eine ist vom anderen nicht zu trennen. Nur gemeinsam machen sie den Kern der christlichen Botschaft aus. Daher schließt dieser Kursteil thematisch wie methodisch eng an den vorhergehenden an. Auch diesmal spielen urchristliche Bekenntnis- und Verkündigungsformeln eine bedeutende Rolle als Grundlage unseres Glaubens wie als Ausgangsbasis für die erzählende Tradititon.

Zu den einzelnen Einheiten
Um einer einseitigen Fixierung auf die historische Fragestellung vorzubeugen, steht am Anfang bewusst eine meditative und persönliche Aneignung der Emmauserzählung Lk 24,13-35, bei der es vorrangig um unseren persönlichen Anteil an der Ostererfahrung geht.
Diese lukanische Erzählung zeigt, wie Christ/innen, die nicht zum Kreis der direkten Osterzeug/innen gehören, nachösterlich an den lebendigen Jesus glauben können.
Um die persönliche Aneignung zu ermöglichen, werden für die Erzählung von den Emmausjüngern unterschiedliche Alternativen angeboten. Je nach Zusammensetzung und aktueller Situation der Gruppe kann unter den Vorschlägen derjenige ausgewählt werden, der den TN angemessen erscheint und es ermöglicht, ihre Lebenswirklichkeit ins Spiel zu bringen.
Bevor die Osterevangelien selbst in den Blick kommen, wird der Auseinandersetzung mit der urchristlichen Auferstehungsbotschaft in einprägsamen Formeln relativ viel Raum gegeben. Damit wird zum einen die Bedeutung dieser ältesten Zeugnisse unterstrichen. Zum anderen wird an ihnen deutlich, dass gängige Begriffe wie Auferstehung, Auferweckung, Erscheinung, Erhöhung usw. bereits bildliche Aussageformen und Deutungsmuster für die Heilserfahrung des Todes Jesu und für die Ostererfahrung sind. Hier ist auch der Rückgriff auf alttestamentliche Deutungen wesentlich.
Auf dieser Basis werden die Ostererzählungen als spätere Ausdeutung und Entfaltungen der Osterbotschaft verstanden. Dabei geht es zunächst um die Grabesgeschichten, in denen die Botschaft vom leeren Grab verkündet wird.
Aus den Erscheinungsgeschichten wurde die Begegnung Marias von Magdala mit dem Auferstandenen und die Erscheinung Jesu am See Tiberias als Alternativen ausgewählt. Die Aneignung einer dieser beiden Erzählungen soll – ähnlich wie am Einführungsabend – zur Wahrnehmung befähigen, dass die Osterbotschaft in unseren persönlichen Ostererfahrungen ihre Entsprechung haben kann.
Eine zusätzliche Kurseinheit nimmt die weitere Entwicklung der christlichen Gemeinde nach Ostern, wie sie in der Apostelgeschichte dargestellt wird, auf. Daher stellt die sechste Einheit einen Vergleich an zwischen den beiden Erzählungen von der Entrückung Jesu nach dem Lukasevangelium bzw. nach der Apostelgeschichte.

Zur Methodik
In diesem Kursteil nimmt die persönliche Auseinandersetzung mit und die Aneignung der Osterbotschaft einen relativ breiten Raum ein, z. B. bei der Emmauserzählung am Freitagabend. Daher wurde auch dem Gottesdienst mehr Zeit am Samstagabend gegeben. Er will keine „Nachfeier" der Osternacht sein, sondern meditativ-liturgische Feier der Auferstehungsbotschaft als Zentrum des Glaubens.
In der Erarbeitung der Grabesgeschichten wird nochmals das synoptische Lesen aufgegriffen.

Verlaufsübersicht

Freitag

19.00 Uhr — Begrüßung und Einführung in den Kurs

19.30 Uhr — **Erste Einheit:**
Die Emmauserzählung und die eigene Lebenswirklichkeit
ALTERNATIV:
Die Emmauserzählung und ihr Weg

Samstag

7.45 Uhr — Morgenimpuls: *Musikmeditation – H. Schütz: Aufferstehung*

9.00 Uhr — **Zweite Einheit:**
Urchristliche Verkündigung der Auferstehung

15.00 Uhr — **Dritte Einheit:**
Die Grabesgeschichten – erzählende Tradition der Osterevangelien

19.30 Uhr — Gottesdienst: *Österliche Feier*

Sonntag

7.45 Uhr — Morgenimpuls: *Der Himmel geht über allen auf*
ALTERNATIV:
Morgenimpuls: *M. Grünewald: Auferstehung – Bildbetrachtung*

9.00 Uhr — **Vierte Einheit:**
Erscheinungsgeschichten: Maria von Magdala begegnet dem Auferstandenen
ALTERNATIV:
Erscheinung Jesu am Meer von Tiberias

10.45 Uhr — **Fünfte Einheit:**
Zusammenfassender Überblick über das Osterereignis, die Ostererfahrung,
das Osterbekenntnis und die Osterverkündigung

11.45 Uhr — Blitzlicht

Zusätzliche Einheit

Sechste Einheit:
Die beiden Erzählungen von der Entrückung Jesu in den Himmel (Lk 24,44-53; Apg 1,1-11)

INHALTLICHE SCHWERPUNKTE
Die Osterbotschaft des Neuen Testaments
Entstehung, Eigenart, Überlieferungsgeschichte und Bedeutung

1. Die Ostererfahrung

Das Bekenntnis „von den Toten auferweckt" ist für uns heute in mehrfacher Hinsicht eine problematische Aussage, vielleicht auch eine Zumutung für unseren Glauben. Die gemeinsame Arbeit dieses Kursteils bringt keine „Antwort auf alle Fragen". Allzu gern hätten wir historische Beweise für den Osterglauben. Doch die können wir nicht bekommen. Der christliche Osterglaube behauptet das ganz und gar Unfassliche, dass der gekreuzigte Jesus lebt, im Himmel uns zugleich entzogen und doch ganz nah – und jedes dieser Worte ist völlig unzulänglich.

Im Neuen Testament finden wir Verkündigung, Bekenntnis, Veranschaulichung und Verteidigung der vielfachen und vieldeutigen Ostererfahrungen. Vieldeutig vor allem deshalb, weil die Versprachlichung von Erfahrungen, die außerhalb des sinnenhaft Erfassbaren liegen, nur sehr unvollkommen möglich ist. Wir spüren, dass unsere Sprache dort nicht greift, wo sie versucht, Unsagbares auszudrücken. Je tief greifender und überwältigender das Erlebnis ist, desto weniger gelingt uns eine adäquate Mitteilung – so bei den Sprachversuchen Liebender oder bei den Berichten klinisch Toter. Was unsere Alltagswahrnehmungen und Alltagssprache übersteigt, versuchen wir durch Bilder und Erzählungen, Vorstellungen und Symbole, durch bildhafte und vergleichende Umschreibungen zu vermitteln. Ähnliches geschieht heute sogar in der Physik.

So schreibt Werner Heisenberg: „Bei der Beschreibung der Vorgänge im kleinsten Bereich, jener Zusammenhänge, die in der Quantentheorie analysiert und mathematisch dargestellt worden sind, versagt die gewöhnliche Sprache oder die Sprache der klassischen Physik ... (dieser Sachverhalt) ... hat also dazu geführt, dass die Physiker, wenn sie über das atomare Geschehen reden, sich oft mit einer ungenauen und gleichnishaften Sprache begnügen, dass sie nur wie die Dichter versuchen, im Geist des Hörenden durch Bild und Gleichnis gewisse Bewegungen hervorzurufen, die in die gewollte Richtung weisen, ohne ihn durch eindeutige Formulierung zum präzisen Nachvollziehen eines bestimmten Gedankenganges zwingen zu wollen" (W. Heisenberg: Schritte über Grenzen. München: R. Piper & Co. 1971).

Hinter diese sprachlichen Tastversuche, die wir im Neuen Testament vorfinden, können wir nicht zurück, können nicht zu einem Ereignis vorstoßen, das protokollierbar wäre.

Im Gegensatz dazu ist die Kreuzigung Jesu ein historisch greifbares Geschehen in Raum und Zeit, für das es auch außerbiblische Zeugnisse gibt und das die Gegner Jesu miterlebt haben – wenigstens das, was sich im äußeren Bereich abgespielt hat. Die Auferweckung jedoch und damit die Dimension der Heilsdeutung seines Todes ist ein „Überschrittsereignis", das unsere raum-zeitliche Erfahrung transzendiert. Daher kann es keine historischen oder naturwissenschaftlichen Beweise für die Auferweckung Jesu geben.

Das gilt auch für das leere Grab. Während für heutige Christ/innen die Auffindung des leeren Grabs am Morgen des Ostersonntags meist eine große Rolle spielt, hat es im Neuen Testament diese Bedeutung noch nicht. Nicht am oder im leeren Grab entsteht der Osterglaube. Das leere Grab ist für die Jünger/-innen nicht der Grund ihres Osterglaubens, sondern es führt zunächst zu Fragen, Angst und Schrecken. Die Erscheinungen des Auferstandenen sind es, die den Osterglauben begründen. Doch diese Erscheinungen sind weniger „greifbar" als das leere Grab. Sie sind nicht beweisbar.

„Ungeschichtlich" heißt aber nicht „ungeschehen". Denn dieses Überschrittsereignis ist in der Geschichte wirksam geworden in den Glaubenden, in denen Christus sich sehen ließ. Es ist die Grundlage für alles, was den christlichen Glauben ausmacht: das Evangelium vom Reich Gottes, Verkündigung von Jesu Botschaft und Leben, Entstehung der neutestamentlichen Schriften, Gemeindebildung (Kirche), Taufe, Eucharistie, Sündenvergebung ... Mit dem Glauben an die Auferstehung steht oder fällt der christliche Glaube, sagt Paulus.

Tod und Auferweckung sind die beiden Aspekte dieses Überschrittsereignisses. Während der Tod Jesu sich in unserem Bezugssystem vollzogen hat, können wir an die Form des Überschritts nicht herankommen, nicht durch menschliche Anstrengung, nicht durch Nachdenken und Schlussfolgern, nicht durch Vorstellungskraft. Ihre Erfahrung kann nur von Gott bewirkt werden. Aber diese Erfahrung ist auch Tat der Menschen, die sich dem Unbegreiflichen und Unverfügbaren öffnen, die auch das Ungewöhnliche, Unerwartete wahrnehmen, die bereit sind, Erfahrungen zu machen, die sie aus den gewohnten Bahnen werfen.

Diese von Gott gewirkten Erfahrungen werden in der Bibel genannt: Erscheinungen, Begegnungen, Sehen des Herrn, Erkennung, Offenbarung. Sie sind nicht durch theologische Überlegungen zustande gekommen, sondern wider alles Erwarten und wider alle Hoffnung eingebrochen in das Leben der Jünger, sie sind ihnen widerfahren und haben sie verwandelt.

2. Das Osterzeugnis

Dass diese Erfahrungen keine Hirngespinste, Halluzinationen, Autosuggestionen, keine Folgen einer überreizten Messiassehnsucht oder eines umkippenden übergroßen Schmerzes waren, dafür bürgt das Verhalten der Zeugen. Sie haben das Zeugnis: „Der Gekreuzigte ist der Lebendige" durch die völlige Veränderung ihres Lebens und sogar durch den Einsatz ihres Lebens bewahrheitet.

Der jüdische Professor Pinchas Lapide erzählt in seinem Buch „Auferstehung – Ein jüdisches Glaubenserlebnis" (Stuttgart: Calwer Verlag/München: Kösel-Verlag 1986) von Berichten im Talmud, wo Jünger ihren verstorbenen Meister sehen bzw. eine ganze Tischgemeinschaft – in ihrem Glauben an die Wiederkunft des Propheten Elija – diesen wirklich sieht und mit ihm spricht. Lapide schreibt: „Wo Glaubensmacht im Spiel ist, haben Juden eine Vorstellungskraft, die manchmal an das Übernatürliche grenzt – wobei die subjektive Ehrlichkeit des Erlebten nicht im Geringsten in Zweifel gezogen werden kann …

In keinem der Fälle, wo in der rabbinischen Literatur von solchen Visionen die Rede ist, kam es in der Folge zu einer wesentlichen Änderung im Lebenslauf der Wiederbelebten oder derer, die Gesichte erlebt hatten. Es blieb bei der Vision, die in gläubiger Verwunderung nacherzählt und manchmal auch aufgebauscht wurde; sie hatte aber keine feststellbaren Folgen.

Anders bei den Jesusjüngern an jenem Ostersonntag. Allen legendären Verschönerungen zum Trotz bleibt in den ältesten Berichten ein erkennbar historischer Kern übrig, der sich einfach nicht entmythologisieren lässt. Wenn diese aufgescheuchte, verängstigte Apostelschar, die eben dabei war, alles wegzuwerfen, um in heller Verzweiflung nach Galiläa zu flüchten; wenn diese Bauern, Hirten und Fischer, die ihren Meister verrieten, verleugneten und dann kläglich versagten, plötzlich über Nacht sich in eine selbstsichere und heilsbewusste, überzeugte Missionsgesellschaft verwandeln konnten, die viel erfolgreicher nach Ostern als vor Ostern wirkte, genügt keine Vision oder Halluzination, um solch einen revolutionären Umschlag zu erklären. Für eine Sekte, eine Schule, einen Orden hätte vielleicht eine Einzelvision genügt – nicht aber für eine Weltreligion, die dank dem Osterglauben das Abendland erobern konnte" (S. 74f.).

Die Wirkung des Heiligen Geistes in den ersten Christen (auch in den Christen späterer Jahrhunderte) ist das deutlichste Zeichen für die Echtheit – nicht für die Beweisbarkeit – der Ostererfahrungen. Die Kirche, ihr Ursprung, ihre Lebensgrundlage, ihr Auftrag ist eine österliche Wirklichkeit.

3. Die Osterverkündigung

Wie wir uns diese Erscheinungen vorzustellen haben, können wir den frühen Bekenntnissen nicht entnehmen. Diese interpretieren bereits das „Widerfahrnis" mit im Judentum gängigen Vorstellungen und bildhaften Begriffen wie Auferweckung, Auferstehung, Lebendig-gemacht-Werden, Erhöhung usw. All diese Versuche, das Neue und Unsagbare mitzuteilen, machen deutlich, dass es sich nicht um eine Rückkehr des Toten in das frühere Leben handelt, sondern um den Sieg des Lebens über den Tod, um das „Hinübergehen" Jesu in die unsichtbare Welt Gottes, um das neue Wirken des Lebenden an und in der Welt durch den Heiligen Geist.

Bei der Verkündigung bedienen sich die Zeugen verschiedener Verstehensmuster, die auf die Verständigung über eine unanschauliche Wirklichkeit hinzielen und auf die jeweiligen Adressaten abgestimmt sind. Da diese vorwiegend gläubige Juden waren, wurden die Vorstellungskategorien dem Alten Testament entnommen: Entrückung, Aufnahme in den Himmel (wie Henoch und Elija), Erhöhung eines erniedrigten Menschen durch Gott (wie der Gottesknecht bei Jes), eschatologische Totenerweckung (Ez), Totenerweckungen bei Elija und Elischa, Auferweckung am dritten Tage bei Hosea.

Die ältesten, uns überkommenen Auferstehungszeugnisse sind Verkündigungs- und Bekenntnisformeln, die auf die Bedürfnisse der jungen Gemeinde zugeschnitten sind: Missionspredigt, Taufvorbereitung und -feier. Zu dieser ältesten Überlieferungsschicht zählen auch die frühchristlichen Lieder, die vor allem in der Eucharistiefeier ihren Platz hatten. Das bekannte Ur-Credo 1 Kor 15,3-8 ist bereits eine Verbindung von mehreren ursprünglich selbstständigen christologischen Formeln. Es bekräftigt die Wirklichkeit des Auferwecktseins durch den Hinweis auf die Erscheinungen. Vier Gruppen von Zeugen führt Paulus an, um die Glaubwürdigkeit der Botschaft zu sichern. In diese Zeugenliste reiht er sich selbst ein; formal wird dies deutlich, indem er sowohl für sein „Sehen des Herrn" als auch für das der ersten Auferstehungszeugen dasselbe griechische Verb *ophte* („er ließ sich sehen – er erschien") verwendet. Wenn wir diesen kurzen Verweis auf die persönliche Ostererfahrung des Paulus von 1 Kor 15,8 (auch 1 Kor 9,1 und Gal 1,15) mit den verschiedenen lukanischen Erzählungen vom sog. Damaskuserlebnis (Apg 9,1ff.; 22,6ff.; 26,12ff.) vergleichen, sehen wir, wie eine knappe Aussage durch verschiedene Deutungsmuster veranschaulicht und entfaltet werden kann.

4. Die Ostererzählungen

Den gleichen Vorgang finden wir in den Ostererzählungen, die einer jüngeren Überlieferungsschicht angehören. Sie erzählen Geschichten von Menschen, die die Osterbotschaft vernommen haben, und sind daher so vielfältig, unterschiedlich – auch widersprüchlich – wie die Menschen und ihr Ergriffen- und Angesprochensein von Gott. Keine dieser Erzählungen berichtet, wie beispielsweise das apokryphe Petrusevangelium (4 L 9), direkt von einem Auferstehungsvorgang; wohl aber bezeugen sie die Auferstehung des Gekreuzigten und sein Wirken in der Gemeinde, in den Glaubenden. Sowohl die Grabes- als auch die Erscheinungsgeschichten wollen nicht in erster Linie erzählen, was einmal vor langer Zeit geschehen war, sondern was ist, was mit uns, mit mir ist. Jesus ist nicht zu einer bestimmten Zeit, an einem bestimmten Ort auferweckt worden, sondern er ist der „Auferweckte geworden", d. h. er ist lebendig – auch für mich und in mir. Ich kann ihm begegnen, unterwegs, in einem Gespräch, in meinen Tränen an einem Grab, in einer Tischgemeinschaft, in meinen Zweifeln, mitten im Alltag, beim erfolglosen „Fischen". Das wollen die Osterevangelien verkünden.

5. Unser Osterglauben

Beim Osterglauben geht es nicht zuerst um ein fürwahrzuhaltendes Wissen, sondern um eine Erfahrungserkenntnis, die meine ganze Existenz angeht, nicht nur meinen Verstand. Diese Erfahrung kann ich nicht herbeizwingen, sie wird mir zuteil. Wohl aber kann ich mich für sie bereiten, sie zulassen, mich auf sie einlassen. Konkret könnte das heißen:
› sich den Todeserfahrungen des Lebens stellen, sie nicht verschleiern und verdrängen,
› bereit sein zum Umdenken und zur Umwendung wie Maria von Magdala, zum Wagnis der Freiheit, zum Exodus,
› nicht anklammern und festhalten wollen,
› sich offen halten für neue Wahrnehmungen, für unerwartete Fragen, für die Hoffnung wider alle Hoffnung,
› sich beschenken lassen, neugierig sein auf das, was auf mich zukommt, dem Leben trauen,
› mit andern sein, teilen, mitteilen, denn aus dem Austausch von Ostererfahrungen wächst der Osterglaube,
› in der Gemeinschaft geben und nehmen, wie beim Mahl,
› das Wort der Schrift in mir wirken lassen, damit es sich mir erschließt auf das neue Leben hin,
› mich immer wieder rufen lassen bei meinem Namen.

Marie-Luise Kaschnitz drückt es so aus:

Manchmal stehen wir auf
Stehen wir zur Auferstehung auf
Mitten am Tage
Mit unserem lebendigen Haar
Mit unserer atmenden Haut.

Nur das Gewohnte ist um uns
keine Fata Morgana von Palmen
Mit weidenden Löwen
Mit sanften Wölfen.

Die Weckuhren hören nicht auf zu ticken
Ihre Leuchtzeiger löschen nicht aus.

Und dennoch leicht
Und dennoch unverwundbar
Geordnet in geheimnisvolle Ordnung
vorweggenommen in ein Haus aus Licht.

Dies.: Überallnie. Ausgewählte Gedichte 1928–1965. © 1965 Claassen Verlag in der Ullstein Buchverlage GmbH, Berlin

Verlaufsplan

Inhalt	Methode
Begrüßung und Einführung in den Kurs ⏵ 30 Min., Plenum Das Plenum ist nur schwach erleuchtet bzw. abgedunkelt. Die Leiter/innen begrüßen die TN. Dann wird die Osterkerze in der Mitte entzündet und einige Minuten Stille gelassen, den Schein der Kerze aufzunehmen. L kann einige Impulse geben, wie weit der Schein einer Kerze in der Dunkelheit reicht. Gemeinsam wird das Lied gesungen „Gottes Wort ist wie Licht in der Nacht". Dann erfolgt ein kurzer Überblick über den Kurs.	📄 Verlaufsübersicht (S. 71) 🛍 große Osterkerze Tr 706, Se 618

Erste Einheit
Die Emmauserzählung und die eigene Lebenswirklichkeit

→ Gerade in der Emmauserzählung können die TN den Bezug zwischen einer Ostererzählung und ihrer eigenen Lebenswirklichkeit erleben, da die Erzählung Lk 24,13-35 selbst aus der Sicht der zweiten Generation der Glaubenden geschrieben wurde. Die meditative Erschließung kann auf verschiedene Weisen erfolgen.

⏵ 120 Min., Kleingruppen

Inhalt	Methode
Zum Verständnis des Textes Die Emmauserzählung zeigt wie kaum eine andere, welche Fragen und Probleme die Christ/innen des ersten Jahrhunderts zu bewältigen hatten bei der Entwicklung des Osterglaubens. Obwohl die Erzählung im historischen Gewand daherkommt (bezeugte Jüngererfahrung, einer ist sogar namentlich bekannt) ist sie doch beispielhaft bzw. „typisch" gestaltet für die Jünger/innen späterer Zeiten: Es geht um Beschreibungen, die durchscheinend sind auf unsere Situation als Glaubende. Die Emmauserzählung gehört zu den ausführlichsten Ostergeschichten und wird nur bei Lukas überliefert. Sie gibt Erfahrungen von Menschen wieder, die Jesus nicht leibhaftig erlebt haben und nicht zu den Urzeugen der Auferweckung gehören. Sie zeigt, wie auch den „Jüngern zweiter Hand" (Sören Kierkegaard) die Erfahrung von Hoffnung mitten in Hoffnungslosigkeit möglich ist, die Erfahrung von Leben mitten im Tod, die Erfahrung von Zuversicht mitten in der Verzweiflung. Die Erzählung vom Weg zweier Jünger nach Emmaus spiegelt Erfahrungen und den Glauben der Christen der zweiten Generation. Nach der Apostelgeschichte (9,2; 24,14) wurden die Anhänger Jesu selbst als die „Leute des Wegs" bezeichnet. Die beiden	Im Folgenden werden verschieden Methoden und Alternativen für die meditative Erschließung aufgezeigt, die unterschiedlich zusammengesetzt werden können zu einer Einheit. Aufgrund des meditativen Charakters wird auf Zeitangaben verzichtet. 📄 Weg nach Emmaus (Übers. F. Stier) (A 1) G. Lange: Emmauspredigt (L 3) 🛍 2 große Plakate mit der Aufschrift „Grab, das heißt für mich ..." bzw. „Auferstehung, das heißt für mich ...", Stifte Agapefeier: Brot, Wein, Traubensaft, Osterkerze **Alternative 1: Metaphermeditation** – Die TN sitzen um das Plakat „Grab, das heißt für mich ..." und schreiben für sich diesen Satz zu Ende. Ein Austausch schließt sich an. – Dann wird der Satz des zweiten Plakats

Inhalt	Methode

Jünger gehören nicht in den engeren Kreis der Apostel, einer von ihnen erhält in der Erzählung auch keinen Namen: Jede/r kann Jünger auf dem Weg sein.

Der Kern liegt in V. 34, der das österliche Urbekenntnis formuliert: „Der Herr ist wirklich auferstanden" (vgl. 1 Kor 15,3-5). Dieses Bekenntnis wird erzählend entfaltet.

Dabei geschieht die Begegnung mit dem Auferstanden im Alltag, im Unterwegssein, unscheinbar und verborgen, aber unmittelbar und wirklich, d. h. Veränderung, Neues bewirkend. Die Geschichte verdeutlicht, dass alles intellektuelle Wissen um Jesus und die Osterbotschaft nicht den Osterglauben, das „Erkennen des Lebendigen" herbeiführen kann (vgl. VV. 19–24), sondern allein die personale Begegnung im Miteinandergehen, Miteinandersprechen, Aufeinanderhören und Miteinander-Mahlhalten.

Der Begriff des Brotbrechens in V. 35 entspricht dabei dem in der Urgemeinde üblichen Begriff für das Gedächtnismahl des Herrn (vgl. Apg 2,42.46; 20,7.11). V. 35 ist die fast wörtliche Wiedergabe der Abendmahlsworte nach Lukas (22,19).

Die einzelnen Wegstationen der Erzählung gleichen zudem einem Trauerprozess: Weglaufen und die Augen verschließen – sich abkapseln (weg von Jerusalem) – schließlich darüber reden können – sich erinnern und anderen erzählen – Sinn suchen (musste es nicht geschehen?) – Gemeinschaft suchen (bleibe bei uns) – Rückkehr in den Alltag mit den verarbeiteten Erfahrungen und dem neu gewonnenen Sinn.

Die lukanische Weggeschichte kann so modellhaft für unsere eigene Wegsituation transparent werden.

Inhaltliche Schwerpunkte

1. Unsere persönlichen Leiderfahrungen

Zu unserem Lebensweg gehören Erfahrungen von Leid und Tod, von Enttäuschungen, Angst, Einsamkeit, Versagen, Schuld, Gefangensein in Mechanismen, Fixierungen auf Vorstellungen ...

Je intensiver, ganzheitlicher und individueller Menschen leben und lieben, desto mehr sind sie den Verletzungen und Enttäuschungen menschlichen Lebens und der Brüchigkeit unserer Existenz ausgesetzt. Wenn sie aber diesen Erfahrungen nicht ausweichen, sie weder verdrängen noch rationalisieren, dann können diese zum herausfordernden und befreienden Anstoß für eine neue Dimension werden auf dem Weg zur Reifung und Menschwerdung. Das gilt nicht nur für die Einzelnen, sondern weitgehend auch für Gemeinschaften. So führte Israels Weg in die von Gott geschenkte Freiheit durch die Nacht des Todes, durch drohende Wasser, durch Enttäuschungen der Wüstenwanderung.

„Auferstehung ..." ebenso ergänzt und anschließend besprochen.

– Schriftlesung Lk 24,13-35.

– Die TN setzen den Schrifttext in Verbindung zur Metaphermeditation: Gesprächsimpuls: Was bedeutet das Grab Jesu für die Jünger/innen?

– Der Abend endet mit einer Agapefeier, bei der jede/r mitteilen kann, was Brot und Wein für ihn/sie bedeutet.

Fotosprache oder Symbolbilder, die verschiedene Leidsituationen zum Ausdruck bringen; Kärtchen mit Schriftstellen, leere Kärtchen, Stifte.

Agapefeier: Brot, Wein, Traubensaft, Osterkerze

Alternative 2:

Aktualisierende Foto-Textwahl:

– Die TN wählen aus den ausgelegten Bildern das aus, das sie am meisten anspricht.

– Anhörrunde: Warum habe ich dieses Bild gewählt? Was möchte ich dazu mitteilen?

– Auf diesem Hintergrund eigener Erfahrungen wird Lk 24,13-24 gelesen. Die TN sammeln in einem ersten Schritt: Wie ist die Situation der Jünger? Wie reagieren sie auf den Tod Jesu?

Im zweiten Schritt geht es im Gespräch darum: Kenne ich Parallelen zur Erfahrung der Jünger?

– Lk 24,25-27 lesen.

– Zu den gewählten Bildern passende Schriftworte suchen, die entweder bereits vorgegeben sind oder von den TN selbst ausgesucht und auf leere Kärtchen geschrieben werden.

– Anhörrunde: Welche Worte passen zu meiner Situation, geben mir Deutung, Trost, helfende Impulse? Welches Wort lässt vielleicht „mein Herz brennen"?

– Agapefeier (s. o.), dazu Lk 24,28-35 lesen.

Schriftmeditation (L 4)

Alternative 3: Schriftmeditation

Meditation nach L 4.

Inhalt	Methode

2. Begegnung mit der Schrift

Wer sich offen hält für überraschende Wahrnehmungen, kann auch in Leiderfahrungen da und dort Angebote österlicher Begegnungen entdecken. Sein „Herz beginnt zu brennen", weil ihn ein Schriftwort trifft als Antwort auf eine brennende Frage, als Deutung einer gemachten Erfahrung, als Ermutigung zu einem Aufbruch, als Aufruf zu Veränderung, als tröstlicher Zuspruch, als Schlüssel zu einem neuen Verständnis, als Licht, das plötzlich aufleuchtet.

Sieger Köder: Emmaus (L 5)
Alternative 4: Bildmeditation
Die TN betrachten das Bild. Zunächst sagen sie, was sie sehen. Daran schließt sich an: Was weckt das Bild in mir: Ideen, Fragen, Assoziationen?
Die Agapefeier schließt sich an.

3. Dem lebendigen Christus in der Mahlgemeinschaft begegnen

Das eigentliche Erkennen wird erst angebahnt durch die Begegnung mit dem Wort, durch Fragen, Hinhören und Mitteilen. Es ereignet sich in der Mahlgemeinschaft, dort, wo wir nicht nur nebeneinander hergehen, sondern miteinander Leben teilen. Dort, wo er uns sich im gebrochenen Brot schenkt. Das vordergründig Sichtbare in seiner eigentlichen Bedeutung verstehen, das wird zur Ostererfahrung hier und heute, zur Erfahrung einer neuen Gegenwart des lebendigen Christus mitten unter uns.

ALTERNATIVER ABSCHLUSS:
Fußabdrücke aus Papier, Stifte
In der Mitte ist mit Tüchern oder Seilen der Weg von Jerusalem nach Emmaus gelegt. Die TN erhalten jede/r einen papierenen Fußumriss und überlegen: Wo bin ich unterwegs? Was ist mir neu aufgegangen heute Abend?
Danach werden die Fußspuren auf den Weg gelegt. Dabei entscheidet jede/r TN, wo stehe ich? Eher in Jerusalem, in der Mitte, mehr in Emmaus – auf dem Hinweg oder auf dem Rückweg?

Aufgebrochen bin ich (L 2)
Se 628
Der Abend schließt mit dem Lied „Du bist da, wo Menschen leben" oder mit „Aufgebrochen bin ich".

Erste Einheit – Alternativ
Die Emmauserzählung und ihr Weg

→ Die Alternative zur Erarbeitung der Emmauserzählung zeigt den erzählerischen Aufbau der Erzählung auf und ermöglicht so ein Nachgehen des Emmausweges.

⏷ 120 Min., Kleingruppe

Inhalt	Methode

Erinnerungen an die Emmauserzählung

→ Als eine der bekanntesten Ostererzählungen ist die Emmausgeschichte auch meist mit vielfältigen Assoziationen verbunden.

⏷ 20 Min., Kleingruppe

Die Emmauserzählung begleitet oft schon lange religiöses Leben: im Kommunionunterricht, in der Osterliturgie ... Dabei wurden häufig unterschiedlichste Aspekte herausgestellt, sodass die Erzählung verschiedenste Erinnerungen wecken kann.

L leitet an: Nimm deine beiden Hände und lege in die eine symbolisch bzw. im Geist, was sich bisher an der Emmausgeschichte erschlossen, und in die andere, was sich verschlossen hat. Nach kurzer Stille wird angeregt, dass einige TN ihre beiden Seiten bzw. „Hände" vorstellen.

Inhalt	Methode

Der innere Spannungsbogen der Erzählung

→ Die TN erarbeiten den Spannungsbogen, den die Erzählung aufweist und der neben der literarischen Struktur auch die inhaltliche Entwicklung zeigt.

⏷ 15 Min. Untergruppenarbeit und 30 Min. Gespräch

Themen bzw. Fragen und Probleme:

– Das Kreuz ist erst kein Heilszeichen, sondern zum Davonlaufen.

– Enttäuschte Hoffnungen, verbunden mit einer (falschen) Messiaserwartung, die Jesus verherrlicht. Das Leiden hat keinen Platz, obwohl die Schrift es deutet.

– Die Jünger haben die Osterbotschaft von den Frauen am Grab. Aber ohne eigene Erfahrung des Auferstandenen (ihn „sehen", V. 24) entsteht bei ihnen kein Glaube.

– Jesus öffnet die Augen, indem er an Schriftstellen der schon geschehenen Heilsgeschichte zeigt, wie Gott schon früher aus leidvollen und tödlichen Erfahrungen Heil geschaffen hat, und eröffnet so nach und nach den Zugang zum Verständnis des Kreuzestodes Jesu. „Warum musste der Messias leiden?" war die zentrale Frage der Urchristen. Eine Antwort wird in der Schrift gesucht und gefunden.

– Die Schriftauslegung hat etwas im Herzen der Jünger in Bewegung gebracht („das Herz brannte").

– Die Jünger erkennen Jesus beim Brotbrechen. Das ist auch der Begriff für die eucharistischen Mahlgemeinschaften der Urchristen. Das gebrochene Brot ist Zeichen der Mahlgemeinschaft, aber auch der Hingabe des Herrn bis in den Tod.

– Im Erkennen ist kein äußeres Schauen mehr notwendig.

– Die Jünger können mit der Erfahrung vom lebendigen Herrn zurückkommen an den Ort des Todes nach Jerusalem, von wo sie kurz zuvor noch geflohen waren. Eine Wandlung hat sich vollzogen durch das Verstehen des Kreuzestodes („Schriftgemäßheit") und die Erfahrung des Auferstandenen im Mahl.

– Sie werden so selbst zu Boten der Auferstehungsbotschaft.

Zur inneren Entwicklung dieser Ostergeschichte

Ausgangspunkt: Zwei Jünger, die auf dem Weg weg von Jerusalem sind, dem Ort des Todes Jesu, wo es keinen Sinn mehr macht zu bleiben, miteinander im angeregten Austausch.

Erster Schritt, der eine Entwicklung in Gang setzt: Jesus kommt hinzu, nicht mit fertigen Botschaften, Bibelversen oder Unterricht, sondern mit Fragen (zweimal): Was ist los? Was ist es? Die Geschichte legt Wert darauf, dass Jesus zunächst als Hörender, als Unerkannter, mitgeht, der sie selbst aussprechen lässt, wie sie die Dinge sehen. Und er nimmt sich Zeit dazu, ermutigt durch wiederholtes Fragen, bringt in Gang, dass herauskommen kann, was ihnen zu schaffen macht: Sie sind „blind", sie sind „traurig", sie sind enttäuscht („Wir aber hatten gehofft") und am Ende mit

---

📄 Spannungsborgen Emmaus
(L 6 und A 2)

Die TN untersuchen zu je zwei bis drei den in drei Abschnitte aufgegliederten Text (Lk 24,13-24.25-29.30-35):

– Welche Themen bzw. Fragen/Probleme sind in den drei Teilen angesprochen?

– Welche Entwicklung bzw. welchen Spannungsbogen können Sie in der Geschichte entdecken?

Nehmen Sie dazu das räumliche Wegbild (A 2), das der Text selbst anbietet, und schreiben Sie in diesen Bogen die für die Entwicklung wesentlichen Aspekte.

Im Anschluss an die Untergruppenarbeit werden die Ergebnisse zusammengetragen und von L ergänzt.

Inhalt	Methode

ihren Hoffnungen („es ist schon der dritte Tag"); die Osterbotschaft zündet nicht. Das Stehenbleiben wird zum Symbol: So geht nichts mehr weiter.

Sie hatten ein verbreitetes Messiasbild in Jesus hineinprojiziert: Er ist „mächtig in Wort und Tat". Dazu passt keine schmähliche Hinrichtung, wo andere („Hohepriester" und „Führer") bestimmen, was geschieht, und alles mit dem schändlichsten Tod endet. Jesus lässt sie sprechen von ihren enttäuschten Hoffnungen, die sie weglaufen lassen vom religiösen Zentrum Jerusalem (wo Gott sonst spricht, sich mitteilt und Heil schenkt), das zum Ort des Todes, der Trauer und der begrabenen Hoffnungen wurde. Auch die Osterbotschaft hilft nicht, wenn man nur das Wort anderer und keine eigene Erfahrung mit dem lebendigen Herrn hat.

Zweiter Schritt, durch den Jesus die Schrift erschließt und so das Verständnis öffnet für seinen Tod: Jesus legt die Bibel aus, nur im Blick auf ihr Problem, nicht nach seinen eigenen Gesichtspunkten. Er sucht nach ähnlichen Situationen in vergangenen Heilsereignissen, die den Jüngern helfen zu verstehen, dass das Kreuz nicht außerhalb des Heilswillens Gottes stehen muss, dass Gott auch in anderen aussichtslosen Geschehnissen noch Heil geschaffen hat. In Apg 8,26-40, einer zur Emmausgeschichte parallel gestalteten Erzählung, teilt Lukas mit, an welche Schriftstellen er denkt, z. B. an das vierte Lied vom (leidenden) Gottesknecht, der auch zu Tode kam; von dem Menschen auch geglaubt hatten, das sei gottgewollt, den jedoch Gott stattdessen bestätigt und erhöht hat. Für Lukas ist wichtig, den Weg Jesu durch das Kreuz hindurch als not-wendigen Weg zu verstehen: Es „musste" so sein. (Das ist nicht misszuverstehen, als habe der grausame Gott es so verlangt. Darüber sagt der Text nichts.) Jesus sucht Schriftstellen, die helfen, das nicht verstehbare Kreuzesgeschehen als Teil des Heilsweges Gottes anzusehen. Und er ruft dazu das Gedächtnis wach: „Begreift ihr es nicht?" Der Text sagt, dieses Schriftgespräch war so gut, dass ihre Herzen brannten. Und zum ersten Mal in der Geschichte ergreifen sie die Initiative und wollen ihn bei sich behalten. Das Schriftgespräch ist nicht das Ziel in der Begegnung mit dem Lebendigen; es ist ein wichtiger Schritt, durch den das Innere angeregt, erwärmt und bereitet wird für die eigentliche Begegnung mit dem Herrn.

Der dritte Schritt: Jesus gibt sich im gebrochenen Brot des Mahles zu erkennen: Das Mahl ist für antike Menschen, auch die biblischen, Symbol des Miteinander-Leben-Teilens. Bei Jesus ist das Brotbrechen auch sein Vermächtnis an die Jünger/innen, Bild und Zeichen seiner Hingabe bis zum Ende. Darin liegt alles offen vor Augen für die Jünger. Doch wieder ist das nichts, was den äußeren Augen vorbehalten wäre: Sie sehen ihn nicht mehr.

Inhalt	Methode

Ein brasilianischer Bauer antwortete auf die Frage einer Frau, wohin Jesus verschwunden sei: In sie hinein. Ebenso erleben es die Jünger: Jesus öffnete sie nach und nach und brachte sie zum „Brennen". So können sie als Christus-Träger zurück nach Jerusalem, dem Ort seines Todes und der begrabenen Hoffnungen mit der Botschaft vom Lebendigen.

Besinnliche Vertiefung

→ Die Symbole der Reißbildgeschichte sind offen für eigene Assoziationen.
⏱ 30 Min., Kleingruppe

Diese „typische" Geschichte kann auch für eigene Glaubenserfahrungen ein Beispiel sein:
– das ausführliche Sprechendürfen über (auch Kirchen- und Glaubens-)Enttäuschungen und das, was das Verständnis zum lebendigen Herrn verstellt;
– die Schrift so zu nutzen, dass wir Schriftstellen zu erschließen suchen, die unsere realen, konkreten Probleme ansprechen;
– eigene Erfahrungen mit Christus machen dürfen in Begegnungen, im Mahl, in Glaubenserfahrungen, die uns zu Verkündigern seiner Botschaft machen können.

📄 Emmausgeschichte im Reißbild (L 7)
🛍 Overheadprojektor, Folienschreiber
aus Tonpapier: 2 Kreise mit ca. 5 cm Durchmesser, ein ausgeschnittenes Kreuz gleicher Größe, 2 „Tränen" in Form von Tropfen

Mit einem Reißbild auf dem Foliengerät kann der Bogen der Geschichte noch einmal betrachtet werden.

Samstagmorgen

Morgenimpuls
Musikmeditation (L 16)
Heinrich Schütz: Auferstehung
⏱ 20 Min., Plenum

Zweite Einheit
Urchristliche Verkündigung der Auferstehung

→ Verkündigungs- und Bekenntnisformeln, die sich an unterschiedlichsten Stellen im Neuen Testament finden, werden als die älteste Überlieferung der Osterbotschaft erkennbar.
⏱ 3 Std., Kleingruppe

Inhalt	Methode

Bewusstmachen des Vorverständnisses

→ Im „Brainstorming" werden die TN sich ihres eigenen Vorverständnisses und der vielen eigenen Assoziationen bewusst.
⏱ 15 Min., Kleingruppe

Mit „Ostern" und „Auferstehung" werden meist ganz unterschiedliche Vorstellungen – persönliche und übernommene – verbunden. Diese werden bewusst gemacht und im Lauf der Textarbeit mit den biblischen Aussagen verglichen.

🛍 Plakate, Zettel, Stifte, Haftmaterial

Brainstorming:
– Was verbinde ich mit Ostern?
– Welche Worte, Bilder, Vorstellungen, Assoziationen fallen mir dazu ein?
Entweder schreibt L die Zurufe auf ein Pla-

Inhalt	Methode
	kat oder die TN notieren jeden der Einfälle auf einen eigenen Zettel. Diese werden gemeinsam geordnet nach: Theologische Begriffe / Biblische Bilder / Persönliche Erfahrungen / Symbole / Brauchtum u. Ä. Die verschiedenen Assoziationen werden nicht diskutiert. Aufkommende Fragen können auf einem zweiten Plakat festgehalten werden und im weiteren Gesprächsverlauf einfließen.

Ausdrucksformen des urchristlichen Bekenntnisses zur Auferweckung Jesu

1. Verschiedene bildhafte Ausdrucksformen

→ In der genauen Textarbeit wird der Unterschied zwischen der inhaltlichen Aussage über die Auferstehung Jesu und ihrem sprachlich-bildlichen Ausdruck deutlich.

⊙ 45 Min. Textarbeit und 45 Min. Gespräch

Die Überzeugung von der Auferweckung Jesu durchzieht das ganze Neue Testament auf verschiedene Weise. Die ältesten Osterzeugnisse finden wir in knappen, z. T. rhythmisch gegliederten, parallel gebauten Sätzen, die schon in der mündlichen Überlieferung formelartig geprägt worden sind.

Ihre Weitergabe haben wir ihrem „Sitz im Leben" zu verdanken: Predigt, Gottesdienst, Taufvorbereitung, Tauffeier und Missionspredigt. Diese Auferweckungsformeln sind als Zitate in den paulinischen Briefen sowie in den späteren neutestamentlichen Schriften erkennbar, z. B. als Leidensansagen, als Osterbotschaft der Grabesengel, in den Petrus- und Paulusreden der Apg.

Das älteste christliche Glaubensbekenntnis (ca. 40 n. Chr. entstanden) enthält der erste Korintherbrief (1 Kor 15,3-5). Paulus überliefert, was er selbst empfangen hat: „Christus ist für unsere Sünden gestorben ... er ist am dritten Tag auferweckt worden." Wesentlich ist die Bestätigung der Realität des Todes Jesu, seine Auferweckung durch Gott und seine Erscheinungen vor bekannten Zeugen, jedoch nicht das „wie". Besonders in 1 Kor 15, 3-8 ist die formelhafte Struktur erkennbar:

> *dass* Christus *starb* für unsere Sünden *gemäß den Schriften*
> und *dass er begraben* wurde
> und *dass er auferweckt* worden ist
> am dritten Tage *gemäß den Schriften*
> und *dass er erschien* Kephas, dann den Zwölfen
> Darauf *erschien* er über 500 Brüdern auf einmal,
> von denen die meisten noch bis jetzt bleiben,
> einige aber entschlafen sind.
> Darauf *erschien* er Jakobus, dann allen Aposteln.
> Zuletzt von allen, gleichsam der Fehlgeburt,
> *erschien* er auch mir.

📄 Die ältesten Osterzeugnisse (Angabe auf Kärtchen) (L 8)
Zwei Modelle (L 10)
🛍 Kärtchen, Stifte;
Plakatwand und Haftmaterial

Kurze Einleitung durch L.

Dann erarbeitet die Gruppe gemeinsam ein Textbeispiel. Dafür bietet sich 1 Kor 15,3-8 an oder Apg 10,40, da sich hier verschiedene Bilder finden.

Je zwei TN ziehen nun 3–4 neutestamentliche Schriftstellen, die auf Kärtchen als Stellenangabe oder Textausdruck vorbereitet sind.

Diese Schriftstellen bearbeiten die TN nach folgenden Gesichtspunkten (Plakatanschrieb):

1. Was ist die eigentliche Auferstehungsbotschaft, die österliche Kernaussage? (Inhalt der Auferstehungsbotschaft?)
2. Mit welchem Bild wird hier die Ostererfahrung umschrieben (das „Wie" der Auferstehung)?
3. Sind alttestamentliche Deutungshinweise zu erkennen? (Vgl. evtl. die Hinweise im Bibeltext.)

Die Ergebnisse werden je auf eigene Kärtchen geschrieben.

Inhalt	Methode

Die zentralen und immer wiederkehrenden Grundaussagen der Osterverkündigung werden in verschiedenen Denkmodellen und Hilfsvorstellungen ausgedrückt. Die Auferstehung ist einmalig und übersteigt alle menschliche Vorstellung – und auch die menschliche Sprache. Daher suchen die ersten Christen nach verschiedenen Bildern, Symbolen, Metaphern, die diese unerklärliche Botschaft ausdrücken sollen. Die Formulierungsversuche kreisen um folgende Bedeutungsaspekte:

– Bild vom Schlafen und Erwachen:
auferweckt von den Toten/der Auferweckte/auferstanden (Bsp.: Mt 27,64; 28,5-7; Mk 8,31; 9,31; 10,33f.; 16,6f.; Lk 24,34f.; Apg 3,15; 4,10; 5,30; 13,30.37; 17,3-31; 23,6 ...)

– Sieg des Lebens über den Tod:
z. B.: Er lebt/ist lebendig gemacht worden/ist der Lebende/dem Geist nach lebendig gemacht/von den Wehen des Todes befreit (Bsp.: Lk 24,5b-7; Apg 2,22-24; Röm 14,9; Eph 2,4 ...)

– Gottes Ja zu Jesus/Erhöhung in den göttlichen Bereich:
z. B. gerechtfertigt/erhöht/erhoben worden/zur Rechten Gottes sitzen/zum Herrn/zum Messias gemacht/zum Sohn Gottes bestellt/aufgenommen (in Herrlichkeit)/verherrlicht/ihm wurde ein Name verliehen (Bsp.: Joh 12,32-34; Apg 2,33; Röm 1,3f.; 8,34; Eph 1,20; Phil 2,9; 1 Thess 4,13; 1 Tim 3,16; 1 Petr 1,21; 3,22).

– Heilsbedeutung des Todes Jesu:
z. B. der von Gott eingesetzte Retter/Richter/Herr/Messias/in seinem Namen Vergebung der Sünden (Bsp.: Apg 2,36; 5,31; Röm 4,25; 14,9).

– Übergang in eine neue Seinsweise:
z. B. hinaufsteigen/aufsteigen/hinausgehen (Bsp.: Joh 3,13-15; 6,62; 20,17; 1 Petr 3,22).

– Begegnung mit dem Lebenden:
z. B. Er erschien dem ... / Gott hat ihn dem ... erscheinen (sehen) lassen/er ließ sich dem ... sehen/wurde durch Gott dem ... sichtbar gemacht (Bsp.: Lk 24,34f.; Apg 13,31; 1 Kor 15,5-8).

Oft finden sich mehrere Bilder und Deutungen in einem Satz. Dabei bevorzugten verschiedene biblische Autoren unterschiedliche Deutemodelle (vgl. Aufstellung). Vereinfacht lassen sich die bildhaften Formulierungen auf zwei Konzeptionen zurückführen:
1. Vorher/Nachher oder die Rückkehr, der Übergang ins Leben
2. Unten/Oben oder der Eingang in die Herrlichkeit (vgl. L 10)

2. Zentrale Aussagen der Osterbotschaft
Die verschiedenen bildhaften Vorstellungen stimmen in den Kernaussagen überein:
– Der Gekreuzigte ist der Lebendige (Realität und Deutung seines Todes).

Die drei Fragen werden schrittweise im Gespräch in der Gruppe besprochen.
Die Antworten auf die zweite Frage werden an die Plakatwand angeheftet, geordnet nach den sechs Aspekten:
– Bild vom Schlafen und Erwachen
– Sieg des Lebens über den Tod
– Gottes Ja zu Jesus / Erhöhung in den göttlichen Bereich
– Heilsbedeutung des Todes Jesu
– Übergang in eine neue Seinsweise
– Begegnung mit dem Lebenden

Inhalt	Methode

– Dieser Glaube hat seinen Grund in den Erscheinungen. Das griechische Wort „ophte" (= erscheinen, sehen lassen) bezeichnet ein wirkliches, unerwartetes, gottgewirktes Sehen. Im AT drückt es die Heilsgegenwart Gottes bei seinem Volk aus, das Empfangen eines Auftrags von Gott, später auch die Erwartung des endzeitlichen Heils.

– Das Erlebnis der Erscheinungen verändert das Leben der Zeug/-innen grundlegend und fordert sie zur Verkündigung heraus.

– Der Lebende wirkt befreiend in die Gegenwart hinein: als Herr der Gemeinde und als Herr aller, durch die Erfahrung seines Geistes (des Geistes Gottes).

3. Alttestamentliche Interpretationshilfen

→ Die TN erarbeiten, dass die Jünger Jesu auf atl. Deutemuster für die Auferstehung Jesu zurückgriffen, da es keine Worte für das Geschehen gab.

⌚ 15 Min., Kleingruppe

Bei der bildlichen und sprachlichen Erfassung der Ostererfahrungen griffen die Zeugen, die gläubige Juden waren, auf alttestamentliche Vorstellungen und Texte zurück.

Die Auferstehungshoffnung war eine endzeitliche Erwartung für die Gerechten (vgl. 2 Makk 7, Dan 12). Wenn von Jesus die Auferstehung ausgesagt wird, verbindet sich damit auch der Anbruch der Endzeit.

Dies drückt sich in weiteren Motiven aus, so in der Rede vom dritten Tag. Bereits im ältesten christlichen Glaubensbekenntnis wird bezeugt: „Er ist am dritten Tage auferweckt worden gemäß der Schrift" (1 Kor 15,4). Die Zeitangabe meint weniger „übermorgen", sondern bezeichnet zunächst einen ganz kurzen Zeitraum. Zur Zeit Jesu jedoch hatte sie bereits einen theologischen Sinn erhalten und bezeichnete nun den Jüngsten Tag, den Tag der allgemeinen Totenauferstehung. So heißt es im Midrasch Rabba zu Hos 6,1-2: „Der Heilige, gepriesen sei Sein Name, lässt den Gerechten nie länger als drei Tage in Bedrängnis verharren."

📄 Atl. Vorstellungen (L 9)

Die TN lesen die gefundenen alttestamentlichen Schriftstellen oder suchen sie gezielt (L 9) in ihrer Bibel auf.

Das anschließende Gespräch kann die Frage aufnehmen, warum die Jünger/-innen auf alttestamentliche Deutungsmuster zurückgreifen und was sie damit aussagen wollen.

4. Sonstige Beobachtungen und bedeutsame Aspekte

– Auferweckung verstanden als endzeitliches Ereignis führt auch dazu, dass der Auferstandene freudig erwartet wird als wiederkommender Menschensohn, als endzeitlicher Richter.

– Wer sich im Glauben auf den Auferstandenen einlässt, der kann bereits in der Gegenwart seine Heilsmacht erfahren, im Wirken des Geistes und in der Vergebung der Sünden.

– Alles, was für die Gemeinde bedeutsam ist, leitet sich ab vom Auftrag des erhöhten Herrn: Verkündigung, Sündenvergebung, Taufe, Kirche.

Inhalt	Methode

Die Osterbotschaft heute

→ Neben der geprägten (kirchlichen) Sprache entdecken die TN eine Sprache, die heutige Erfahrungen mit der Ostererfahrung verbindet.

⏲ 45–60 Min., Kleingruppe

So wie die Jünger und Zeug/innen auf alttestamentliche Deutungen zurückgreifen, ihre (Sprach-)Bilder finden für das Unerklärbare, so sucht gerade die Kunst immer wieder nach gegenwärtig verstehbaren Aussagen. Und so können die TN selbst in ihrer Sprache diese Erfahrungen ausdrücken.

Die Form des sog. „Elfer-Schemas" (oder „Elfchen") hilft, Gedanken und Eindrücke ins Wort zu fassen und kommt in der Begrenzung der Worte einer „Bekenntnisformel" sehr nah.

Das Elfer-Schema ist ein lyrischer Text aus elf Worten mit einer festgelegten Anordnung: Die erste Verszeile besteht aus einem Wort, die zweite aus zwei Wörtern, die dritte aus drei und die vierte Zeile aus vier Wörtern. Die fünfte und letzte Zeile besteht wieder nur aus einem Wort. Insgesamt kann es ein Satz sein, auf die fünf Zeilen verteilt, oder auch einzelne Worte.

Beispiel:

    Auferstanden
    vom Grab
    umstrahlt vom Licht
    vom Tod nicht gehalten
    Lebendiger

📄 Moderne literarische Ostertexte (L 11)
🛍 Kärtchen mit Elfer-Schema, Stifte

Verschiedene literarische Texte werden im Raum ausgelegt. Die TN gehen im Raum umher und stellen sich dann zu dem Text, der sie am meisten anspricht. Die an den Texten entstehende Gruppe kommt ins Gespräch.
Anschließend werden die Texte ruhig vorgelesen, sodass alle sie hören.

Die TN können dann ihre eigene Bekenntnisformel schreiben, in der Form des sog. „Elfchens". Die ausgeteilten Karten sind zur Hilfe mit Linien versehen (vgl. auch das Beispiel linke Spalte):

____
____ ____
____ ____ ____
____ ____ ____ ____
____

ALTERNATIV:
Eigene Bekenntnisformeln gestalten

🛍 h-moll-Messe von Bach, CD-Player
DIN-A6-Karten, bunte Stifte

Die TN hören aus der h-moll-Messe von Bach „Crucifixus resurrexit".
Anschließend gestalten sie auf Karten ihren eigenen Bekenntnissatz zur Auferstehung. Dabei soll der Satz nicht nur geschrieben, sondern auch „illustriert" werden, bzw. in Schriftgröße, -form und -verlauf wird er dargestellt und betont.
Bei genügend Zeit setzen sich die TN um die Mitte mit der brennenden Osterkerze, lesen ihren Satz und legen die Karten um die Kerze. Die Sätze wirken in Ruhe für sich und werden nicht kommentiert.

Dritte Einheit
Die Grabesgeschichten – erzählende Tradition der Osterevangelien

→ Die Einheit zu den Grabeserzählungen zeigt die Weiterführung der Überlieferung der Osterbotschaft und verdeutlicht, dass dabei die Kernaussage der Auferstehungsverkündigung nicht das leere Grab, sondern die Tatsache der Auferweckung selbst bleibt. Gleichzeitig wird nochmals das synoptische Lesen geübt.

⏲ 3 Std., Kleingruppe

Inhalt	Methode
Begraben haben → Der Einstieg bietet eine mögliche Identifikation mit den Frauen, die die Trauer verarbeiten um einen geliebten Menschen, aber auch um „gestorbene Hoffnungen" im eigenen Leben. ⏲ 30–40 Min., Kleingruppe Die Grabesgeschichten laden zur Identifikation mit den Christ/-innen der Urgemeinde ein: Die Erfahrung von Trauer und Verlust begegnet immer wieder, sie gehört zum menschlichen Leben dazu – doch ebenso der Glaube an die Auferstehung!	🛍 Schwarzer Karton, Zettel, Stifte, evtl. Musik Die TN erhalten Zettel und Stifte und überlegen: Was habe ich im Lauf meines Lebens schon begraben? Diese Zettel werden in einen großen schwarzen Karton gelegt. Im folgenden Gespräch kann, wer mag, diese Erfahrungen mitteilen. Das Gespräch kann jedoch auch den Blick weiterführen: Wie ist es dennoch weitergegangen?
ALTERNATIV: Motive aus den Grabesgeschichten Die Grabesgeschichten enthalten eine Vielzahl von Motiven, die auch eine symbolische Bedeutung haben können. Als Symbole lösen sie verschiedenste Assoziationen und Aktualisierungen aus, die hier am Beginn zur Sprache kommen können. Da die Symbole in der Gruppenmitte während der Einheit liegen bleiben, bilden sie immer wieder die Anbindung an die persönliche Aktualisierung.	🛍 Symbole für verschiedenste Motive der Grabesgeschichten: Tücher, Steine ... Im Raum liegen Symbole für verschiedenste Motive der Grabeserzählungen: (aufgehende) Sonne, (weggewälzter) Stein, (geöffnetes) Grab, Engel, Gemeinschaft, Weg ... Die TN gehen im Raum umher, wählen ein Symbol, das sie anspricht. Nach einer Zeit der Stille wird mit den Symbolen die Gruppenmitte gestaltet: Dazu legen die TN ihre Symbole in die Mitte und sagen dazu z. B. „Der Stein bedeutet für mich ..."
Die Grabesgeschichten → Unterschiede und Gemeinsamkeiten der Grabesgeschichten der Evangelien werden sichtbar und darin ihre eigentlichen Kernaussagen. ⏲ 90 Min., Kleingruppen Mk 16,1-8; Mt 28,1-10 (mit Vorgeschichte 27,57-66 und Nachgeschichte 28,11-15); Lk 24,1-12; Joh 20,1-10 *1. Textzusammenhang* Die Grabesgeschichten aller vier Evangelien sind eng verzahnt mit den vorausgehenden Erzählungen von der Grablegung (Mk 15,42-47; Mt 27,57-61; Lk 23,50-56; Joh 19,38-42), die die Osterevangelien vorbereiten. Sie sind der verbindende Teil zwischen den Passionsberichten	📄 Synopse der Grabesgeschichten (A 3) EXKURS: Die Auferstehung Jesu nach dem Petrusevangelium (L 14) Spannungsbogen der Grabeserzählungen (L 12) 🛍 Plakat und Stifte Die Grabesgeschichten werden im synoptischen Vergleich gelesen. Dafür teilt sich die Gruppe in vier Untergruppen, die je einen Evangelientext lesen. Folgende Aspekte werden dabei erarbeitet: – Wer geht zum Grab? – Wann und warum?

Inhalt	Methode

und den Erscheinungsgeschichten und gewährleisten so die Identität des Gekreuzigten mit dem Auferweckten. „Ihr sucht Jesus, den Gekreuzigten. Er ist nicht hier. Er ist auferstanden."

2. Gemeinsamkeiten

Frauen, zu denen sicher Maria von Magdala gehört (da sie in allen Texten erwähnt wird), entdecken am Morgen des ersten Wochentags das leere Grab. Es bewirkt aber weder bei den Frauen noch bei den Jüngern den Osterglauben, sondern stiftet Schrecken, Verwirrung und Ratlosigkeit. Die Suche nach dem Leichnam erhält eine negative Antwort. Die Botschaft vom Lebenden bildet den Höhepunkt der Grabesgeschichten. Keine der Erzählungen antwortet auf die Frage, „wie" die Auferstehung geschah (im Gegensatz zu später entstandenen Texten, z. B. dem apokryphen Petrusevangelium, das im 2. Jh. entstand).

Die Botschaft ist „Offenbarung", d. h. sie ist von Gott gewirkt, weder durch Schlussfolgern und Nachdenken entstanden noch aus der Entdeckung des leeren Grabes abgeleitet. In Anlehnung an die urchristlichen Bekenntnistexte wird sie von einem Deuteengel verkündet.

In allen vier Evangelien sind Männer und Frauen Zeug/innen der Auferstehungsbotschaft, auch wenn in den Bekenntnisformeln nur Männer erwähnt werden, vermutlich weil Frauen nach (jüdischem) Recht nicht als Zeuginnen zugelassen waren. Zum Aufbau der Erzählungen vgl. L 12.

3. Unterschiede

Markus: Diese Grabesgeschichte ist die älteste Ostererzählung des NT. Ursprünglich endete das Markusevangelium mit V. 16,8, mit dem Erschrecken der Frauen, ohne dass Mk eine Erscheinung des Auferstandenen überlieferte. Die Osterbotschaft verschlägt den Frauen die Sprache. Der Text macht so die tiefe existentielle Erschütterung der Ostererfahrung deutlich.

Im Unterschied zu den anderen Evangelien spricht Markus nicht von einem Engel, sondern von einem „jungen Mann".

Matthäus:

Mt erzählt zusätzlich zur Botschaft des Engels von einer Christuserscheinung. Während auch er nicht beschreibt, wie die Auferstehung geschah, erzählt er ausführlich vom Wegrollen des Steines. Dies knüpft an die apokalyptische und kosmische Dimension an, die Mt bereits beim Tod Jesu einbrachte (27,45ff.).

Lukas:

Lukas überliefert zwei Engel, die später auch die Botschaft bei der „Himmelfahrt" Jesu weitergeben. Lukas betont die Zeugenschaft Petri, da ihm wichtig ist, dass die Kontinuität zwischen der Zeit Jesu und der urgemeindlichen Zeit durch die Apostel gewahrt ist. Gleichzeitig beweist das Misstrauen der Apostel, dass

– Was erleben sie am Grab? (Erscheinungen, Anzahl der Engel, Botschaft)
– Wie reagieren die Frauen und die Jünger?
– Bezeichnen Sie in der Gruppe den nach Ihrer Ansicht wichtigsten Satz dieses Textes.

📁 ca. 20 Biblische Figuren, Tücher u. Ä.

ALTERNATIVE 1:

Die Untergruppen einigen sich auf eine Szene aus ihrem Evangelientext. Diese Szene stellen sie mit biblischen Figuren. Im Vergleich der vier gestellten Szenen werden die meisten Gemeinsamkeiten und Unterschiede sehr deutlich.

📁 Papier, Stifte

ALTERNATIVE 2:

Die jeweiligen Textpassagen können von den TN auch skizzenartig gemalt werden.

Für beide Alternativen:

Ein Austausch in der Gruppe mit Ergänzungen durch L schließt sich an.

Zum Vergleich kann die entsprechende Passage aus dem Petrusevangelium herangezogen werden (L 14).

Inhalt	Methode

die Jünger/innen Jesu nicht leichtgläubig waren. Da Lk im griechisch-römischen Kulturkreis schreibt, muss er stärker als die anderen Evangelisten den leiblichen Charakter der Auferstehung betonen. Lukas „malt" auch sonst stärker leibhaft.

<u>Johannes:</u>
Nur bei Joh geht Maria von Magdala allein zum Grab. Sie begegnet dem Auferstandenen, der ihr die Botschaft an die Jünger aufträgt, sodass die Engel bei Joh keine eigene Rolle haben.

Die gravierenden <u>Unterschiede</u> zeigen, dass die Evangelisten selbst die Vorgänge beim Grab, die Erscheinung und Botschaft der Engel nicht in erster Linie als „Reportagen" verstanden haben, sondern als anschauliche Verkündigung der Osterbotschaft.

4. Abwehr der Betrugshypothese
Nicht die Tatsache des leeren Grabes selbst begründet den Osterglauben. Dennoch gewinnt das Grab besonders bei Mt an Bedeutung. Mt reagiert bereits auf eine Diskussion, in der das „leere" Grab als Beweis für die Auferstehung infrage gestellt war. Die matthäische Grabwächtergeschichte weist den Vorwurf zurück, die Jünger hätten den Leichnam Jesu beseitigt, um eine Auferstehung vorzutäuschen, und wendet ihrerseits ironische Anti-Polemik an. „Die Gegner, die Jesus einen ‚Betrüger' nennen und einen Betrug der Jünger verhindern wollen, werden am Ende selbst zu Betrügern" (Helmut Merklein). Interessant ist, dass die Gegner nicht die Tatsache des leeren Grabes leugnen, sie jedoch anders interpretieren.

Die talmudische Version erzählt von einem Gärtner namens Juda, der den Leichnam Jesu beseitigt habe, um eine Verehrung des Grabes durch die Jünger zu verhindern. Diese Verdächtigung möchte vielleicht die Gärtnergeschichte Joh 20,11-23 entkräften.

Auffällig ist, dass sowohl die Jünger wie die Gegner Jesu von einem leeren Grab ausgehen, es allerdings je anders deuten und beurteilen. Doch die Geschichte vom leeren Grab begründet nicht den Osterglauben, sondern setzt ihn voraus.

Einführung in die erzählende Tradition

→ Auferstehungsformeln, Grabesgeschichten und Erscheinungsgeschichten werden als verschiedene Traditionsstränge der einen Osterbotschaft sichtbar.

🕒 15 Min., Kleingruppe

Die Grabeserzählungen sind historisch später als die Bekenntnisformeln entstanden, die das erste Zeugnis des urchristlichen Glaubens sind. Diese im NT bereits überlieferte bekenntnishafte Tradition zeigt zwar vielfache Bezeugungen des Glaubens an

| Inhalt | Methode |

den Auferstandenen, aber kaum Erzählerisches, Entfaltetes, z. B. noch kein Wort vom leeren Grab.

Die Kurzformeln des Glaubens gehören der ältesten Traditionsschicht an, während die Ostererzählungen eine jüngere Überlieferungsschicht darstellen und auch einer anderen literarischen Gattung zugehören. Sie sind keine protokollarischen Berichte, sondern symbolträchtige Geschichten, die erzählerisch ein schon bekanntes Geschehen veranschaulichen, deuten und bezeugen. Die Grabesgeschichten bezeugen dabei „hier ist er nicht", während die Erscheinungsgeschichten betonen: „er ließ sich sehen". Beide laden zur gläubigen Annahme der Osterbotschaft und zur persönlichen Begegnung mit dem Auferstandenen ein.

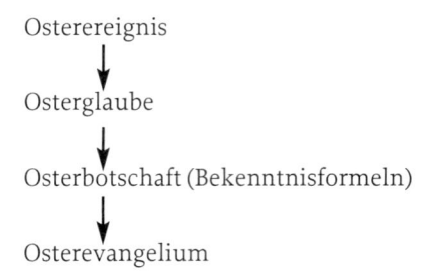

Ostereignis
↓
Osterglaube
↓
Osterbotschaft (Bekenntnisformeln)
↓
Osterevangelium

Ebenso wie die bekenntnishafte Tradition wollen die Ostergeschichten auf ihre Weise bezeugen: Der Gekreuzigte ist wirklich auferstanden.

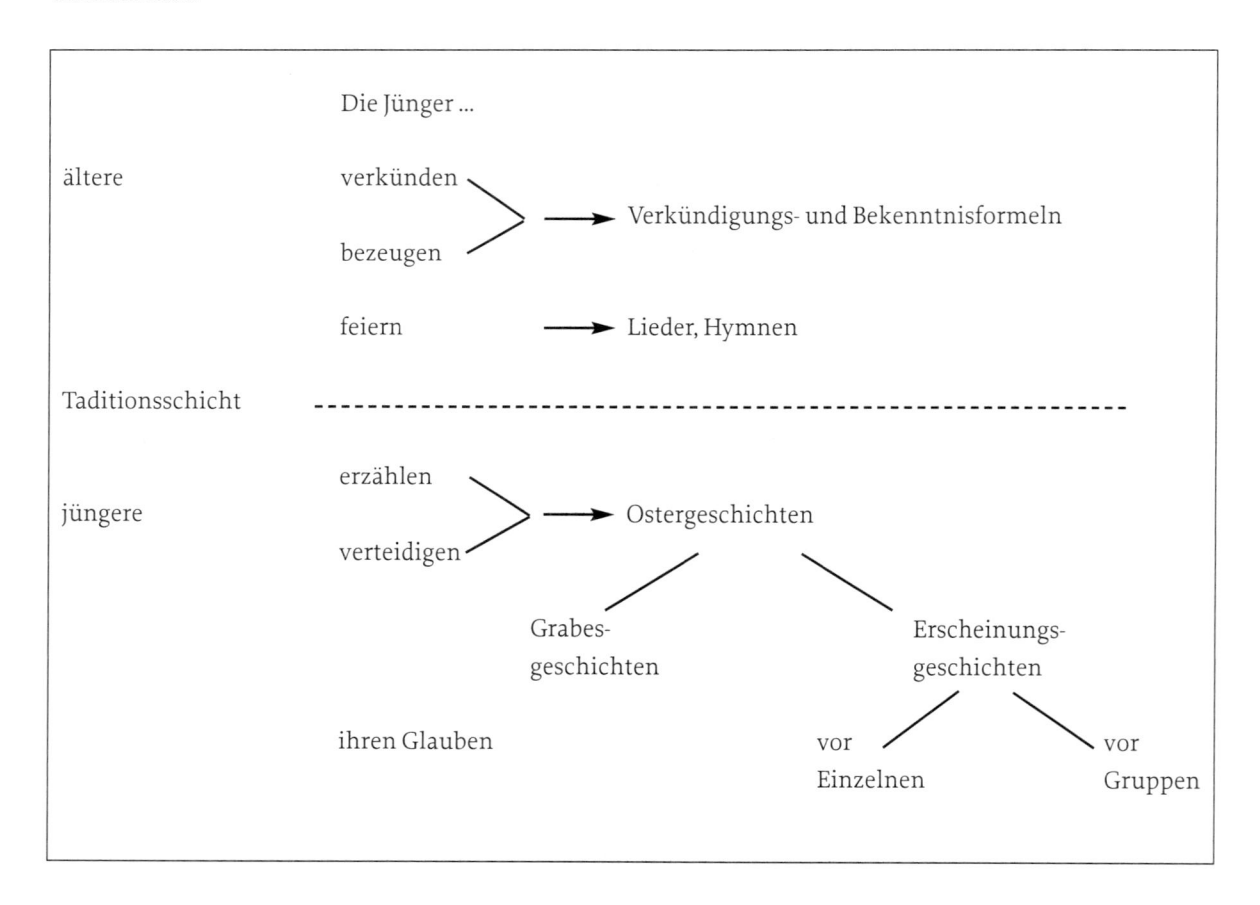

```
                    Die Jünger ...

    ältere          verkünden ⟶
                               ⟩  ⟶ Verkündigungs- und Bekenntnisformeln
                    bezeugen  ⟶

                    feiern    ⟶ Lieder, Hymnen

    Taditionsschicht  --------------------------------------------------

                    erzählen  ⟶
    jüngere                    ⟩  ⟶ Ostergeschichten
                    verteidigen⟶                   /            \
                                          Grabes-          Erscheinungs-
                                          geschichten      geschichten
                                                          /           \
                    ihren Glauben              vor                  vor
                                               Einzelnen            Gruppen
```

Inhalt	Methode

Aneignung: Vertonte Grabesgeschichte

→ Die Aktualisierung in der Vertonung des Willms-Textes durch Janssens oder die Steinmeditation führen die Erfahrungen des „Begraben habens" vom Einstieg weiter.

⏱ 20 Min.

Die Suche der Frauen kann heute nicht wiederholt werden. Es geht jedoch auch heute um die Glaubenserfahrung, dass das Leben stärker ist als der Tod, dass wir von unseren Gräbern weggeholt werden, um dem Herrn im Galiläa des Alltags zu begegnen.

Wilhelm Willms und Peter Janssens nehmen in Text und Musik die Erfahrungen der Frauen auf und aktualisieren sie für heute.

    Textblatt (A 4)
    CD W. Willms / P. Janssens, AVE EVA, Teil 2, Abschnitt: die anderen marien – gemeindelied

Anhören in der Runde, evtl. kurzer Austausch.

ALTERNATIV: Steinmeditation

Stein
Stein vom Grab Jesu
Wer wird uns den Stein wegwälzen?

Stein, der auf mir liegt
Schwer, belastend, bedrückend, erdrückend
Den ich mit mir herumschleppe
Der mein Leben schwer macht
Der mich zum verschlossenen Grab macht

Stein in mir
Verhärtungen in mir
Versteinerungen
Stein in meinem Bauch
An meinen Füßen
Stein, der mir ans Herz gewachsen ist
Versteinertes Herz

Selbst Stein sein
Stein, der anderen den Weg versperrt
Stein des Anstoßes

Wer wird mir den Stein wegwälzen?
Und was dann?

Weggewälzter Stein
Stein, den ich endlich loslassen kann
Stein, der mir vom Herzen fällt
Stein, der weich wird und warm
Der in Bewegung gerät
Durch die Berührung eines anderen, eines Engels.

    Steine nach der Anzahl der TN
Tr 91 / Se 269

Jede/r TN holt sich aus der Kreismitte einen Stein. Bei leiser, meditativer Musik geht jede/r den Gedanken nach, die der Stein auslöst, während jede/r den Stein befühlt, in der Hand wiegt, wärmt, drückt …

Nach einer Weile gibt L einige Impulse (Steinmeditation).

Nach diesen Impulsen legen die TN nacheinander den eigenen Stein in die Mitte, um eine Kerze herum. Sie können dazu einen Satz sagen: „Ich lege hierher den Stein …"

Zum Abschluss wird das Lied gesungen: „Manchmal feiern wir mitten im Tag" (Tr 91; Se 269).

Inhalt	Methode

Gottesdienstfeier
Österliche Feier (L 17)

Sonntagmorgen
Morgenimpuls
Der Himmel geht über allen auf – Konkretisierung der Auferstehungserfahrung im Lied (L 16)
ALTERNATIV: M. Grünewald: Auferstehung – Bildbetrachtung (L 16)
⊙ 20 Min., Plenum

Vierte Einheit
Erscheinungsgeschichten: Maria von Magdala begegnet dem Auferstandenen (Joh 20,1-2.11-18)

→ In der Erzählung über die Begegnung Marias von Magdala mit dem Auferstandenen lernen die TN exemplarisch die Form der Erscheinungserzählungen kennen als dritte Form der Verkündigung der Osterbotschaft.
⊙ 90 Min., Kleingruppe

Inhalt	Methode
Bildbetrachtung: Noli me tangere (Martin Schongauer) → Über das Bild von M. Schongauer kommen die TN zu ersten Eindrücken der zentralen Szene dieser Erscheinungsgeschichte. ⊙ 15 Min., Kleingruppe Das Osterbild „Noli me tangere" (Berühre/ergreife mich nicht), zugeschrieben Martin Schongauer (um 1450–1491), stammt vom ehemaligen Hochaltar der Dominikanerkirche in Colmar. Christus trägt die Siegesfahne, der Garten ist ein Bild blühenden Lebens. Zentrum der sich kreuzenden Diagonalen des Bildes ist der Raum zwischen den beiden Händen von Christus und Maria. Die „Berührung" geschieht im Abstand.	Dia: M. Schongauer (aus: J. Zink: DiaBücherei Christliche Kunst, Bd. 11); Diaprojektor Die TN betrachten das Bild und sammeln, was sie sehen: den Garten, Farben, Früchte, Maria.
Wer ist diese Frau? → Im Sammeln der Vorkenntnisse wird die Gestalt Marias von Magdala erkennbar; evtl. unbiblische Verbindungen werden geklärt. ⊙ 15 Min., Kleingruppe Maria von Magdala, von Jesus befreit (Lk 8,2), hat ihm ihre Liebe geschenkt, ihn begleitet auf seinem Weg bis zum Kreuz (Mt 27,55f.; Joh 19,25), seinen Tod betrauert und wurde nach allen vier Evangelien zur ersten Zeugin seiner Auferstehung – und daher in der frühen Kirche als „Apostolin der Apostel" bezeichnet. (In der Tradition wurde sie dann unbegründeterweise mit der reuigen Sünderin von Lk 7,37-50 sowie mit der Schwester des Lazarus gleichgesetzt.)	Im Gespräch sammeln die TN, was sie über Maria von Magdala wissen oder mit ihr verbinden, welche bildlichen Darstellungen, literarische Gestalten oder Filme ihnen einfallen. Je nach Gruppe kann hier auch gefragt werden: Hat Maria von Magdala eine Bedeutung für mich?

Inhalt	Methode

Szenisches Lesen und Gespräch

→ Im szenischen Lesen wird die Bewegung Marias deutlich (besonders das mehrmalige Umwenden) und es zeigt sich, dass die äußere Bewegung auch Symbol für die innere Bewegung ist. Das Gespräch nimmt die wesentlichen Aspekte dieser Begegnungserzählung auf.

⏱ 50 Min., Kleingruppe

📄 Text Joh 20 (A 3-2)
🛍 Tücher, evtl. Beschriftungen der Orte

Maria von Magdala ist bei Joh der Typus Mensch, der Jesus mit der ganzen Intensität seines Herzens liebt, dem sich aber in der Nacht der Trostlosigkeit der Blick verdunkelt (V. 1).

Maria ist auf der Suche nach dem, was von ihrem einstigen Glück geblieben ist, auf der Suche nach einem Leichnam. Das geöffnete Grab lässt sie nicht auf die Auferstehung schließen (wie sich auch der Glaube der Urgemeinde nicht darauf gründet), sondern nur darauf, dass dieser Leichnam, der ihr alles bedeutet, weggenommen worden ist. Klagend wendet sie sich an diejenigen, die zum Herrn gehören (V. 2).

Sie kann sich nicht vom Grab trennen, klammert sich an das Vergangene, ist noch auf den Tod hin orientiert, dessen Symbol das Grab ist. Aber sie läuft nicht davon, wie z. B. die Jünger auf dem Weg nach Emmaus, die von der Enttäuschung fortgetrieben werden. Maria wagt es, trotz des römischen Verbots, Hingerichtete öffentlich zu betrauern, des Nachts zum Grab zu gehen. Sie weint, setzt sich der Trauer aus, der Nacht, dem Schmerz, der Liebe, dem Tod, dem Leben. Tränen, die „Trauerarbeit", bringen das Verhärtete zum Fließen, brechen die Trauernde auf für die Verwandlung. Und dabei „beugte sie sich vor in das Grab hinein" (V. 11). Sie wendet sich der Todeserfahrung mit ihrem ganzen Sein zu, und da geschieht etwas mit ihr. Sie „sieht" etwas Unerwartetes, das ohne Worte eine Botschaft gibt. Noch weiß sie die Zeichen nicht zu deuten. Sie bleibt befangen im Dunkel des Todes. Doch sie lässt sich von den Engeln fragen nach dem Grund ihrer Klage. Ihre Antwort zeigt, dass die Sorge der Gemeinde (V. 2) zu ihrem ganz persönlichen Anliegen geworden ist (V. 13).

Erst als sie sich umdreht, umkehrt, sich vom Grab weg- und damit dem Leben zuwendet, sieht sie – aber nur das, was ihr im momentanen Erwartungs- und Deutungshorizont – dem Garten – möglich ist: den Gärtner (V. 14). Von ihm lässt sie sich erneut fragen nach ihrem Schmerz und nach ihrer Liebe. Ihre Antwort erinnert an die Suche der Braut des Hohenliedes nach ihrem Bräutigam: „Des Nachts suchte ich ihn und fand ihn nicht ... Habt ihr ihn gesehen, den meine Seele liebt?" (Hld 3,1-3).

Aber immer noch ist es der „Tote", den sie „nehmen" (V. 15), festhalten möchte. Sie ist weiter nach rückwärts gerichtet, möchte die Vergangenheit zurückholen, den Leichnam konservieren. Erst als Jesus sie mit ihrem Namen ruft, lässt sie ab von ihrer Suche nach dem Toten und „wendet sich um" (V. 16) hin zum Lebenden. Die Nennung des Namens bewirkt die Wende: Ange-

Im Raum werden mit Tüchern oder beschrifteten Plakaten der Weg, die Orte Jerusalem und das Grab festgelegt. Die im Text vorkommenden Personen (Jesus, Maria, die Engel, die Jünger) vollziehen die Bewegung des Textes nach, während der Text vorgelesen wird. (Aufgrund der wörtlicheren Übersetzung wird Joh 20 nach dem Arbeitsblatt A 3-2 verwendet.) Die anderen TN achten auf die Bewegungen, die sich im Lauf des Textes ergeben. Vor allem „Maria" muss sich beim szenischen Lesen genau an die „Regieanweisungen" des Textes halten. Das Ergebnis ist überraschend und löst oft intensive Gespräche aus (doppeltes Umwenden).

Im anschließenden Gespräch geht es zunächst um die Erfahrungen des szenischen Lesens, sowohl bei den TN, die Rollen übernommen haben, wie bei den Beobachtern. Wie ging es den einzelnen TN mit ihrer Rolle, ihren Bewegungen? Im zweiten Schritt geht es um den Text: Welche Bewegungen des Textes sind dabei sichtbar geworden?

Danach kann sich das Gespräch den einzelnen Motiven des Textes zuwenden: Trauern, Umgehen mit Trauer, Sich umwenden, Festhalten und Loslassen; neuer Auftrag, sich auf einen Weg machen ...

Inhalt	Methode

sprochen mit ihrem Namen, weiß sich Maria erkannt (vgl. Joh 10,3.4.27 und Jes 43,1). Jetzt kommt sie zu ihrem Osterbekenntnis, erkennt sie Jesus: „Rabbuni – Mein Meister!" Doch ihr Weg geht weiter: Wieder möchte sie festhalten: ihren neuen Glauben und ihr neues Glück. Der Lebende aber lässt sich nicht in Besitz nehmen, sondern er führt Maria hinaus in die Weite, gibt ihr einen neuen Auftrag (V. 17). Sie wird zur Gesandten, wächst aus der Schülerinnenrolle heraus. Maria lässt sich auf diesen Weg weisen. So wird sie für die Jünger, für die Gemeinde zur ersten Botin und Zeugin des neuen Lebens: „Ich habe den Herrn gesehen" (V. 18). Die eigene Begegnung führt zum Osterglauben.

Der Weg Marias, mit ihrer Trauer und ihrer Enttäuschung fertigzuwerden, entspricht dem Weg der Emmausjünger. Die Erzählung ist eine Geschichte der immer neuen Umkehr, des Sich-umwendens. Maria von Magdala wendet sich den Todeserfahrungen ganz zu und wird dadurch herausgeholt für die Erfahrungen neuen Lebens.

Noli me tangere (M. Schongauer – Ausschnitt)

→ Die zweite Bildbetrachtung nimmt den Beginn der Kurseinheit auf und gibt zugleich Raum für die erarbeiteten Anteile.

⊙ 10 Min., Kleingruppe

Im Bildausschnitt von Schongauer wird die dichte Begegnung zwischen Christus und Maria von Magdala fast spürbar (die Zuwendung ebenso wie das Freigeben aus der früheren Beziehung).

📁 Dia 53 und 54 Noli me tangere (M. Schongauer) – Bildausschnitt (aus: J. Zink: DiaBücherei Christliche Kunst, Bd. 11)

Bildbetrachtung

Vierte Einheit – ALTERNATIV
Erscheinungsgeschichten: Erscheinung Jesu am Meer von Tiberias (Joh 21,1-14)

→ Die Begegnung des Auferstandenen mit den fischenden Jüngern steht exemplarisch für die Erscheinungserzählungen, der dritten Form der Verkündigung der Osterbotschaft.

⊙ 90 Min., Kleingruppe

Inhalt	Methode

Welcher Vers spricht mich an?

→ Entdeckung eines Verses, der heute die TN anspricht.

⊙ 30 Min., Kleingruppe

📁 (Farb-)Stifte, Papier

Nach dem Lesen des Textes suchen sich alle TN den Vers, das Wort oder das Motiv, das sie am meisten anspricht, und gestalten es mit Farben auf einem Blatt Papier (schreibend oder malend).

Dies mündet in eine Anhörrunde.

Inhalt	Methode

Die Begegnung mit dem Auferstandenen

1. Erklärungen

→ Die Einleitung klärt Schwerpunkte des Textes und evtl. Fragen der TN.

◔ 30 Min., Kleingruppe

Die Erzählung beginnt in tiefer alltäglicher Niedergeschlagenheit und findet ihren Höhepunkt in der Begegnung mit dem Auferstandenen und einem neuen Auftrag an die Jünger. Wie die Emmauserzählung und die Erzählung von Maria von Magdala läuft Joh 21 auf eine Wiedererkennungsszene zu.

Im Unterschied zu anderen Evangelisten überliefert Johannes Erscheinungen des Auferstandenen in Jerusalem (Joh 20) und in Galiläa (Joh 21). Der mögliche historische Hintergrund ist die Rückkehr oder Flucht der Jünger aus Jerusalem zurück in ihre alte Heimat. Hier geschieht die neue Sammlung zur neuen Gemeinschaft aufgrund der Ostererfahrungen, durch den Auferstandenen. Dies ist Zeugnis entstehender christlicher Gemeinden auch in Galiläa, nicht nur in Jerusalem.

Joh 21,1-14 zeigt die Jünger am See von Tiberias, zurück in ihrem alten Beruf, als hätte es Jesus und seine Verkündigung nicht gegeben. Doch dies ist zunächst von Erfolglosigkeit begleitet (VV. 1–3). Wie die Emmausjünger und Maria von Magdala begegnen die fischenden Jünger einem Unbekannten, den sie nicht erkennen (VV. 4–6). Ihm gestehen sie ihre Erfolglosigkeit und lassen sich zu neuem Tun motivieren. Die unerwartete Fülle der Fische (die Symbolik der Zahl 153 ist unklar) führt zum Erkennen des Herrn. Ähnlich wie bei der Grabesgeschichte erkennt der Jünger, den Jesus liebte, den Herrn (Joh 20,3-10), doch Petrus ist es, der die Sicherheit des Bootes aufgibt und die Führung übernimmt (VV. 7–8).

Wieder wird das Mahl (VV. 9–10) zum Zeichen der Identität des Auferstandenen mit dem irdischen Jesus. Der nach etwas Essbarem gefragt hat, hat selbst ein Mahl bereitet. Wie bei den Emmausjüngern kommt Jesus und stiftet im Mahl neue Gemeinschaft (V. 14).

Schon zu Lebzeiten Jesu war der See Tiberias Ort der Offenbarung Jesu: Geschichte vom reichen Fischfang (Lk 5,1-11), Speisung der Fünftausend (Joh 6,1-15), Jesu Seewandel und der sinkende Petrus (Mt 14,22-33).

Der Textabschnitt ist tief in in das Johannesevangelium eingebunden. In Joh 21,1-14 erfolgt die Sammlung der Jünger und in 21,15-29 die Sendung. Joh 21 schließt an das Schlusswort in 20,30f. an – vermutlich ist das Kapitel ein Nachtrag. Dass im Textstück verschiedene Traditionen ineinandergehen, darauf deuten u. a. eine Reihe von Doppelungen: bereit stehendes Mahl (VV. 9 + 10), zweimaliges Ziehen des Netzes (VV. 8 + 11); zweimaliges Erkennen Jesu (VV. 7 +12).

Gespräch über wesentliche Motive, die den TN auffallen und Klären von Fragen.

Inhalt	Methode

2. Impulse

→ Die Impulse ermöglichen den TN, den eigenen Standort innerhalb der Erscheinungserzählung auszudrücken.

⏷ 30 Min., Kleingruppe

1. *„In jener Nacht fingen sie nichts – und nicht mehr konnten sie es hochziehen vor der Menge der Fische"*
– Nachterfahrungen, Erfolglosigkeit, Leere …
– Jesus kommt in die eigene Nacht
– Die Nacht der Jünger und die Morgenfrühe des Auferstandenen
– nach der erfahrenen Nacht stellen sich Licht und Fülle ein.

2. *„Habt ihr etwas Essbares? – Kommt und haltet Mahl"*
– sich fragen lassen von einem Unbekannten …
– sich in der eigenen Blöße und Brotlosigkeit zeigen …
– Wovon lebe ich? Was nährt mich?
– Wer nach Essbarem fragt, erweist sich u. U. selbst als Brot

3. *„Werft die Netze auf die rechte Seite"*
– Erfahrenen Fischern muss diese Aufforderung verrückt erscheinen …
– Nicht in den Grenzen der eigenen Erfahrungen gefangen bleiben; das eigene Erfahrungswissen loslassen; hinausgehen aus dem Eigenen …
– sich auf Neues, Ungewohntes, Fremdes, sich auf einen Fremden einlassen …
– Nicht im eigenen Namen, im Namen eines anderen „fischen"

4. *„Es ist der Herr"*
– Woran erkennen die Jünger, dass es der Herr ist?
– Woran erkenne ich den Herrn?

5. *„Petrus wirft sich ins Meer"*
– das schützende Boot verlassen, den überraschenden Erfolg loslassen, ins Meer springen

6. *„Es sagt ihnen Jesus: Kommt, haltet Mahl – Jesus kommt und nimmt das Brot und gibt ihnen"*
– Jesus kommt, obwohl er doch eigentlich schon da ist …
– Wie geschieht Kommen Jesu?
– Die Jünger werden eingeladen zu kommen: Woher? Wohin?
– Und niemand wagte, ihn auszuforschen: Du, wer bist du? … Was ist so schlecht an dieser Frage?
– Brotteilen, Gemeinschaft und neues Leben.

ALTERNATIV (zu den Impulsen): Bildmeditation:
Sieger Köder, „Es ist der Herr"
Bild aus dem Altar in Wasseralfingen. Das vom bereiteten Mahl ausgehende Licht fällt auf die Jünger, blendet sie sogar. Zugleich bricht im Hintergrund der Morgen an. Der Auferstandene selbst bleibt unsichtbar, verborgen in Fisch und Brot.

📁 sechs Plakate mit je einem Impuls

Sechs Plakate mit je einem Satz aus dem Text (1–6, ohne die erläuternden Anregungen und Fragen) liegen im Raum. Die TN gehen umher und entscheiden sich für die Anregung, die sie am meisten anspricht.
Die an den jeweiligen Plakaten entstehenden Gruppen kommen ins Gespräch.

In einer Abschlussrunde haben die TN Gelegenheit, von ihrem „Standpunkt" aus einen Satz zu sagen: an Jesus, an die Jünger, an die anderen Gruppenteilnehmer/innen.

📄 S. Köder, „Ostermorgen am See" (K 3)
An das Gespräch mit Erklärungen, Motiven kann sich auch eine Bildmeditation anschließen.
Dies geschieht in zwei Schritten:
1. Die TN sagen, was sie sehen.
2. Jede/r versucht, in ein persönliches Gebet zu bringen, was ihn/sie vom Text und Bild her bewegt.

Fünfte Einheit
Zusammenfassender Überblick über das Osterereignis, die Ostererfahrung, das Osterbekenntnis und die Osterverkündigung

→ Das Referat im Plenum fasst das in diesem Kursteil Erarbeitete zusammen und vertieft es. Gleichzeitig zeigt es die großen zusammenhängenden Linien auf.

⊙ 60 Min., Plenum

Inhalt	Methode
Im Überblick werden die verschiedenen Ebenen von Osterereignis, Erfahrung der Zeug/innen, das Osterbekenntnis und die Verkündigung in Grabes- und Erscheinungserzählungen nochmals zusammengefasst.	Die Entstehung des Osterglaubens 📄 Schaubild (L 13) Inhaltliche Schwerpunkte S. 72 Veranschaulichung im (Folien-)Schaubild, das stückweise aufgedeckt wird.
Einführung in die Nachbereitung Die TN erhalten außerdem die Literaturliste.	📄 Nachbereitung (A 7) Literaturliste (A 8)
Blitzlicht ⊙ 15 Min., Untergruppen im Plenum Im Blitzlicht geben die TN sich selbst/oder der Gruppe eine kurze Rückmeldung zum vergangenen Kursteil oder auch zum Ende einer Einheit. Wichtig ist dabei, dass die einzelnen kurzen (!) Beiträge nicht kommentiert werden. Das Blitzlicht ist keine Diskussion. Inhalte des Feedbacks können die Sachthemen des Kursteils, persönliche Erfahrungen und/oder die Gruppe sein.	In einer kurzen Runde äußern die TN Eindrücke, Wünsche, Schwierigkeiten zum vergangenen Kursteil.

Sechste Einheit
Die beiden Erzählungen von der Entrückung Jesu in den Himmel (Lk 24,44-53; Apg 1,1-11)

→ Über die Erzählung von der „Himmelfahrt" Jesu findet sich die Verbindung zwischen den Ostererfahrungen der Jünger und dem frühen Gemeindeleben. Zugleich kann in diesem Textabschnitt nochmals synoptisch gelesen werden.

⊙ 2 Std.

Inhalt	Methode
Besprechung der Nachbereitung → Die Nachbereitung vertieft den vorangegangenen Kursteil und gibt Gelegenheit, Fragen zu klären. ⊙ Je nach Intensität und Gruppe, ca. 30 Min. Einstieg mit dem Lied: Der Himmel geht über allen auf	📄 Nachbereitung (A 7) 🛍 Se 626; Tr 785 Die Blätter mit der Nachbereitung werden besprochen und auftretende Fragen geklärt.
Die Entrückung Jesu in den Himmel *Wirkungsgeschichte und Vorerfahrungen* → Die TN sammeln die vielfältigen Vorkenntnisse, Erfahrungen, Assoziationen, die sie mit „Himmelfahrt" und „Himmel" verbinden. ⊙ 20 Min. Kirchenlieder, bildliche Darstellungen und vielfach auch das Brauchtum rund um das Fest „Christi Himmelfahrt" haben die	🛍 Unterschiedliche Abbildungen der Himmelfahrt Jesu Die verschiedensten Abbildungen von der Himmelfahrt Jesu liegen aus. Die TN lassen sich davon anregen, ihre Vorkenntnisse, Ideen, Gefühle, Assoziationen rund

Inhalt	Methode

Vorstellung eines zeitlich-räumlichen Vorgangs nahegelegt (vgl. GL 228). (Vgl. die doppelte Bedeutung von „Himmel" im Deutschen und die englische Unterscheidung „sky" und „heaven".)

um die Himmelfahrt Jesu auszudrücken. Diese können auf einem Plakat gesammelt werden.

Die beiden Erzählungen von der Entrückung Jesu greifen auf Vorstellungsmodelle zurück, wie sie auch für die Osterereignisse verwendet wurden: Hinübergang zum Vater in die Herrlichkeit, Einsetzung in Macht, Herrscherstellung, Erhöhung … Vor allem die johanneische Darstellung (vgl. Joh 13,1 „aus dieser Welt zum Vater hinüberzugehen") ist für das Verständnis der lukanischen Entrückung hilfreich.

Im Gespräch erinnern sich die TN an die verschiedenen Deutungs- und Interpretationsmodelle, mit denen die frühen Christen die Osterereignisse darzustellen versuchten.

Arbeit mit dem Text – Vergleich Lk und Apg
—▷ Das Erkennen von Unterschieden zwischen Lk und Apg, atl. und außerbiblischer Vorbilder führen zur eigentlichen Aussage der Texte.
Während im Evangelium die Ostererzählungen und besonders die Erzählung der Himmelfahrt Jesu das Ende des Buches bilden, ist die Erzählung von der Aufnahme Jesu in den Himmel in der Apostelgeschichte der Beginn des Buches. Hier stimmt sie die frühen Christ/innen nach der Unterweisung des Auferstandenen ein auf die Zeit der Kirche.

1. Die zeitlichen Angaben
⏱ 20 Min.

Lk konzentriert in seinem Evangelium alle Ostergeschichten auf den ersten Tag der Woche, den Ostertag. Vgl. dazu Lk 24,1.13.33.36.50.51. Lk bedient sich gerne der bei antiken Schriftstellern häufigen Kompositionstechnik, seinen Büchern einen festen Rahmen zu geben.
Im Gegensatz dazu steht die Angabe von 40 Tagen aus Apg 1,3.
Dass Lk keine Chronologie geben will, zeigt neben 24,51 auch Apg 13,31; vgl. auch 1 Kor 15,5ff. Die 40 Tage können durch die Datierung des Pfingstfestes (50 Tage nach Pessach) bedingt sein. Vor allem jedoch hat die Zahl 40 in den biblischen Texten eine symbolische Bedeutung. Sintflut (Gen 7,4), Wüstenzug (Ex 16,35), Aufenthalt des Mose auf dem Sinai (Ex 34,28), Reise der Kundschafter (Num 13,25), Weg des Elija zum Horeb (1 Kön 19,8), Wüstenaufenthalt Jesu (Lk 4,1) usw.
Die Zahl 40 zeigt eine Übergangs-, Reife- oder Unterweisungszeit an. Wie Jesus sich zu Beginn seines Wirkens 40 Tage in der Wüste vorbereitete, so werden seine Jünger nun 40 Tage auf ihren Dienst vorbereitet.
Lk will hier einerseits die Kontinuität der Verkündigung des irdischen Jesus und des Erhöhten aufzeigen (vgl. Apg 1,1-3), andererseits aber auch eine (relative) Zäsur zwischen der Zeit Jesu und der (nach den 40 Tagen bzw. mit Pfingsten beginnenden) Zeit der Kir-

In Einzelarbeit lesen die TN Lk 24 mit der Frage: In welchem Zeitraum finden die in Lk 24 beschriebenen Ereignisse statt?
Die TN vergleichen im Gespräch dies mit dem liturgischen Jahr und der Angabe von 40 Tagen in Apg 1,3.
– Welche Bedeutung hat dies für ein historisches Verständnis?
– Was sagt die biblische Zahl von 40 Tagen? (Vergleich mit atl. Stellenangaben.)

L gibt eine kurze Erläuterung zur Apg als zweitem Band des lukanischen Doppelwerks.

Inhalt	Methode

che deutlich machen. Die späteren Zeugen werden nochmals über das Reich Gottes belehrt (vgl. Emmausjünger).

Lk 24,44-49 und Apg 1,1-8
⊙ 15 Min.

Apg 1,3: Beziehung zum ersten Buch und zu Jesu Wirken („vom Reich Gottes gesprochen")

Lk 24,49; Apg 1,4: Anweisung, in Jerusalem zu bleiben, der Stadt, in der sich die Verheißungen Gottes erfüllen: Kontinuität der Heilsgeschichte.

Apg 1,6f.: Die falschen Vorstellungen und Erwartungen der Jünger („in dieser Zeit" / „Reich für Israel", vgl. Lk 24,21) werden korrigiert.

Lk 24,49 – Apg 1,8: Verheißung der Geisttaufe – Vorbereitung auf Pfingsten

Apg 1,8: Hier wird das Thema der Apg angeschlagen: Ausbreitung des Wortes Gottes bzw. des Zeugnisses für Jesus („ihr werdet meine Zeugen sein") in der Kraft des Heiligen Geistes. In Apg 28,16ff. sind Wort und Zeugnis in Rom angekommen.

- Lk 24 und Apg 1 (A 5)
- großes Plakat für die Gruppenmitte

Die TN lesen für sich die Texte Apg 1,1-8 und Lk 24,44-49. Jede/r schreibt auf ein großes Plakat, das in der Mitte liegt, auffallende Motive und Begriffe sowie sonstige Beobachtungen.

Austausch in der Runde und evtl. Ergänzungen durch L.

Lk 24,50-52 und Apg 1,9-11
⊙ 20 Min.

Um die Kontinuität und gleichzeitig den zeitlichen Einschnitt zu verdeutlichen, erzählt Lk in der Apg noch einmal die letzte Erscheinung des Auferstandenen, die er bereits im Evangelium erzählt hatte, und stellt damit auch literarisch den Anschluss an Lk 24,50-53 her. Innerhalb der Apg bildet die „Himmelfahrt" Jesu einen Rahmen. Damit verändert sich gegenüber dem Lukasevangelium ihr Schwerpunkt. Im Evangelium steht in Anlehnung an Sir 50,20-22 die Segensgeste des scheidenden Jesus (Lk 24,51) im Vordergrund, zusammen mit der Anbetung der Jünger und dem Gotteslob. Die Apg betont das beauftragende Wort Jesu an die Jünger und deren Augenzeugenschaft (fünfmal tauchen die Verben „schauen, sehen" auf) sowie die Gewissheit der Wiederkunft Jesu.

Die Erzählungen von der Entrückung Jesu beruhen auf den urchristlichen Deutungsmodellen und greifen auf biblische und außerbiblische Vorbilder zurück: z. B. Gen 5,24; 2 Kön 2,1-8; Sir 48,9.12; 1 Makk 2,58; 4 Esra 14; Jos Ant IV 8,48. Antike Schriftsteller erzählen leibliche Entrückungen von Romulus, Iphigenie, Herakles, Alexander dem Großen, Augustus, Platon, Aristoteles u. a.

Motive und Schema dieser Entrückungsberichte:
- (Abschiedsgespräch),
- plötzliches Entschwinden des ganzen Menschen,
- verhüllende oder tragende Wolke (vgl. Dan 7,13),
- Himmelserscheinungen (Donner, Blitz, Sturm usw.),

- Textblatt Lk – Apg (A 5)

EXKURS: Vorstellungen von Himmelsentrückungen (L 15)

Die TN lesen den Text gemeinsam. Entweder in Zweiergruppen oder in der ganzen Gruppe werden Beobachtungen dazu zusammengetragen und folgende Gesichtspunkte berücksichtigt:
– Gemeinsamkeiten und Unterschiede der beiden Erzählungen;
– die verschiedenen Ausdrucksweisen für die „Entrückung";
– evtl. ergänzende Informationen.

Wenn noch Zeit vorhanden ist, kann auf die alttestamentliche Vorstellung der Entrückung des Elija eingegangen werden und ein Textvergleich mit Livius (Entrückung des Romulus) erfolgen (vgl. L 15).

Inhalt	Methode

– Anwesenheit von Zeugen,
– nachfolgende kultische Verehrung oder Lobpreis Gottes.
Lk verkündet also christliche Botschaft mit zeitgenössischen „Medien" unter Berücksichtigung der Vorstellungen seiner Leser/innen.

Die erstaunliche Übereinstimmung von Apg 1,10-12 mit Lk 24, 4-9 zeigt, dass Lk die Engelszene bei der Entrückung nach dem Muster der Grabesgeschichte geformt hat. Damit wollte er die Entrückung für die Jünger deuten, so wie er am Grab die Auferweckung durch die Figur der Engel deuten ließ.

Vergleich der Engelsszenen von Apg 1,10-12 mit Lk 24,4-9.

Zur Intention des Lukas
⏳ 5 Min., Kleingruppe

Die Erzählung in Apg 1,1-8 bildet ein Gegenbild zur Erwartung der Wiederkunft Christi, die die Jünger hegten: Vgl. VV. 6–8. Die Jünger sollen nicht tatenlos in den Himmel schauen, sondern jetzt als Zeugen Jesu in dieser Zeit und Welt tätig werden, nachdem sie die Kraft von oben, die Verheißung des Vaters, den Heiligen Geist empfangen haben (vgl. Apg 2,33). Sie sind in die Gegenwart und in die ganze Welt (Heidenmission) gesandt.
Über die Wiederkunft Christi brauchen sie sich keine Sorgen zu machen. Sie ist gewiss. Diese Gewissheit zeigt Lukas auch in der Form der Entrückung Jesu an. Diese bietet bis in Einzelheiten das Gegenbild zur Wiederkunft Christi. Die Wolke, die Jesus verhüllt, entspricht der Wolke, auf der, nach urchristlicher Erwartung, Christus wiederkommen wird (Mk 13,26 par; Mt 24,30; Lk 21,27; Mk 14,62; Off 1,7; vgl. Dan 7,13).
Doch dazwischen liegt die Zeit des Geistes, die Zeit der Kirche aus allen Völkern, die Zeit des Zeugnisgebens. Diese beginnt in Jerusalem (vgl. V. 12).
Am Beginn der Apg ist die Entrückungserzählung gleichsam die Voraussetzung und Einleitung des Weges, von dem die Apg anschließend berichtet.

Lehrgespräch

Aneignungsphase
→ Die Lieder verdeutlichen nochmals, dass es nicht um eine Verortung des Himmels geht.
⏳ 10 Min., Kleingruppe

Gottes Himmel ist nicht da oben.
Er ist mitten unter uns – wenn wir Gott einlassen, den Himmel zulassen in uns, den Himmel und seine zerbrechliche Lebendigkeit, den Himmel und seine Offenheit für Überraschungen und Wunder, den Himmel und seine Weite für alles, was unser Greifen und Begreifen übersteigt.

📄 Moderne Texte zu „Himmelfahrt" (A 6)
📚 Se 250 / Tr 786

Meditatives Gespräch zu „Himmelfahrt" im Anschluss an das Lied von W. Willms oder an das Gedicht von A. Albrecht.

Arbeitsmaterialien für die Leiter/innen

L|1	M.-L. Gubler: Auferweckt als Erstling der Entschlafenen
L|2	Lied: Aufgebrochen bin ich
L|3	G. Lange: Eine Emmauspredigt von heute
L|4	Aktive Schriftmeditation zur Emmausgeschichte
L|5	S. Köder: Emmaus
L|6	Der Spannungsbogen der Emmausgeschichte
L|7	Reißbildgeschichte zur Emmauserzählung
L|8	Die ältesten Osterzeugnisse des Neuen Testaments
L|9	Alttestamentliche Vorstellungen für das imaginative und sprachliche Erfassen der Ostererfahrungen
L|10	E. Charpentier: Zwei Modelle
L|11	Moderne literarische Ostertexte
L|12	Der Spannungsbogen in den Grabeserzählungen
L|13	Die Entstehung des Osterglaubens und seine Bezeugung
L|14	Exkurs: Die Auferstehung Jesu nach dem Petrusevangelium
L|15	Exkurs: Vorstellungen von Himmelsentrückungen
L|16	Morgenimpulse
L|17	Anregungen für den Gottesdienst
K|2	Auferstehung (Isenheimer Altar)
K|3	S. Köder, „Ostermorgen am See"

Auferweckt als Erstling der Entschlafenen
Marie-Louise Gubler

Überraschende Wende

Das Neue Testament berichtet von einem überraschenden Neubeginn nach der Hinrichtung Jesu in Jerusalem. Dass aus dem verstörten Jüngerkreis wie ein Lauffeuer die Botschaft von der Auferweckung hervorging und innerhalb weniger Jahrzehnte das römische Imperium durchdrang, ist eines der erstaunlichsten Phänomene der Geschichte.

Eine geniale Fälschung kann den Jüngern und Jüngerinnen aufgrund ihrer einfachen Herkunft und ihrer schmerzlichen Erfahrung kaum zugetraut werden. Was lässt sich historisch festmachen? Am Anfang standen visionäre Erfahrungen und als Reaktion darauf die erneute Sammlung der Jüngergruppe. In den ältesten Glaubensformeln steht die Person Jesu, sein Tod und seine Auferstehung, sein Kommen von Gott und seine Erhöhung zu Gott im Zentrum, noch nicht seine Lehre. Alle Ostererzählungen betonen zudem auffällig den Zweifel jener, denen der Auferstandene „erschien". Hier sind keine leichtgläubigen Menschen, die sich vor weiteren Enttäuschungen schützen müssen. Was sie – zunächst stammelnd – bezeugen, ist, dass Gott selbst am toten Jesus gehandelt hat und dass darum seine „Sache" nicht verloren, sondern ganz neu gültig ist. Dafür greifen sie auf biblische Bilder zurück, die Israel im Lauf seiner leidvollen Geschichte geprägt hatte: Der Gerechte wird zu Gott „erhöht", der Fromme „entrückt" und aus dem Tod „auferweckt". Das Bekenntnis, dass Jesus zur „Rechten Gottes erhöht" worden sei, kehrt die erfahrene Realität paradox um: Wenn das Opfer eines Justizmordes als Weltenrichter kommt, bedeutet dies, dass die Täter sich vor ihrem Opfer verantworten müssen.

Dass die Vorstellung von der Totenauferweckung oder Totenauferstehung dominant wurde und sich durchsetzte, ist auffällig. Seit dem babylonischen Exil glaubten viele Fromme in Israel (vor allem die Pharisäer), dass Gott am Ende der Tage die Toten aus den Gräbern rufen und Gericht über die Menschen halten werde. Wenn von Jesus bekannt wird, dass Gott ihn „von den Toten auferweckt" habe, betont dies den Protest Gottes gegen das Unrecht, das bei der Hinrichtung an ihm geschah, und behauptet zugleich den Anbruch des Weltendes, denn die Totenauferweckung erfolgt „am Ende der Tage". Die Einsicht, dass Gott Jesus rehabilitiert und dadurch den Prozess vor Pilatus „annulliert" habe, und die Überzeugung der angebrochenen Endzeit gab den Jüngern und Jüngerinnen den Mut und die Dringlichkeit, erneut aufzustehen und Jesu Werk fortzusetzen. In unermüdlicher Verkündigung dieses Evangeliums vom gekreuzigten und auferweckten Jesus durchreisten Männer und Frauen den Mittelmeerraum und gründeten Gemeinden. Ihre Botschaft wurde von Sklaven und Freien, Armen und Begüterten, Juden und Nichtjuden gehört. Die überall entstehenden Gemeinden verstanden die egalitäre Gemeinschaft aller (Gal 3,28) als Vorwegnahme der neuen Welt Gottes, die Jesus verkündet hatte; in unerhörter Begeisterung formten sie die alten Gesellschaftsstrukturen (der polis und des oikos) um, traten den Mächtigen freimütig entgegen und nahmen Verfolgung und Tod auf sich. […] Sie wussten sich berufen, „Mitstreiter des Auferstandenen" (Kurt Marti) zu werden und als Brüder und Schwestern der Leidenden für ein Leben in Gerechtigkeit und Frieden einzutreten. Darum wurde das Kreuz Jesu für die ersten Christen – gegen seinen eigentlichen Zweck als Folterinstrument – zum Hoffnungszeichen. Und es dürfte nicht Zufall sein, dass die Verkündigung des auferstandenen Gekreuzigten heute in Gruppen und Basisgemeinden lateinamerikanischer, afrikanischer und asiatischer Kirchen als Protest gegen repressive Diktaturen und brutale Unterdrückung verstanden wird. Jesu Schicksal wiederholt sich im Schicksal unzähliger Gefolterter, Verschwundener oder Exekutierter, in der Ermordung ihrer Hoffnungsträger. So wird seine Auferweckung als Parteinahme und Protest Gottes verstanden – für die Opfer, gegen die zerstörerische Gewalt der Todesmächte. Das Kreuz des Auferstandenen kann so – trotz des jahrhundertelangen Missbrauchs als Unterdrückungswerkzeug und Triumphzeichen durch die Mächtigen – für Verfolgte und Leidende auch heute noch zum Hoffnungszeichen werden.

Illusion oder Wirklichkeit?

Wie kam es zu dieser Wende? Immer wieder steht die Ersterscheinung des Auferstandenen vor Petrus unter dem Verdacht, Halluzination als Folge seiner „Trauerarbeit" gewesen zu sein, die auf die anderen Jünger ansteckend wirkte und zu Massenvisionen führte (Lüdemann). Historisch ist diese Hypothese weder zu beweisen noch zu widerlegen. Allerdings macht E. Schweizer einige wichtige Einwände geltend: Im Gegensatz zu modernen Massenvisionen Verstorbener war etwa für Paulus die Botschaft des Erscheinenden von zentraler Bededeutung, auch finden die Erscheinungen des Auferstandenen im Neuen Testament nicht nachts oder im Traum statt und zudem an verschiedenen Orten und zu verschiedenen Zeiten, sodass diese isolierten Ereignisse nicht als Kettenreaktion verstanden werden können. In der vorpaulinischen Tradition (1 Kor 15,3-5) fehlt noch die Verbindung der Auferstehung Jesu mit der künftigen Totenauferstehung, sodass die Erscheinungen des Auferstandenen nicht als Garantie für ewiges Leben, sondern als Appell zum Zeugnis vor der Öffentlichkeit verstanden wurden. Paulus unterscheidet zudem sehr genau seine Erfahrung vor Damaskus als Grundlage seines Apostolats von anderen „Visionen und Offenbarungen", die ihm zuteilwurden (vgl. 2 Kor 11-12), und grenzt sie zeitlich ein: „Zuletzt von allen erschien er auch mir" – danach sah niemand mehr den Auferstandenen in derselben Weise. Die lukanische Tradition begrenzt die Zeit der einmaligen Ostererscheinungen der ersten Zeugen auf 40 Tage und unterscheidet sie so ebenfalls von späteren Visionen und Auditionen (Apg 13; vgl. Apg 20,26-32). Die Pfingsterzählung berichtet nicht von einer Erscheinung des Auferstandenen und enthält keinen Auftrag zur Verkündigung. Dass Massenhalluzinationen über lange Zeit den Lauf der Geschichte beeinflussen können, ist zumindest fraglich. Ein besonderes Problem bilden die Berichte von den Erscheinungen der Engel und Jesu vor den Frauen am offenen und leeren Grab. Selbst wenn das Motiv des nicht aufzufindenden Leichnams formgeschichtlich eher zur Entrückungstradition gehört (Erhöhung zum Himmel ohne Tod wie Elija, Henoch, Mose) und der „dritte Tag" auf die heilbringende Wende bei Hosea 6,2 zurückgehen könnte, wird der Tod Jesu unzweifelhaft bezeugt. Dass Frauen als Zeuginnen einer Offenbarung am Grab Jesu erwähnt werden, scheint unerfindlich, galten sie doch im Judentum des ersten Jahrhunderts nicht als anerkannte Zeugen. Als historisch wahrscheinlich nimmt Schweizer darum an, dass im Leben der Jünger ein eindeutiger Wechsel stattfand, der eine weltweit sich ausbreitende Bewegung auslöste, die ihren Ursprung in Kreuz und Auferstehung Jesu sah und in der die Männer und Frauen des Anfangs überzeugt waren, den auferweckten Jesus gesehen bzw. eine Offenbarung am Grab Jesu erhalten zu haben. Dies sind die konkreten und sichtbaren Spuren des historisch nicht fassbaren Ereignisses der Auferweckung Jesu in unserer Weltgeschichte. Nicht beschönigende Selbsttäuschung (Illusion), sondern eine alles verändernde, unsere sprachlichen Möglichkeiten aber übersteigende Wirklichkeit liegt hinter den vielschichtigen Osterzeugnissen des Neuen Testaments.

Die geschenkte Ganzheit der Geschichte

Dichter und Künstler haben seit jeher Unfassbares besser „zur Sprache" gebracht als theologische Diskurse, ganz besonders dort, wo es um das Unbegreifliche von Tod und Leben geht. Zwei jüdische Stimmen mögen für viele stehen:

„Immer / dort wo Kinder sterben / werden die leisesten Dinge heimatlos ..." (Nelly Sachs).

„Neue Zeichen / brennen / am Firmament / doch / sie zu deuten / kommt kein Seher / und / meine Toten / schweigen tief" (Rose Ausländer).

Der Tod ist nicht eine naturwissenschaftliche Frage, wie sich sichtbare Körperlichkeit und unsichtbare Geistigkeit zueinander verhalten, sondern ein menschliches Problem. Keine noch so kluge Antwort, sei sie fromm (die Seele zu Gott, der Leib zur Erde) oder drastisch-realistisch (Verwesung und Auflösung) oder philosophisch (Entbindung zur Eigentlichkeit, Befreiung aus dem Kerker), vermag die eigentlich menschliche Dimension zu benennen, die Sachs und Ausländer ansprechen: Der Tod bedeutet das Ende einer ganzen Welt (die Lebenswelt der Kinder) und einer Beziehung (meine Toten). Die „Heimatlosigkeit" der zurückbleibenden Dinge und die Hilflosigkeit angesichts des Schweigens der Toten und der fehlenden Zeichendeuter benennen andere Dimensionen des Todes. Die jüdisch-christliche Auferstehungshoffnung muss diesen menschlichen Fragen standhalten, soll sie nicht bloße Spekulation und abstrakte Theorie sein. Erst in der Leidenszeit des Babylonischen Exils und in der Religionsverfolgung des 2. vorchristlichen Jahrhunderts kristallisierte sich in Israel die Überzeugung heraus, dass Jahwe auch über den Tod hinaus ein „Gott der Lebenden" bleibt und darum die Gräber öffnet und in einem neuen Schöpfungsakt die Toten zum Leben erweckt. Und wie der Mensch als beseelter Leib in die Welt tritt und mit ihr kommuniziert, wird auch die Auferstehung der Toten als letzte Konsequenz des Schöpfungsglaubens ganzheitlich gedacht. [...] Die biblische Auferstehungshoffnung ist mehr als ein tröstendes Bild für Trauernde. Sie ist – in Verbindung mit dem Gerichtsgedanken – Protest gegen das zerstörerische Handeln von Menschen und ihre Weltverachtung. Sie enthält die Zuversicht, dass „in der Wahrheit der Geschichte auch das unbekannt Gebliebene" gilt (Buber), wenn dem Rechtlosen von Gott im Gericht Gerechtigkeit widerfährt. Die Auferstehungshoffnung ist das gemeinsame Erbe und die Zukunftsperspektive von Juden und Christen (und Muslimen), das ihr Verhältnis zur Welt als Schöpfung und ihr Engagement in der Gesellschaft bestimmen soll. Diese Hoffnung über das Grab hinaus findet Ausdruck im schönen Wunsch auf jüdischen Gräbern: „Möge deine Seele (d. h. Du) eingebunden sein im Bündel des Lebens" (nach 1 Sam 25,29).

Aus: Bibel und Kirche 1/1997

Aufgebrochen bin ich

Auf-ge-bro-chen bin ich, dich zu su-chen, den mei-ne See-le liebt. Mit glü-hen-dem Her-zen ver-langt mich, dich, mei-nen Herrn, zu sehn. Ich su-che dich, ich su-che dich, du selbst bist, der mich fin-det.

Text und Melodie: Sr. M. Carmen Ehlert

Eine Emmauspredigt von heute
Günter Lange

Die Homilie von Günter Lange zeichnet sich dadurch aus, dass sie sich in ihrem ersten Teil hart an den Text hält und dennoch Schritt für Schritt das „Damals" in unsere heutige Situation überträgt.

– Diese Geschichte – die Emmausgeschichte – als reinen Tatsachenbericht zu nehmen, wäre offensichtlich falsch. [...] Tatsächlich gibt es in der Umgebung Jerusalems mehrere Orte, die beanspruchen, das biblische Emmaus zu sein. Keiner ist exakt 60 Stadien entfernt. Das freut mich sehr, denn damit wird schon angedeutet: Emmaus kann *überall* sein.

– Der eine Jünger heißt Kleopas, der andere bleibt anonym. Jedermann (und jede Frau) kann so in die Geschichte hineinschlüpfen und sich darin wiederfinden. Die Emmausgeschichte ist offen dafür. Dass jemand nach drei Tagen derart mit Blindheit geschlagen ist, passt auch nicht zu unserer Tatsachenwelt. Vielleicht hätte man aber nach 30 Jahren Schwierigkeiten, einen alten Freund sofort wiederzuerkennen? Womöglich spielt also die Geschichte nicht nur damals am allerersten Ostertag, sondern zugleich eine Generation später, als Lukas sein Evangelium schrieb? ... Also spielt sie zugleich heute? Eine berechtigte Frage!

– Damit wir uns nicht missverstehen. Ich denke schon, es handelt sich nicht um eine frei erfundene Geschichte, sondern um eine Geschichte, in der die reale Ostererfahrung der Jünger anschaulich zusammengefasst ist; um ein bildhaftes Konzentrat dessen, was sie an Ostern und nach Ostern mit Jesus erlebt haben: dass er sich gezeigt hat; dass sie neu gelernt haben, wie er jetzt für sie da ist; dass sie zögerlich waren in ihrem Osterglauben und dass er sie doch in persönlichen Begegnungen von ihrer Blindheit geheilt hat.

– Und auf einmal – liebe Mitchristen – wenn ich es so sehen darf, ist auf einmal das Geschehen der Emmauserzählung nicht mehr so weit weg, sondern nah; auf einmal keine einmalige Geschichte bloß von damals mehr, sondern eine Art Modellfall für das, was immer geschieht, wenn Christen zum Glauben an den Auferstandenen kommen.

– Ich weiß nicht, ob Sie schon bemerkt haben, dass die drei Etappen dieser Geschichte den Teilen unseres sonntäglichen Gottesdienstes ähneln: Das Schriftgespräch, das sie zuerst führen, entspricht unserem Wortgottesdienst. – Die gastfreundliche Einladung an den Fremden (Essen/Übernachten) entspricht unseren Fürbitten, der Gabenbereitung und vor allem der Kollekte, in der wir für andere etwas abgeben, vom Eigenen mitteilen. – Ganz deutlich entspricht das Geschehen beim Essen dem Hochgebet und Kommunionteil der Messe.

– So verdichtet unsere Geschichte also nicht nur die Ostererfahrungen der Urgemeinde, enthält nicht nur auf großartige Weise ihre Quintessenz, sondern sie spiegelt in verdichteter Form auch die Gottesdiensterfahrung der frühen Kirche. Sie enthält eine Behauptung, die bis heute gilt: Im Hören des Wortes Gottes und im Austausch darüber – im Geben vom Eigenen für die Bedürftigeren – und im Empfangen des Eucharistischen Brotes haben wir die Chance, selber Ostererfahrungen zu machen. Es sind drei klassische Gelegenheiten, dem Auferstandenen zu begegnen, sich von seiner Gegenwart überzeugen und erfüllen zu lassen.

– Man könnte sogar noch weitergehen und sagen: Die drei Grundfunktionen der Kirche, wozu Kirche überhaupt da ist und warum wir niemals auf sie verzichten können (auch wenn wir uns über sie ärgern und noch so sehr an ihr leiden), diese drei Grundfunktionen spiegeln sich im heutigen Evangelium: Verkündigung – Dienst am anderen – Liturgie feiern, vor allem die Eucharistie.

Aus: Gabriele Miller, Franz W. Niehl (Hgg.): Von Babel bis Emmaus. Kösel-Verlag in der Verlagsgruppe Random House, München 1993.

Aktive Schriftmeditation zur Emmausgeschichte

Brot, Wein, Traubensaft, Kelch, helles Tuch, mehrere dunkle Tücher, Teelichter, Osterkerze, evtl. Musik

1. Gestaltung des Raumes

Durch ein helles Tuch verdeckt, stehen Brot und Wein/Traubensaft in der Mitte, außerdem Osterkerze, für jede/n ein Teelicht, dunkle Tücher.
Die TN sitzen im Kreis um die Mitte. Sie sind eingeladen, ihre Assoziationen, Gefühle und Ideen einzubringen zu dem, was sich im Folgenden ihren Sinnen erschließt. L bestimmt den Verlauf, vor allem durch seine persönlichen Beiträge, durch sparsame Impulse oder Fragen und durch erzählende Einblendungen von Lk 24,13-35:

2. *„Vieles in unserem Leben ist nicht greifbar und begreifbar, ist unseren Sinnen verborgen, geheimnisvoll: mein Woher und Wohin, mein Weg ins Morgen, der Sinn meines Lebens, die Frage nach Gott, der Grund meines Seins, mein eigentliches Wesen …*
Aber wir fragen danach, wir spannen nach diesem Geheimnis unsere Sehnsucht aus, unsere Erwartungen und Hoffnungen."
Nachdem die Gedanken zum Verborgenen ausgetauscht worden sind, wird über das helle Tuch ein schwarzes Tuch gebreitet.
„Und immer wieder geschieht es, dass die hellen Erwartungen in unserem Leben verdüstert, die Sehnsucht getötet und die Hoffnungen begraben werden." Die TN erzählen von dunklen Erfahrungen und legen als Zeichen weitere dunkle Tücher über das helle.

3. *„In eine solche Aussichtslosigkeit versinken die Jünger nach der Kreuzigung Jesu. Lk erzählt eine Geschichte, in der sich zwei Menschen enttäuscht auf den Weg machen, weg vom Grab ihrer Hoffnungen."*
L erzählt Lk 24,13-17.
Mit den beiden Jüngern brechen die TN auf, stehen auf und machen sich schweigend auf den Weg, spüren dem Weggehen aus Enttäuschung nach.
„Aber der, der gesagt hat: ‚Ich bin der Weg', ist bei ihnen und bei uns, geht mit. Doch wir wissen nicht um seine Gegenwart. Wir können ihn nicht sehen, sind wie blind für den, der uns fremd erscheint."

4. *„Fragt jemand nach unserem Leid, hört uns zu, lässt uns erzählen, weinen, fluchen und klagen, dann kann sich die Verzweiflung in Trauer wandeln."*
L erzählt Lk 24,17-24.
Die TN bleiben stehen, lassen sich fragen. (Dies geschieht sehr behutsam, um TN nicht zu bedrängen.)
Ein dunkles Tuch wird weggenommen.
Erzählung von Lk 24,25-27:
„Welche Erlebnisse, Gedanken, Schriftworte haben mir in solchen Lebenssituationen weitergeholfen?"
Die TN veranschaulichen ihre Mitteilungen, indem sie je ein dunkles Tuch wegnehmen. Wenn das helle Tuch sichtbar ist, erzählt L 24,28f. Die Bitte „Herr, bleibe bei uns" kann als Kanon gesungen werden (Se 562 oder Tr 460 oder Tr 1018 „Brannte nicht unser Herz?"). Alle setzen sich im Kreis nieder.

5. L spricht V. 30 und deckt das Tuch auf, nimmt das Brot, spricht den Lobpreis, bricht das Brot und teilt es an alle aus. Die Osterkerze wird angezündet, der Kelch herumgereicht.
„Im Rückgriff auf Erfahrungen von durchstandenem Leid, im Erinnern an Trost, Hilfe und Zuwendung, im Annehmen der Schrift als Wort für mich, als Zuspruch, Anruf und Deutung, im Erleben von Gemeinschaft in Gespräch, Feier und Mahl begegne ich dem Auferstandenen, auch wenn ich ihn vielleicht erst im Nachhinein erkenne" (VV. 25–31).
„Die Erfahrung seiner Nähe kann ich nicht festhalten. Immer wieder wird mir die geschenkte Sicherheit, die plötzlich aufbrechende Freude, die beglückende Geborgenheit in einer Gemeinschaft entschwinden"(V. 31).

6. An der Osterkerze entzünden alle ihr Teelicht und gehen mit ihm wieder den Weg durch den Raum zurück, während 24,31b-35 erzählt wird.
„Mit den beiden Jüngern kehren wir nach einer solchen Begegnung immer wieder zurück in unseren Alltag, dem wir entfliehen wollten, zurück zu Menschen, von denen wir uns enttäuscht abgewendet haben. Vielleicht ist auch ihnen eine neue Wirklichkeit zuteilgeworden (V. 34) und wir können gebend und nehmend unsere Erfahrungen teilen und neu zueinander finden" (V. 35).

7. Anschließende Anhörrunde:
– Was ist mir aufgegangen? Was habe ich neu gehört von der Emmausgeschichte?

© Sieger Köder, Emmaus. aus: Sieger Köder, Neue Bilder der Heiligen Schrift. Skizzen zum Lesejahr A. Süddeutsche Verlagsgesellschaft Ulm, 1977

Der Spannungsbogen der Emmausgeschichte

Jerusalem

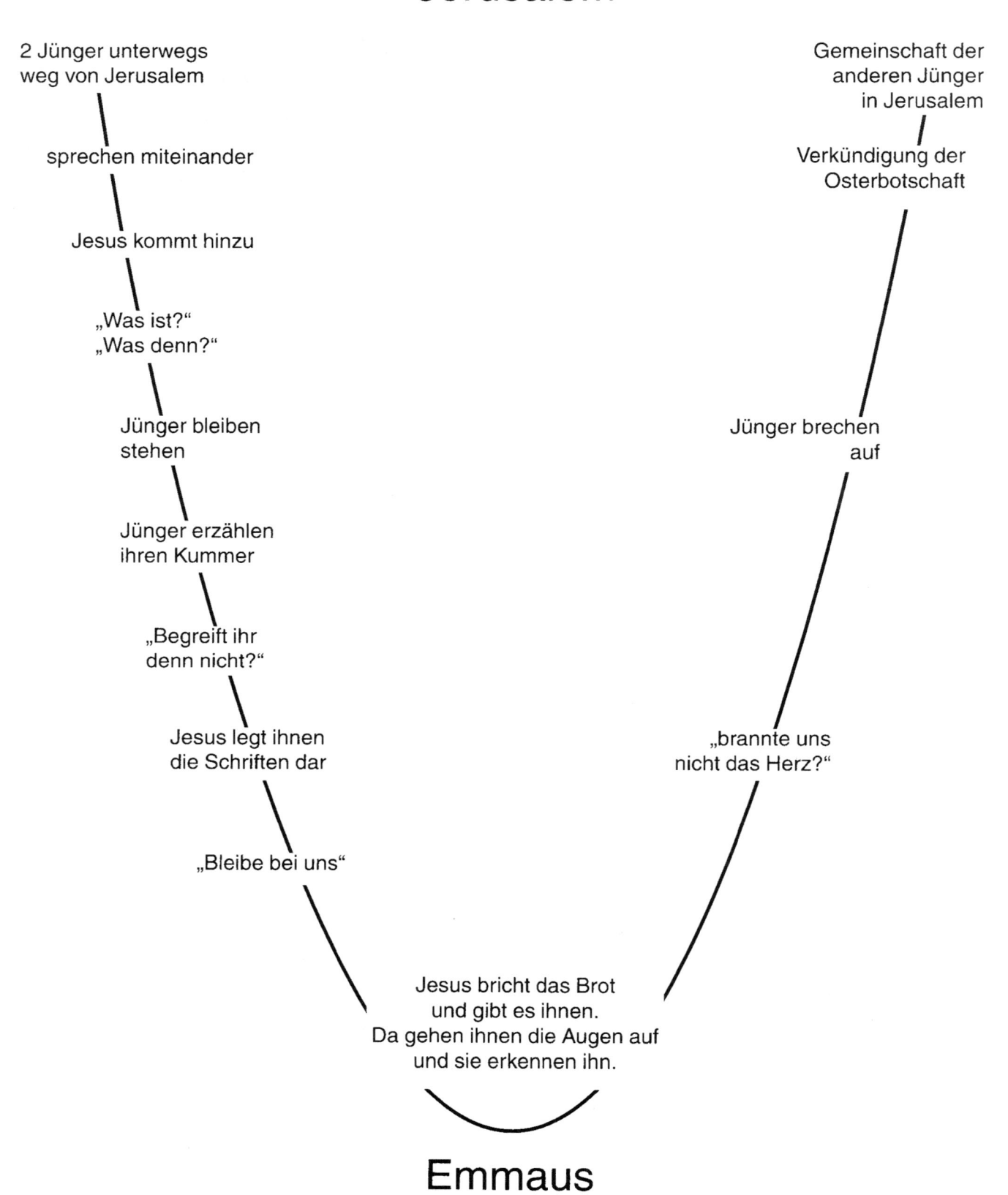

2 Jünger unterwegs weg von Jerusalem

sprechen miteinander

Jesus kommt hinzu

„Was ist?"
„Was denn?"

Jünger bleiben stehen

Jünger erzählen ihren Kummer

„Begreift ihr denn nicht?"

Jesus legt ihnen die Schriften dar

„Bleibe bei uns"

Jesus bricht das Brot und gibt es ihnen.
Da gehen ihnen die Augen auf und sie erkennen ihn.

Emmaus

Gemeinschaft der anderen Jünger in Jerusalem

Verkündigung der Osterbotschaft

Jünger brechen auf

„brannte uns nicht das Herz?"

Reißbildgeschichte zur Emmauserzählung

→ Diese meditativ gestaltete Nacherzählung der Emmauserzählung nimmt nochmals die Erfahrung der Trauer und Jesu Umgang mit ihr auf. Dabei wird die Geschichte der Emmausjünger als „Verarbeitungsgeschichte" deutlich.

Overheadprojektor, Formen aus Papier: Kreis, zwei Tränen und ein Kreuz.

Auf das Gerät wird eine leere Folie gelegt.
– An die obere Kante wird einer der beiden Kreise gelegt, daneben die beiden „Tränen" in umgekehrter Form. Sie sind Symbole für die beiden Jünger.

L. spricht langsam: *Da waren zwei Jünger. Sie hatten Sehnsucht nach dem Ganzen, Heilen, Schönen. Und sie waren Jesus begegnet, mächtig in Wort und Tat. In ihm fanden sie all ihre Hoffnung, das Runde, Schöne, Ganze, Heile. Er hatte ihr Leben verändert.* – Stille
Nun aber war alles zerbrochen.

L reißt den Kreis der Faltung nach längs und quer durch, sodass zwischen den vier Teilen ein Kreuz erscheint.

Er war gekreuzigt worden. Und mit diesem schrecklichen Geschehen waren alle Hoffnungen, alles, woran sie geglaubt hatten, durchkreuzt, zerbrochen, zerstört.

L dreht die beiden Formen links und rechts zu Tränen um.

– Stille –

L. spricht und bewegt dabei die Tropfen etwas weiter nach unten.

Wie Tränen sind sie geworden. Voller Tränen sind sie, als sie weggehen vom Ort ihrer begrabenen Hoffnungen.

Da kommt einer hinzu, der ging mit. Er spürte, wie hart dieser Weg war. Er fragt nach ihrer Trauer und dem, was sie antreibt.

Kreuz zwischen beide legen
Damit legt er den Finger in die Wunde. Sie sind so sehr in ihrer Trauer, in ihren Tränen gehalten, dass sie nichts sonst wahrnehmen. Sie sehen nur das, was hinter ihnen liegt, die Trauer, die zerstörten Hoffnungen – nur davon können sie sprechen.
– Stille –

Und er, Jesus, hilft behutsam zu verstehen, warum sie keine Auferstehungsbotschaft glauben können. Sie haben sie bereits – doch es nützt nichts. Sie verstehen nicht.

Für sie gilt von ihrem bisherigen Schriftverständnis her: „Verflucht ist, wer am Pfahl hängt." Ein Gekreuzigter kann nicht der Messias sein. Der Gekreuzigte kann sogar als Lebender mit ihnen gehen und sie sehen ihn nicht, so „zu" sind sie.
Jesus eröffnet ihnen die Schrift, nicht irgendwo, sondern an den Stellen, die ihnen helfen können, auch für seinen Tod ein neues heilvolles Verständnis zu finden.

Dieses Schriftgespräch ist so anregend und bewegend, dass ihr Herz brennt.
– Stille –

Sie bitten Jesus, den Weggefährten, ins Haus. Er bricht das Brot und gibt es ihnen. Da sehen sie klar.

L. nimmt den zweiten Kreis, legt ihn unten auf die Folie, nimmt die beiden Tränen und das Kreuz dazu.

Er ist der Gekreuzigte und zugleich der Lebende. Als sie das wissen, brauchen sie es nicht mehr mit den äußeren Augen zu sehen.

L teilt den Kreis wie oben vertikal und horizontal und nimmt das Kreuz (das Jesus-Symbol) weg.

Sie sprechen von dem, was sie nun klar sehen: Das Herz brannte ihnen, als er die Schrift erschloss. „Brannte uns nicht das Herz, als er mit uns unterwegs war?"

L. dreht beide „Tränen" um und fügt sie zu einem Herzen zusammen.

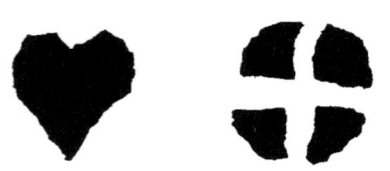

Eines Herzens eilen sie nun unterwegs nach Jerusalem, an den Ort, der noch vor Kurzem zum Davonlaufen war, zurück.
Der Ort des Todes wird der Ort, wo man sich vom Lebendigen erzählt.
L. bewegt das Herz ganz nach oben.

Abschluss: Lied: „Aufgebrochen bin ich" (L 2)

Nach: Monika Knauf, in: Katechetische Blätter Jg. 113 (1988), 207–211, © Monika Knauf, Rottenburg.

Die ältesten Osterzeugnisse des Neuen Testaments

Mt 27,64	Joh 12,32-34	Apg 17,3	Röm 8,34	Eph 1,20
Mt 28,5-7	Joh 20,17	Apg 17,31f.	Röm 10,9	Phil 2,6-11
Mk 8,31	Apg 2,22-24	Apg 23,6	Röm 14,9	Kol 2,12
Mk 9,31	Apg 2,33	Apg 25,19	1 Kor 6,14	1 Thess 1,9f.
Mk 10,33f.	Apg 2,36	Apg 26,22f.	1 Kor 15,3-8	1 Thess 4,13f.
Mk 16,6f.	Apg 3,15	Röm 1,3f.	1 Kor 15,14-16	1 Tim 3,16
Lk 24,5b-7	Apg 4,10	Röm 4,23-25	1 Kor 15,20	2 Tim 2,8
Lk 24,34f.	Apg 5,30f.	Röm 6,3-9	2 Kor 4,14	1 Petr 1,3
Joh 3,13-15	Apg 13,28-31	Röm 7,4	2 Kor 5,15	1 Petr 1,21
Joh 6,62	Apg 13,37	Röm 8,11	Gal 1,1	1 Petr 3,21f.

Alttestamentliche Vorstellungen für das imaginative und sprachliche Erfassen der Ostererfahrungen

1. Erhöhung eines erniedrigten Menschen durch Gott
Jes 53; Jes 52,13-15; Weish 2,12-20; 5,1-7; Ps 18,49; 89,20; 110,1; 119,16

2. Gott, der tötet und lebendig macht
Dtn 32,39; 1 Kön 17,17-24; 2 Kön 4,18-37; 13,20-21

3. Entrückung eines herausragenden Menschen am Ende seines Lebens von der Erde zu Gott
Gen 5,24; 2 Kön 2,1-18

4. Eschatologische (endzeitliche) Totenauferweckung
Jes 26,19; 25,7f.; Dan 12,2.13; 2 Makk 7,1-23; Ijob 19,25-27

5. Lebendig machender Geist
Ez 37,12-14; Joel 3,1-5

6. Erscheinen („ophte" mit Dativ)
Gen 12,7; 17,1; 18,1; 26,2; 35,1.9; 48,3; Ri 13,21

7. Dritter Tag
Hos 6,1-2; Gen 22,4; 42,18; Ex 15,22; 19,15f.; Jona 2,1; Est 5,1

Zwei Modelle
Etienne Charpentier

Die Christen haben gespürt, dass ein einziges Bild oder Denkmodell die ganze Realität des Ostergeheimnisses nicht ausschöpfen kann. So haben sie mehrere bildhafte Formulierungen gebraucht, die sich vereinfacht auf zwei Konzeptionen zurückführen lassen.

Vorher/Nachher oder Rückkehr ins Leben
Wer stirbt, sinkt ins Grab, die Unterwelt, das Totenreich (Scheol) oder in den „Schlaf". Die Auferweckung lässt ihn wieder „aufstehen" oder „aufwachen". Der Tote kehrt ins Leben zurück. „Dein Bruder (Lazarus) wird auferstehen", sagt Jesus (Joh 11,23).
Der *Vorzug* dieses Denkmodells ist offensichtlich. Es versetzt das Ereignis in die Geschichte und betont ganz klar die Kontinuität zwischen Vorher und Nachher. Wer den Toten gekannt hat, kann den Auferstandenen wiedererkennen.
Der *Nachteil* dieses Modells liegt darin, dass über die Art des wiedergewonnenen Lebens nichts ausgesagt wird. Es heißt von Lazarus (der doch nochmals sterben musste) genauso wie von Jesus, er sei „von den Toten auferweckt" worden (Joh 12,2).

Unten/Oben oder der Eingang in die Herrlichkeit
Da man sich im antiken Weltbild Gott oben im Himmel und den Menschen unten auf der Erde vorstellt, muss der Verstorbene, wenn er in die Nähe Gottes gelangen soll, „erhöht" und „verherrlicht" werden: Er steigt zum Himmel auf. Diese bildhafte Ausdrucksweise knüpft wohl auch an die Erhöhung bzw. Entrückung des Henoch (Gen 5,24) und des Elija (2 Kön 2,1-18) an. Beziehungen zur Vision vom Menschensohn, der auf den Wolken des Himmels vor Gott erscheint (Dan 7,9-14), liegen ebenfalls vor, besonders was die Übertragung der königlichen Herrschaft betrifft.
Der *Vorzug* dieses Modells ist darin zu sehen, dass es unmissverständlich die Vorstellung abwehrt, als bedeute Auferstehung die bloße Rückkehr in das bisherige Leben. Hinzugekommen ist ein „Mehr" an Realität. So kann man wohl sagen, Lazarus sei auferstanden, nicht aber er sei „erhöht" oder „verherrlicht" worden.
Der *Nachteil* ist, dass dieses Modell, wenn es allein verwandt wird, ein spiritualistisches Missverständnis begünstigen könnte, als sei nur ein Teil des Menschen (sein Geist, seine Seele) in den Himmel eingegangen, während sein Leib von der Verherrlichung ausgeschlossen bleibe.

Der zu Gott erhöhte Auferstandene
Es ist durchaus sachgemäß, wenn das Neue Testament zwei Modelle miteinander verbindet. Jesus ist auferstanden bzw. auferweckt worden, er ist also derselbe, der er vorher war und den seine Jünger gekannt haben. Ihnen fällt deshalb auch die einmalige Aufgabe zu, den Auferstandenen als Jesus von Nazaret zu identifizieren. Zugleich gilt aber auch: Jesus ist zu Gott erhöht, er ist verherrlicht und in den Himmel aufgenommen worden. Er ist also nicht einfach in sein bisheriges Leben zurückgekehrt, sondern hat eine neue, ewige Existenz gewonnen, die Existenzweise Gottes im Heiligen Geist. Deshalb ist sein irdisches Leben für immer in der Kirche gegenwärtig und zugänglich.

Aus: Etienne Charpentier: Führer durch das Neue Testament.
© 1983, Patmos Verlag GmbH & Co. KG, Düsseldorf.

Nicht mutig

Die Mutigen wissen
Daß sie nicht auferstehen
Daß kein Fleisch um sie wächst
Am jüngsten Morgen
Daß sie nichts mehr erinnern
Niemandem wiederbegegnen
Daß nichts ihrer wartet
Keine Seligkeit
Keine Folter
Ich
Bin nicht mutig.

Marie-Luise Kaschnitz, aus: dies., Kein Zauberspruch.
© Insel Verlag, Frankfurt 1972.

das könnte manchen herren so passen
wenn mit dem tode alles beglichen
die herrschaft der herren
die knechtschaft der knechte
bestätigt wäre für immer

das könnte manchen herren so passen
wenn sie in ewigkeit
herren blieben im teuren privatgrab
und ihre knechte
knechte in billigen reihengräbern

aber es kommt eine auferstehung
die anders ganz anders wird als wir dachten
es kommt eine auferstehung die ist
der aufstand gottes gegen die herren
und gegen den herrn aller herren: den tod

Kurt Marti: Leichenreden.
© 2001 Verlag Nagel & Kimche AG, Zürich.

Osternacht

Aller Augenschein sagt
    ein Grab ist ein Grab
    tot ist tot
    aus ist aus
    fertig nichts weiter

Wir haben nichts dagegen
    als eine winzige Hoffnung

Wir haben nichts in Händen
    als ein kleines Licht
    im Dunkeln

Wir haben nichts vor Augen
    als ein paar verwirrte
    erschrockene Menschen
    die es nicht fassen können
    dass er lebt
    und ein leeres Grab

Wir haben nichts
    als ein Lied auf den Lippen
    er ist auferstanden
    halleluja

Lothar Zenetti, Auf Seiner Spur. Texte gläubiger Zuversicht,
Topos Plus Taschenbuch 327. © Matthias-Grünewald-Verlag der
Schwabenverlag AG, Ostfildern, 4. Auflage 2006, S. 154.

Es knospt

Es knospt
unter den Blättern
das nennen sie Herbst.

Hilde Domin, aus: dies., Gesammelte Gedichte.
© S. Fischer Verlag GmbH, Frankfurt am Main 1987.

Wenn ich einmal …

„Wenn ich einmal abends ein Glas zu viel getrunken habe, konnte es geschehen, dass ich Ströme von Tränen vergoss. Meine alte Sehnsucht nach dem Absoluten erwachte; von Neuem entdeckte ich die Eitelkeit menschlichen Strebens und die bedrohende Nähe des Todes …

Sartre bestritt, dass die Wahrheit im Wein und in den Tränen zu finden sei. Nach seiner Meinung machte der Alkohol mich trübsinnig und ich kaschierte meinen Zustand mit metaphysischen Gründen. Ich hielt dagegen, dass die Trunkenheit die Abwehr und die Kontrolle beseitigte, die uns normalerweise vor unerträglichen Gewissheiten schützen, und mich dadurch zwinge, ihnen ins Auge zu schauen. Heute glaube ich, dass in einem priviligierten Fall wie dem meinen das Leben zwei Wahrheiten einschließt, zwischen denen es keine Wahl gibt, denen man gleichzeitig begegnen muss: die Freude zu existieren und das Grauen vor dem Ende."

Simone de Beauvoir in ihren Memoiren

Ein Leben nach dem Tod

Glauben Sie fragte man mich
An ein Leben nach dem Tode
Und ich antwortete: ja
Aber dann wußte ich
Keine Auskunft zu geben
Wie das aussehen sollte
Wie ich selber
Aussehen sollte
Dort

Ich wußte nur eines
Keine Hierarchie
Von Heiligen auf goldenen Sühlen sitzend
Kein Niedersturz
Verdammter Seelen
Nur

Nur Liebe frei gewordne
Niemals aufgezehrte
Mich überflutend

Kein Schutzmantel starr aus Gold
Mit Edelsteinen besetzt
Ein spinnwebenleichtes Gewand
Ein Hauch
Mir um die Schultern
Liebkosung schöne Bewegung
Wie einst von Tyrrhenischen Wellen
Wie von Worten die hin und her

Wortfetzen
Komm du komm
Schmerzweh mit Tränen besetzt
Berg- und Tal-Fahrt
Und deine Hand
Wieder in meiner

So lagen wir lasest du vor
Schlief ich ein
Wachte auf
Schlief ein
Wache auf
Deine Stimme empfängt mich
Entläßt mich und immer
So fort

Mehr also, fragen die Frager
Erwarten Sie nicht nach dem Tode?
Und ich antwortete
Weniger nicht.

Marie-Luise Kaschnitz, aus: dies.: Kein Zauberspruch.
© Insel Verlag, Frankfurt 1972.

ihr fragt
wie ist
die auferstehung der toten?
        ich weiß es nicht
ihr fragt
wann ist
die auferstehung der toten?
        ich weiß es nicht
ihr fragt
gibts
eine auferstehung der toten?
        ich weiß es nicht
ihr fragt
gibts
keine auferstehung der toten?
        ich weiß es nicht
ich weiß
nur
wonach ihr nicht fragt:
        die auferstehung derer die leben
ich weiß
nur wozu Er uns ruft:
        zur auferstehung heute und jetzt

Kurt Marti, aus: ders.: Leichenreden.
© 2001 Verlag Nagel & Kimche AG, Zürich.

An der Grenze

Wenn du durchs Minenfeld gehen mußt,
nimm eine Handvoll Samen mit –
Mohn oder Ringelblumen –
für deine Auferstehung.

Aus: Christine Busta: Wenn du das Wappen der Liebe malst
© Otto Müller Verlag, Salzburg 1995, 3. Aufl.

Osterlied

er trat
hervor
aus den scherben
meiner bemühungen

er
ein funke
feuer
sinn
im stroh
der leeren worte

er
die offene wand
bei verschlossenen
türen

er
der fremde
auf dem weg
durch die nacht
der uns
das brot
seines lebens
bricht

Wilhelm Willms, Osterlied 1, aus: ders.: der geerdete himmel.
wiederbelebungsversuche. © 1974 Verlag Butzon & Bercker,
Kevelaer, 7. Aufl. 1986, 10.21, www.bube.de (gekürzt).

Nur nicht sich auflösen

„Nur nicht sich auflösen, nicht sich auflösen. Bleiben, widerstehen, noch da sein …
Bald kommt der Tod oder das Alter. Seit jeher fürchte ich mich davor. Wahrscheinlcih wollte ich mich seit dem Tage meiner Geburt nicht darauf vorbereiten, mich nicht damit abfinden, ich fürchtete mich.
Soll ich die Toten beneiden, weil sie nichts mehr zu befürchten haben? Haben sie nichts mehr zu befürchten? Ich flüchte mich in das Leben wie in einen unsicheren Unterschlupf: lieber fürchte ich mich. Drei meiner Freunde haben es hinter sich."

Eugene Ionesco: Tagebuch, Rechteinhaber unbekannt

Der Spannungsbogen in den Grabeserzählungen am Beispiel von Mk 16,1-8

Aus: Anneliese Hecht: Kreatives Arbeiten mit Biblischen Figuren. Methoden, Übungen und Bibelarbeiten. © Stuttgart: Katholisches Bibelwerk e. V. 1998.

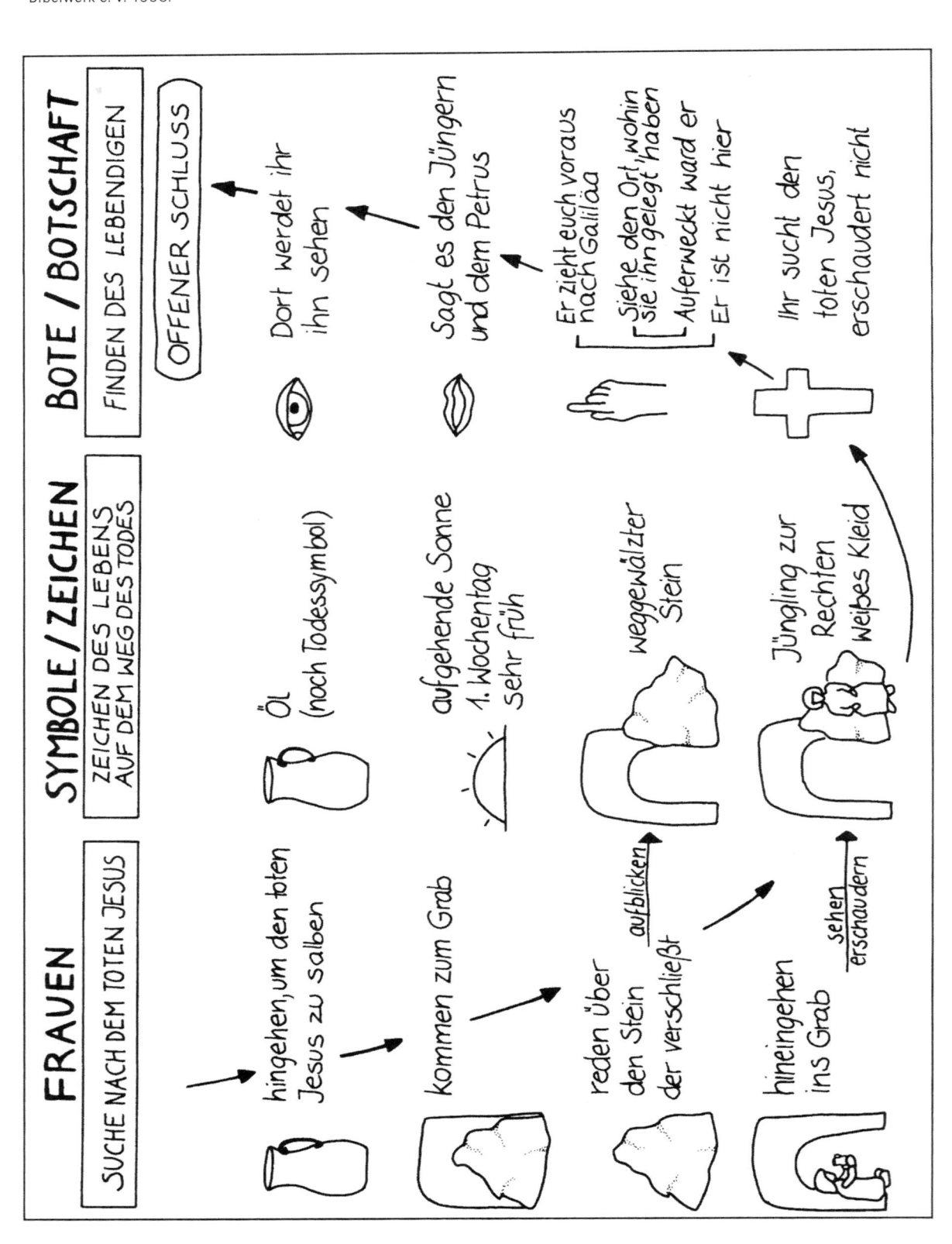

FRAUEN	SYMBOLE / ZEICHEN	BOTE / BOTSCHAFT
SUCHE NACH DEM TOTEN JESUS	ZEICHEN DES LEBENS AUF DEM WEG DES TODES	FINDEN DES LEBENDIGEN
		OFFENER SCHLUSS
hingehen, um den toten Jesus zu salben	Öl (noch Todessymbol)	Dort werdet ihr ihn sehen
kommen zum Grab	aufgehende Sonne, 1. Wochentag, sehr früh	Sagt es den Jüngern und dem Petrus
reden über den Stein der verschließt — aufblicken	weggewälzter Stein	Er zieht euch voraus nach Galiläa / Siehe den Ort, wohin sie ihn gelegt haben / Auferweckt ward er / Er ist nicht hier
hineingehen ins Grab — sehen, erschaudern	Jüngling zur Rechten, Weißes Kleid	Ihr sucht den toten Jesus, erschaudert nicht

Die Entstehung des Osterglaubens und seine Bezeugung

Aus: Anneliese Hecht: Kreatives Arbeiten mit Biblischen Figuren. Methoden, Übungen und Bibelarbeiten. © Stuttgart: Katholisches Bibelwerk e. V. 1998.

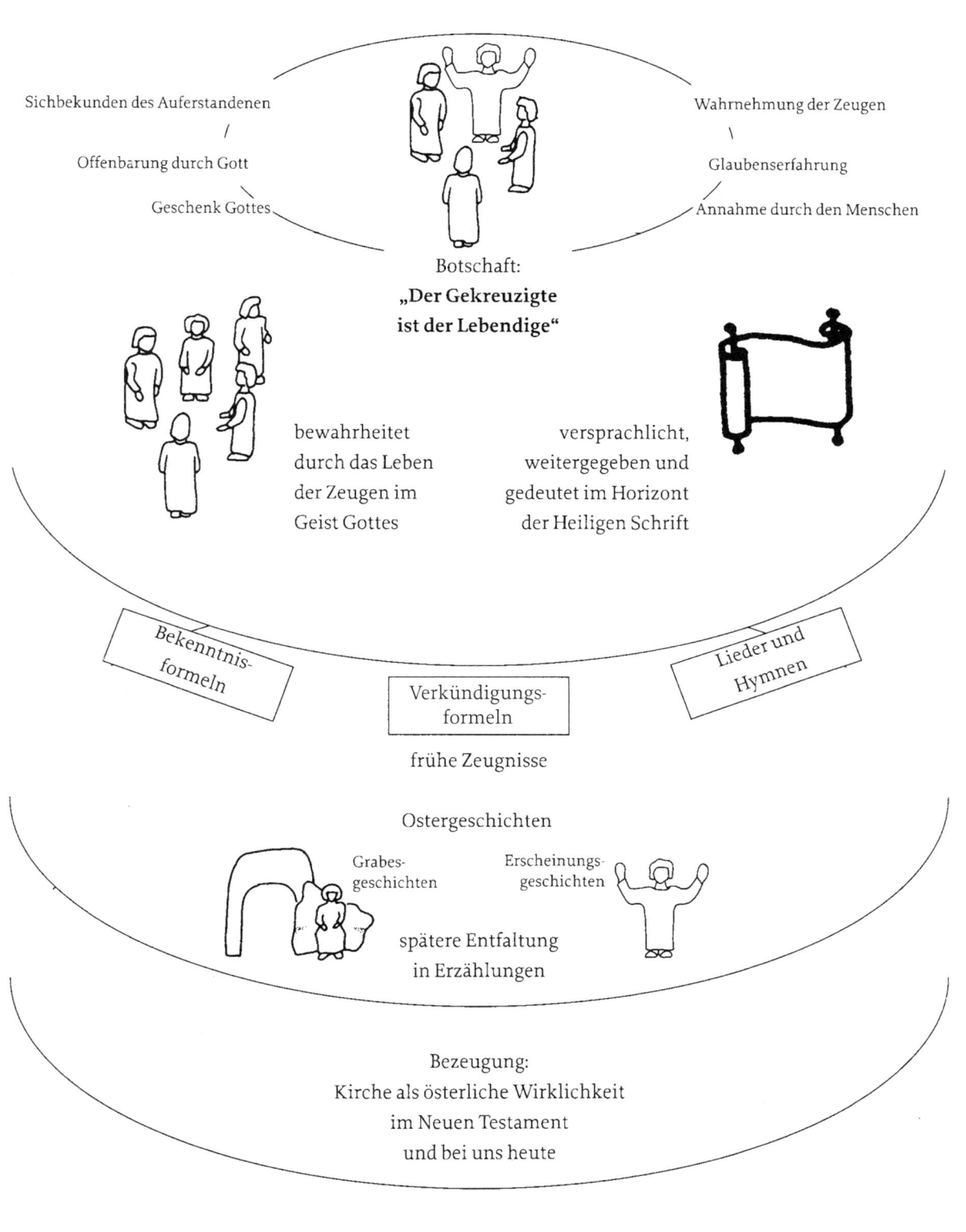

Sichbekunden des Auferstandenen / Offenbarung durch Gott / Geschenk Gottes

Wahrnehmung der Zeugen \ Glaubenserfahrung \ Annahme durch den Menschen

Botschaft:
„Der Gekreuzigte ist der Lebendige"

bewahrheitet durch das Leben der Zeugen im Geist Gottes

versprachlicht, weitergegeben und gedeutet im Horizont der Heiligen Schrift

Bekenntnisformeln — Verkündigungsformeln — Lieder und Hymnen

frühe Zeugnisse

Ostergeschichten

Grabesgeschichten — Erscheinungsgeschichten

spätere Entfaltung in Erzählungen

Bezeugung:
Kirche als österliche Wirklichkeit im Neuen Testament und bei uns heute

Unsere Glaubenerkenntnisse und Glaubenserfahrungen vom lebendigen Herrn

EXKURS: Die Auferstehung Jesu nach dem Petrusevangelium

In der Nacht aber, in welcher der Herrentag aufleuchtete, als die Soldaten, jede Ablösung zu zweit, Wache standen, erscholl eine laute Stimme im Himmel, und sie sahen die Himmel geöffnet und zwei Männer in einem großen Lichtglanz von dort herniedersteigen und sich dem Grabe nähern. Jener Stein, der vor den Eingang des Grabes gelegt war, geriet von selbst ins Rollen und wich zur Seite, und das Grab öffnete sich, und beide Jünglinge traten ein. Als nun jene Soldaten dies sahen, weckten sie den Hauptmann und die Ältesten – auch diese waren nämlich bei der Wache zugegen. Und während sie erzählten, was sie gesehen hatten, sehen sie wiederum drei Männer aus dem Grabe herauskommen und die zwei den einen stützen und ein Kreuz ihnen folgen und das Haupt der zwei bis zum Himmel reichen, dasjenige des von ihnen an der Hand Geführten aber die Himmel überragen. Und sie hörten eine Stimme: „Hast du den Entschlafenen gepredigt?", und es wurde vom Kreuze her die Antwort laut: „Ja." (EvPetr 35–42)

EXKURS: Vorstellungen von Himmelsentrückungen

Als Romulus, „um das Heer zu mustern, auf dem Feld beim Ziegensumpf eine Volksversammlung abhielt, entstand plötzlich ein Unwetter mit furchtbarem Getöse und Donnerschlägen. Es bedeckte den König mit einer so dichten Wolke, dass es seine Gestalt den Blicken der Volksversammlung entzog. Danach war Romulus nicht mehr auf Erden. [...] Das römische Volk verharrte lange in traurigem Schweigen [...] denn leer sah es den Thron des Königs – wenn es auch den Senatoren, die in nächster Nähe gestanden hatten, glaubte, dass Romulus durch einen Sturmwind in den Himmel entrückt worden sei. Darauf machten einige den Anfang, und schließlich huldigten alle Romulus als einem Gott, von Gott bezeugt, als König und als Vater der Stadt Rom."

Livius: Römische Geschichte I,16, zit. nach G. Lohfink: Die Himmelfahrt Jesu – Erfindung oder Erfahrung. Stuttgart ²1980, S. 9.

„An dem Tag, da der Herr Elija im Wirbelsturm in den Himmel aufnehmen wollte, ging Elija mit Elischa von Gilgal weg. Fünfzig Prophetenjünger folgten ihnen und blieben dann seitwärts in einiger Entfernung stehen. Die beiden traten an den Jordan. Hier nahm Elija seinen Mantel, rollte ihn zusammen und schlug mit ihm auf das Wasser. Dieses teilte sich nach beiden Seiten, und sie schritten trockenen Fußes hindurch. Als sie drüben angekommen waren, sagte Elija zu Elischa: Sprich eine Bitte aus, die ich dir erfüllen soll, bevor ich von dir weggenommen werde. Elischa antwortete: Möchten mir doch zwei Anteile deines Geistes zufallen. Elija entgegnete: Du hast etwas Schweres erbeten. Wenn du siehst, wie ich von dir weggenommen werde, wird es dir zuteilwerden, sonst aber wird es nicht geschehen. Während sie miteinander gingen und redeten, erschien ein feuriger Wagen mit feurigen Pferden und trennte beide voneinander. Elija fuhr im Wirbelsturm zum Himmel empor."

2 Kön 2,1.7-11; vgl. auch Sir 48

Morgenimpulse

Musikmeditation Heinrich Schütz
⊙ 20 Min., Plenum
📁 CD / MC: Heinrich Schütz: HISTORIA Der fröhlichen vnd Siegreichen Aufferstehung vnsers einigen Erlösers vnd Seligmachers JEsu CHristi, 2. Szene

1. Kurze Einführung
Die Musik von Heinrich Schütz lässt die Erfahrungen des Einführungsabends wieder anklingen. Schütz hat sein Werk im „Stylo oratorio" für den Vespergottesdienst des Ostertages komponiert. Seine Tonmalerei bezieht sich nicht allein auf anschauliche Vorgänge, sondern vor allem auf innere Empfindungen und Erfahrungen des Glaubens. Kühne Chromatik und herbe Dissonanzen zeichnen die Traurigkeit und Enttäuschung, während der jubelnde Osterruf: „Der Herr ist wahrhaftig erstanden und Simon erschienen!" von sich überstürzender Vielstimmigkeit charakterisiert wird.

Schütz lässt die Stimme des Auferstandenen als Duett von Alt und Tenor singen, eine symbolisierende, das Vordergründige transzendierende Form der Darstellung: Der Auferstandene begegnet in verschiedener Gestalt und durch verschiedene Stimmen.

2. Anhören
3. Stille
4. Evtl. spontanes Gebet
Dank, Bitten, Aufgreifen der Gedanken vom Vorabend.
5. Abschluss mit einem Segen

Der Himmel geht über allen auf
⊙ 20 Min., Plenum
📁 Tr 785, Se 626
evtl. Auferstehungsdias und Diaprojektor

Der Kanon „Der Himmel geht …" wird mehrmals gesungen. Nach je zwei Durchgängen summen die TN die Melodie und zwei der folgenden Strophen werden zur Konkretisierung des Liedes meditativ vorgelesen:

Wenn das Grab sich öffnet und Leben entlässt
    die Sonne hervorbricht aus der Nacht
    die Blüten besiegen den Frost
    dann ist der Himmel auf Erden.
Wenn das Starre in Bewegung gerät
    der Geist uns zu Neuem drängt
    die Freude zum Tanz uns lädt
    dann ist der Himmel auf Erden.

Wenn der Blick den Bruder sucht
    die Hände sich ausstrecken
    die Füße sich auf den Weg machen
    dann ist der Himmel auf Erden.
Wenn ein Lied unseren Mund auftut
    die Freude den Rhythmus unserer Herzen bestimmt
    das Denken unseren Atem
    dann ist der Himmel auf Erden.

Wenn das Wort die Stummheit erlöst
    das Reden Vergebung schenkt
    alle Zungen die gute Nachricht verkünden
    dann ist der Himmel auf Erden.
Wenn Hoffnung den Hunger stillt
    Sehnsucht den Durst verwandelt
    Aufbruch die Einsamkeit überwindet
    dann ist der Himmel auf Erden.

Wenn der Zweifel sich in Hoffnung wandelt
    das Suchen zum Aufbruch wird
    das Fragen ein Ohr findet
    dann ist der Himmel auf Erden.
Wenn ich mich wandle
    du dich wandelst
    die Erde zur neuen Erde wird
    dann ist der Himmel auf Erden.

Wenn wir glauben, dass der Herr den Tod besiegt
    dass Er in unserer Mitte ist
    dass Er es ist, der uns eint
    dann ist der Himmel auf Erden.
                             Alfred Manessier

Dazu können Dias mit verschiedenen Auferstehungsmotiven gezeigt werden.

Morgenimpulse

Auferstehung (Matthias Grünewald)

- 20 Min., Plenum
- Auferstehung (Isenheimer Altar) (K 2)
- Dia- oder Overheadprojektor

Einstieg
Der Morgenimpuls beginnt mit einem Lied.

M. Grünewald: Auferstehung
L gibt eine kurze Einführung zu Matthias Grünewald und zum Isenheimer Altar:
Der Isenheimer Altar, Hauptwerk des Malers Matthias Grünewald (1470/75–1528), zwischen 1512 und 1516 für das Hospiz des Antoniterklosters in Isenheim im Elsass geschaffen. Wie die Vorderseite die Kreuzigung Jesu in bis zum Äußersten gesteigerter Leiddarstellung zeigt, so strahlt das Mittelbild der Auferstehung mit bis dahin nicht da gewesener Lichtfülle.
Die TN betrachten schweigend das Bild.
Mit beiden Händen zeichnen die TN dann die Bewegung des Bildes ruhig nach: von der Enge am unteren Bildrand bis zur sich öffnenden Fülle des großen Lichtkreises um den Auferstandenen. Es kann auch die Bewegung von den schlafenden Wächtern zum aufgerichteten Auferstandenen mit den Händen nachgezeichnet werden. Dies kann mehrfach geschehen. Damit erfassen die TN den Aufbau und die Dynamik des Bildes stärker als durch das Ansehen allein.
Am Ende der Bewegung bleiben die Hände in ihrer Gestik und die TN spüren das vom Bild ausgehende Licht in ihren Händen und im Gesicht.
Wer mag, kann nun etwas zum Bild und seinen Erfahrungen damit sagen.

Der Bibeltext
Der Text von Mt 27,57–28,7 wird gelesen.

Abschluss
Der Morgenimpuls schließt mit einem Segen.

Anregungen für den Gottesdienst

Ostern feiern

- Dias mit Naturaufnahmen, große Osterkerze, Osterkerzen nach der Anzahl der TN, Holzkreuz, Blumen, Material für Osterfeuer

Wenn der Kursteil an einem Wochenende gehalten wird, kann am Samstagabend die Auferstehung Jesu mit verschiedenen Stationen gefeiert werden.

1. Im Plenumsraum
Hier wird die Schöpfungserzählung Gen 1 gelesen, dazu sehen die TN Dias mit Naturaufnahmen und hören Musik.

2. Kapelle
In der Mitte liegt ein großes Holzkreuz. Die TN erhalten alle eine Blume (oder haben selbst Blumen und Zweige gesammelt) und sind eingeladen, sich zu erinnern, ob es in ihrem Leben nach der Erfahrung von Leid und Dunkelheit eine neue Erfahrung von blühendem Leben gegeben hat. Nach der Besinnung werden die Blumen zum Kreuz gebracht; wer möchte, kann einen Dank dazu aussprechen.
Als Verkündigung der Osterbotschaft wird die Grabeserzählung nach Markus (Mk 16,1-8) als Evangelium gelesen. Wenn möglich, schließt sich eine Eucharistiefeier an.

3. Auszug
Nach der Feier erhalten die TN eine brennende Osterkerze und ziehen hinter der Osterkerze aus dem Altarraum nach draußen, wo ein Osterfeuer vorbereitet ist, das dann an der Osterkerze entzündet wird. Anschließend werden Osterlieder gesungen.

Mathias Grünewald (um 1475–1528, Isenheimer Altar, Zweite Schauseite, Linke Tafel, Auferstehung Christi
Colmar, Unterlinden-Museum

Sieger Köder, Ostermorgen am See
© Sieger Köder

Arbeitsmaterialien für die Teilnehmer/innen

A | 1   Der Weg nach Emmaus (Übersetzung Fridolin Stier)

A | 2   Der Spannungsbogen der Emmausgeschichte

A | 3   Synopse der Grabesgeschichten

A | 4   Textblatt zu AVE EVA

A | 5   Lukasevangelium – Apostelgeschichte

A | 6   Moderne Texte zu „Himmelfahrt"

A | 7   Nachbereitung

A | 8   Literaturliste

Der Weg nach Emmaus (Lk 24,13-35)
Übersetzung: Fridolin Stier
Aus: Das Neue Testament. Kösel-Verlag in der Verlagsgruppe Random House, München 1989

¹³ Und da! Zwei von ihnen waren am selben Tag auf Wanderung nach einem sechzig Stadien von Jerusalem entfernten Dorf namens Emmaus.
¹⁴ Auch die unterhielten sich miteinander über all diese Ereignisse.
¹⁵ Da geschah es: Während sie sich unterhielten und stritten, war Jesus selbst genaht und wanderte mit ihnen.
¹⁶ Aber ihre Augen waren gehalten, dass sie ihn nicht erkannten.
¹⁷ Er sprach zu ihnen: Was sind das für Reden, die ihr da im Gehen miteinander wechselt? Da blieben sie stehen, verdrossen dreinblickend.
¹⁸ Hob der eine namens Kleopas an und sprach zu ihm: Du bist der Einzige, der sich in Jerusalem aufhält und nicht erfahren hat, was in diesen Tagen darin geschehen ist.
¹⁹ Und er sprach zu ihnen: Was denn? Sie sprachen zu ihm: Das mit Jesus, dem Nazarener, der ein Prophet war, kraftvoll in Tat und Wort vor Gott und allem Volk.
²⁰ Und wie ihn unsere Hohenpriester und Anführer dem Richtspruch zum Tode ausgeliefert haben und ihn kreuzigten.
²¹ Wir aber hatten gehofft, er sei es, der Israel erlösen werde. Zu alldem hin aber lässt er diesen dritten Tag hingehen, seitdem das geschah.
²² Jedoch einige Frauen von den unseren haben uns dazu gebracht, dass wir außer uns gerieten. Sie waren frühmorgens am Grab,
²³ und als sie seinen Leib nicht gefunden, kamen sie und sagten: Sogar eine Erscheinung von Engeln hätten sie gesehen – die sagen, er lebe.
²⁴ Und da gingen einige von denen, die mit uns sind, zum Grab und fanden es so, wie die Frauen gesagt hatten. Ihn selbst aber sahen sie nicht.
²⁵ Da sprach er zu ihnen: O ihr – zu unverständig und trägherzig, um alles zu glauben, was die Propheten geredet!
²⁶ Musste nicht eben das der Messias leiden, um in seine Herrlichkeit zu kommen?
²⁷ Und angefangen von Mose und allen Propheten erklärte er ihnen, was in allen Schriften über ihn steht.
²⁸ Und so nahten sie sich dem Dorf, wohin sie wanderten. Und da tat er, als wolle er noch weiterwandern.
²⁹ Sie aber drängten ihn und sagten: Bleib mit uns! Es geht ja gegen Abend, und schon geneigt hat sich der Tag. Und er ging hinein, um mit ihnen zusammenzubleiben.
³⁰ Und es geschah: Als er sich mit ihnen zu Tisch gelagert, nahm er das Brot und sprach die Preisung, brach es und gab es ihnen.
³¹ Da wurden ihre Augen erschlossen, und sie erkannten ihn. Und er – hinweg schwand er ihnen.
³² Und sie sprachen zueinander: Brannte nicht unser Herz in uns, als er auf dem Weg mit uns redete, als er uns die Schriften erschloss?
³³ Und auf standen sie – noch zur selben Stunde, und kehrten nach Jerusalem zurück. Und dort fanden sie die Elf und jene, die mit ihnen waren.
³⁴ Die sagten: Wirklich – auferweckt ward der Herr, und er hat sich dem Simon sehen lassen!
³⁵ Auch sie berichteten, was auf dem Weg geschehen und wie er ihnen beim Brechen des Brotes kenntlich geworden.

Der Spannungsbogen der Emmausgeschichte

Jerusalem

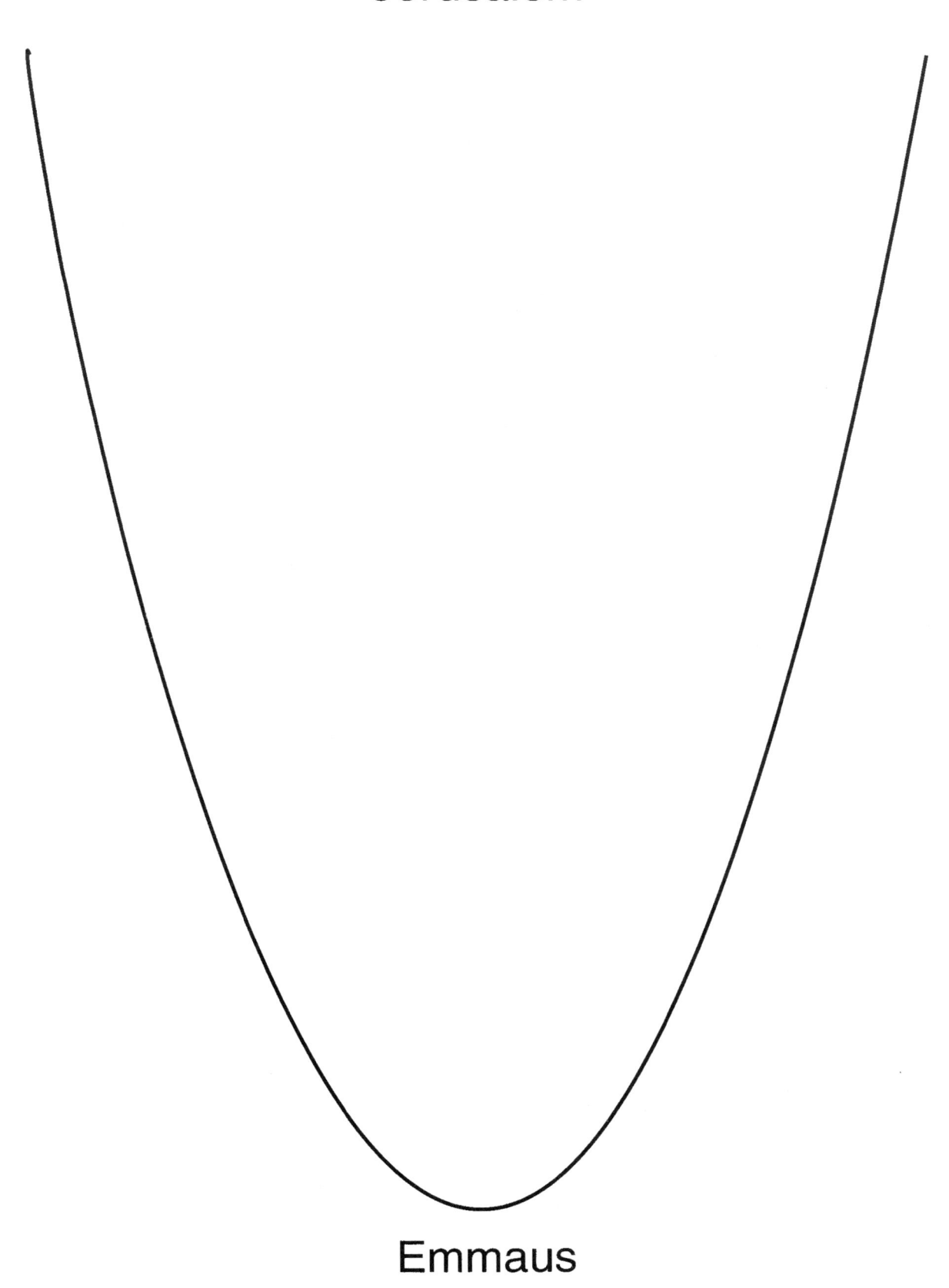

Emmaus

A|3 Synopse der Grabesgeschichten

Matthäus

27 ⁶² Am nächsten Tag, dem Tag nach dem Rüsttag, versammelten sich die Oberpriester und Pharisäer bei Pilatus ⁶³ und sagten: „Herr, wir haben uns daran erinnert, dass jener Betrüger, als er noch lebte, sagte, nach drei Tagen werde ich auferstehen. ⁶⁴ Befiehl nun, dass das Grab bis zum dritten Tag sicher bewacht wird, damit nicht seine Jünger kommen, ihn (nachts) stehlen und dem Volk sagen: ‚Er ist von den Toten auferstanden', und der letzte Betrug wird schlimmer sein als der erste." ⁶⁵ Pilatus sprach zu ihnen: „Ihr sollt eine Wache haben! Geht und sichert, wie ihr könnt." ⁶⁶ Sie aber gingen hin und sicherten das Grab, indem sie den Stein versiegelten und eine Wache aufstellten.

28 ¹ Nach dem Sabbat aber, als es aufleuchtete zum ersten Wochentag, kamen Maria von Magdala und die andere Maria, um das Grab zu sehen.

² Und siehe, es entstand ein gewaltiges Erdbeben; denn ein Engel des Herrn stieg vom Himmel herab, trat hinzu und wälzte den Stein weg und setzte sich darauf. ³ Sein Aussehen war wie ein Blitz und sein Gewand weiß wie Schnee. ⁴ Aus Furcht vor ihm erbebten die Wächter und wurden wie tot.

⁵ Der Engel aber antwortete und sprach zu den Frauen: „Ihr, fürchtet euch nicht; denn ich weiß, ihr sucht Jesus, den Gekreuzigten. ⁶ Er ist nicht hier; denn er ist auferstanden, wie er gesagt hat. Kommt, seht den Ort, wo er gelegen hat, ⁷ und geht schnell und sagt seinen Jüngern, dass er von den Toten auferstanden ist. Und siehe, er geht euch voraus nach Galiläa, dort werdet ihr ihn sehen. Siehe, ich habe es euch gesagt."

⁸ Und sie gingen schnell vom Grab weg, mit Furcht und großer Freude, und liefen, um es seinen Jüngern zu verkünden.

Markus

16 ¹ Und als der Sabbat vorüber war, kauften Maria von Magdala und die Maria des Jakobus und Salome wohlriechende Gewürze, damit sie hingingen, um ihn zu salben.

² Und sehr früh am ersten Tag der Woche gingen sie zum Grab, als die Sonne aufgegangen war (aufging).

³ Und sie sprachen zueinander: „Wer wird uns den Stein von der Tür des Grabes wälzen?" ⁴ Und als sie aufblickten, sahen sie, dass der Stein weggewälzt war; denn er war groß.

⁵ Und als sie ins Grab hineingingen, sahen sie einen jungen Mann auf der rechten Seite sitzen, bekleidet mit einem weißen Gewand, und sie erschraken. ⁶ Er aber sagte zu ihnen: „Erschreckt nicht! Jesus sucht ihr, den von Nazaret, den Gekreuzigten. Er ist auferstanden; er ist nicht hier. Seht den Ort, wo sie ihn hingelegt hatten. ⁷ Aber geht weg, sagt seinen Jüngern und dem Petrus: Er geht euch voraus nach Galiläa; dort werdet ihr ihn sehen, wie er [es] euch gesagt hat."

⁸ Und sie gingen hinaus und flohen vom Grab; denn Zittern und Entsetzen hatte sie erfasst. Und sie sagten niemand etwas; denn sie fürchteten sich.

Lukas

24 ¹ Am ersten Tag der Woche aber, in aller Frühe, kamen sie zum Grab mit den wohlriechenden Salben, die sie bereitet hatten.

² Sie fanden nun den Stein vom Grab weggewälzt. ³ Den Leichnam des Herrn Jesus aber fanden sie nicht, als sie [in das Grab] hineingingen.

⁴ Und es geschah, als sie deswegen ratlos waren, siehe, da traten zwei Männer in blitzendem Gewand zu ihnen. ⁵ Da sie nun in Furcht gerieten und ihr Antlitz zur Erde neigten, sprachen [diese] zu ihnen: „Was sucht ihr den Lebendigen bei den Toten? ⁶ Er ist nicht hier, sondern ist auferstanden. Erinnert euch, wie er zu euch gesprochen hat, als er noch in Galiläa war ⁷ und sagte: ‚Der Menschensohn muss den Händen der Sünder überliefert und gekreuzigt werden und am dritten Tag auferstehen.'"

⁸ Und sie erinnerten sich seiner Worte, ⁹ kehrten vom Grab zurück und meldeten dies alles den Elf und allen übrigen. ¹⁰ Es waren [aber] Maria von Magdala und Johanna und die Maria des Jakobus. Und die übrigen [Frauen], die zu ihnen gehörten, sagten dies den Aposteln.

Johannes

20 ¹ Am ersten Tag der Woche kam Maria von Magdala in der Frühe, als es noch dunkel war, zum Grab und sah den Stein vom Grab weggenommen. ² Da lief sie und kam zu Simon Petrus und zu dem anderen Jünger, den Jesus liebte, und sagte zu ihnen: „Sie haben den Herrn aus dem Grab weggenommen, und wir wissen nicht, wo sie ihn hingelegt haben."

³ Da gingen Petrus und der andere Jünger hinaus, und sie kamen zum Grab.

Synopse der Grabesgeschichten

Matthäus

⁹ Und siehe da, Jesus begegnete ihnen und sprach: „Seid gegrüßt!" Sie aber traten hinzu, umfassten seine Füße und huldigten ihm.

¹⁰ Da sagte Jesus zu ihnen: „Fürchtet euch nicht! Geht weg, verkündet meinen Brüdern, dass sie nach Galiläa gehen; dort werden sie mich sehen."

¹¹ Während sie aber gingen, siehe, da kamen einige von der Wache in die Stadt und meldeten den Oberpriestern alles, was geschehen war. ¹² Und nachdem sie sich mit den Ältesten versammelt und einen Beschluss gefasst hatten, gaben sie den Soldaten viel Geld ¹³ und sprachen: „Sagt, dass seine Jünger des Nachts kamen und ihn stahlen, während wir schliefen. ¹⁴ Und wenn dies dem Statthalter zu Ohren kommt, werden wir (ihn) überreden und dafür sorgen, dass ihr nichts zu befürchten habt."

¹⁵ Die aber nahmen das Geld und taten, wie sie belehrt worden waren. Und diese Rede wurde bei den Juden verbreitet bis auf den heutigen Tag.

Markus

Lukas

¹¹ Und ihnen kamen diese Worte wie ein Geschwätz vor, und sie glaubten ihnen [den Frauen] nicht. ¹² Petrus aber stand auf und lief zum Grab; und als er sich vorbeugte, sah er die Binden liegen und er ging weg nach Hause, voller Staunen über das, was geschehen war.

Johannes

Beide aber liefen zusammen; und der andere Jünger lief voraus, schneller als Petrus, und kam als Erster zum Grab; ⁵ und als er sich vorbeugte, sah er die Leinenbinden liegen, ging jedoch nicht hinein.

⁶ Nun kam Simon Petrus, der ihm folgte, und ging in das Grab hinein; und er sah die Leinenbinden liegen ⁷ und das Schweißtuch, das auf seinem Haupt war, nicht bei den Leinenbinden liegen, sondern zusammengewickelt für sich allein an einem Ort. ⁸ Da nun ging auch der andere Jünger, der zuerst kam, in das Grab, und er sah und glaubte.

⁹ Denn noch verstanden sie nicht die Schrift, dass er von den Toten auferstehen müsse. ¹⁰ Die Jünger gingen nun wieder nach Hause.

¹¹ Maria aber stand weinend draußen bei dem Grab. Während sie nun weinte, beugte sie sich vor in das Grab hinein ¹² und sah zwei Engel in weißen Gewändern sitzen, einen bei der Stelle des Kopfes und einen bei der Füße, wo der Leichnam Jesu gelegen hatte. ¹³ Und jene sagten zu ihr: „Frau, was weinst du?" Sie sagte zu ihnen: „Sie haben meinen Herrn weggenommen, und ich weiß nicht, wo sie ihn hingelegt haben." ¹⁴ Da sie dieses sprach, wandte sie sich um und sah Jesus stehen, und sie wusste nicht, dass es Jesus war. ¹⁵ Jesus sagte zu ihr: „Frau, was weinst du? Wen suchst du?" Da jene meinte, es sei der Gärtner, sagte sie zu ihm: „Herr, wenn du ihn weggetragen hast, sage mir, wo du ihn hingelegt hast, und ich werde ihn holen." ¹⁶ Jesus sagte zu ihr: „Mirjam". Da wandte jene sich um und sagte zu ihm auf Hebräisch: „Rabbuni" (das heißt: „Meister"). ¹⁷ Jesus sagte zu ihr: „Halte mich nicht fest; denn ich bin noch nicht zum Vater aufgestiegen. Geh aber zu meinen Brüdern und sage ihnen: ‚Ich steige auf zu meinem Vater und zu eurem Vater, zu meinem Gott und zu eurem Gott.'"

¹⁸ Maria von Magdala ging und verkündigte den Jüngern: „Ich habe den Herrn gesehen"; und dies habe er ihr gesagt.

Aus: AVE EVA

station
 chor wir wollen ihn salben
  mit alten philosophien
  wir wollen ihn salben
  At neuen liturgien
  wie lassen ihn tiefkühlen
  in unseren gefühlen
  wir wollen ihn halten
  ihn verwalten
  wir wollen ihn salben
  mit allen kulturen
  und die uhren
  lassen wir nicht weitergeh'n
  wir wollen das grab verriegeln
  mit amtlichen testaten
  mit sprüchen und floskeln
  von großen potentaten
  mit riten
  gebärden
  magie
  und faszination
  wollen ihn salben
  restaurieren
  konservieren
  mumifizieren
  ihn erhalten
  ihn verwalten
  mit geld
  und worten
  per omnia saecula saeculorum
  wer wälzt uns den stein
  vom grabe fort
  hier ist der ort
  hier haben sie ihn hingelegt
 eine junger mann
  sie sitzen auf dem stein
junger mann ja
  und
  ist das
  ein problem
 eine gewiß
  ist der stein
  ein problem
junger Mann ist es der stein der weisen
 chor er ist mehr als der stein der weisen

die anderen marien
  mit alten philosophien

station
  er ist ein heiliger stein
  ein ehrfurchtgebietender stein
junger mann ein stein
  ach nein
  wieso
  kann ein stein
  denn heilig sein
  kann denn ein stein
  ein problem sein
chor es ist der stein
  vom grabe jesu
  wir machten uns sorge
  wer ihn wegwälzen würde
junger mann aber meine damen
  sie sehen
  er ist schon weggewälzt
  machen sie kein problem
  aus einer sache
  die längst vorbei ist
  längst passé
  die sich
  von selbst gelöst hat
  was wollen sie
chor wir woll'n unsern jesus
  salben
  mit kostbaren salben
  wir wollen ihm
  die letzte ehre erweisen
junger mann die letzte ehre erweisen
  eurem jesus
  erschrecken sie nicht
  meine damen
  wenn ich
  ausgerechnet ich
  ihnen sagen muß
  daß euer jesus
  tot ist
  mausetot
  daß aber unser jesus lebt
  unser jesus
  der jesus
  den ich kenne
  den meine freunde kennen
  der lebt
  der ist auferstanden

ja ganz frisch
und lebendig
auferstanden
unser jesus
es gibt einen unterschied
zwischen
eurem jesus
und unserm jesus
euer jesus ist mausetot
unser jesus
ist ungeheuer
ja ungeheuer lebendig
er lebt
ich weiß es ganz genau
er lebt
diesen jesus
der lebt
der auferstanden ist
den haben sie verpaßt
meine damen
hören sie
sie hab'n den anschluß verpaßt
erschrecken sie nicht
meine damen
wenn ich
ausgerechnet ich
ihnen das sagen muß
ich gehöre weder
zur alten synagoge
noch zu ihnen
der neuen sekte
erschrecken sie nicht
die synagoge hat ihn
umgebracht
die neue sekte
hat ihn verpaßt
er
jesus
ist nicht mehr hier
im grab
diese herrliche
wunderbare bewegung im land
diese quelle
diese welle
der hoffnung
die uns trägt
die uns hebt
die uns trägt
wunderbare
bewegung im land
diese herrliche
wunderbare bewegung
der hoffnung
die uns trägt
welle
die uns hebt
die uns trägt
meine damen, meine herren
meine schwestern
meine brüder
seht mich an
ich habe ihn
in meinen augen
ich sehe die welt
mit seinen augen
ich sehe mich
mit seinen augen
ich sehe dich
mit seinen augen
ich sehe die
mit seinen augen
die niemand mehr besieht
ich übersehe mit seinen augen
ich durchschaue
mit seinen augen
seht
ich sehe
alles neu
kommt
macht mit
meine damen und herren
meine schwestern und brüder
ich habe ihn
im blut
ich habe
den aufstand
im blut
ich habe
die auferstehung
der toten

im blut
aller toten
meine damen
meine herren
meine schwestern
meine brüder
ich habe ihn
in den fingerspitzen
meine finger
spielen
die melodie seines lebens
auf den saiten
der gitarre
ich zupfe
aufstand
ich zupfe
auferstehung
der toten
ich zupfe
meine auferstehung
eure auferstehung
hier
mein herz
halten sie die hand
auf mein herz
es ist sein herzschlag
hand aufs herz
fühlen sie
es ist sein herzschlag

gemeindelied   *wir sind ein herz und eine seele*
   chor wir sind
ein herz
und eine seele
wir alle
alle
alle lu ja
junger mann meine damen
meine herren
meine schwestern
meine brüder
hier meine hände
hier meine füße
seht
es sind seine hände
seine füße
er hat hand und fuß
nicht ohne unsre hände
nicht ohne unsre füße
er lebt
er lebt
er hat hand und fuß
er hat ein herz
junger mann meine damen
meine herren
meine schwestern
meine brüder
seht
meinen leib
er ist der leib
jesu
junger mann leib christi
  und chor über die ganze erde hin
an allen tischen der welt
chor leib christi
mein leib
maria und leib christi
junger mann sein leib
leib christi
ihr leib
leib christi
unser leib
leib christi
euer leib
leib christi
leiblos?
leib christi
mein los
leib christi
dein los
leib christi
sein los
leib christi
unser los
leib christi
euer los
leib christi
ihr los
leib christi
mein fest
leib christi
dein fest
leib christi
sein fest
leib christi
ihr fest

leib christi
unser fest
leib christi
euer fest
leib christi
ihr fest
leib christi
unser leib
leib christi
unser los
leib christi
unser fest
leib christi
einmal
muß das fest doch kommen

junger mann meine damen
meine herren
meine schwestern
meine brüder

chor lauft
so schnell ihr könnt
sagt es euren männern
sagt es euren kindern
sagt es den greisen
sagt es überall
sagt's bis an die grenzen der erde
er lebt
lebt wie noch nie
er hat ein herz
er hat hand und fuß

Aus: Wilhelm Wilims, ave eva, 4. station die anderen marien aus: roter faden glück, lichtblicke, © 1974 Butzon & Bercker, Kevelaer, 5. Aufl. 1988, 6, www.bube.de (gekürzt).

Lukasevangelium

24

⁴⁴ Dann sprach er zu ihnen: Das sind die Worte, die ich zu euch gesagt habe, als ich noch bei euch war. Alles muss in Erfüllung gehen, was im Gesetz des Mose, bei den Propheten und in den Psalmen über mich gesagt ist. ⁴⁵ Darauf öffnete er ihnen die Augen für das Verständnis der Schrift. ⁴⁶ Er sagte zu ihnen: So steht es in der Schrift: Der Messias wird leiden und am dritten Tag von den Toten auferstehen, ⁴⁷ und in seinem Namen wird man allen Völkern, angefangen in Jerusalem, verkünden, sie sollen umkehren, damit ihre Sünden vergeben werden. ⁴⁸ Ihr seid Zeugen dafür. ⁴⁹ Und ich werde die Gabe, die mein Vater verheißen hat, zu euch herabsenden. Bleibt in der Stadt, bis ihr mit der Kraft aus der Höhe erfüllt werdet.

Apostelgeschichte

1

¹ Im ersten Buch, lieber Theophilus, habe ich über alles berichtet, was Jesus getan und gelehrt hat, ² bis zu dem Tag, an dem er (in den Himmel) aufgenommen wurde. Vorher hat er durch den Heiligen Geist den Aposteln, die er sich erwählt hatte, Anweisungen gegeben. ³ Ihnen hat er nach seinem Leiden durch viele Beweise gezeigt, dass er lebt; vierzig Tage hindurch ist er ihnen erschienen und hat vom Reich Gottes gesprochen.

⁴ Beim gemeinsamen Mahl gebot er ihnen: Geht nicht weg von Jerusalem, sondern wartet auf die Verheißung des Vaters, die ihr von mir vernommen habt. ⁵ Johannes hat mit Wasser getauft, ihr aber werdet schon in wenigen Tagen mit dem Heiligen Geist getauft. ⁶ Als sie nun beisammen waren, fragten sie ihn: Herr, stellst du in dieser Zeit das Reich für Israel wieder her? ⁷ Er sagte zu ihnen: Euch steht es nicht zu, Zeiten und Fristen zu erfahren, die der Vater in seiner Macht festgesetzt hat. ⁸ Aber ihr werdet die Kraft des Heiligen Geistes empfangen, der auf euch herabkommen wird; und ihr werdet meine Zeugen sein in Jerusalem und in ganz Judäa und Samarien und bis an die Grenzen der Erde.

24

⁵⁰ Dann führte er sie hinaus in die Nähe von Betanien. Dort erhob er seine Hände und segnete sie. ⁵¹ Und während er sie segnete, verließ er sie und wurde zum Himmel emporgehoben; ⁵² sie aber fielen vor ihm nieder. Dann kehrten sie in großer Freude nach Jerusalem zurück. ⁵³ Und sie waren immer im Tempel und priesen Gott.

1

⁹ Als er das gesagt hatte, wurde er vor ihren Augen emporgehoben, und eine Wolke nahm ihn auf und entzog ihn ihren Blicken. ¹⁰ Während sie unverwandt ihm nach zum Himmel emporschauten, standen plötzlich zwei Männer in weißen Gewändern bei ihnen ¹¹ und sagten: Ihr Männer von Galiläa, was steht ihr da und schaut zum Himmel empor? Dieser Jesus, der von euch ging und in den Himmel aufgenommen wurde, wird ebenso wiederkommen, wie ihr ihn habt zum Himmel hingehen sehen.

Moderne Texte zu „Himmelfahrt"

Christ fuhr gen Himmel
aber keineswegs in die Höhe.
Denn wer da meint,
der Himmel sei oben,
versteht ihn als Raum
wie die Welt oder das All
oder die Atmosphäre.
Himmel aber ist Gott selber.

Christ fuhr gen Himmel,
aber keineswegs in die Ferne.
Denn wer da meint,
der Himmel sei weit entfernt,
versteht ihn als Ort
wie London oder den Mars
oder die Milchstraße.
Gott aber ist in allem nahe.

Christ fuhr gen Himmel,
aber keineswegs von der Erde.
Denn wer da meint,
der Himmel sei außerhalb,
versteht nicht seine Größe,
mit der er alles durchdringt
und durchwirkt.
Gott ist das Herz aller Dinge.

Christ fuhr gen Himmel,
aber keineswegs von den Menschen.
Denn wer da meint,
der Himmel sei jenseits,
versteht nicht seine Nähe,
mit der er in allem gegenwärtig ist
und es am Leben erhält.
Gott ist der Quell allen Lebens.

Alois Albrecht

weißt du wo der himmel ist
außen oder innen
eine handbreit rechts und links
du bist mitten drinnen

weißt du wo der himmel ist
nicht so tief verborgen
einen sprung aus dir heraus
aus dem haus der sorgen

weißt du wo der himmel ist
nicht so hoch da oben
sag doch ja zu dir und mir
du bist aufgehoben

Wilhelm Willms

Aus: Wilhelm Willms,
der geerdete himmel.
wiederbelebungsversuche,
© 1974 Verlag Butzon & Bercker,
Kevelaer, 7. Aufl. 1986, 12.19.

Nachbereitung

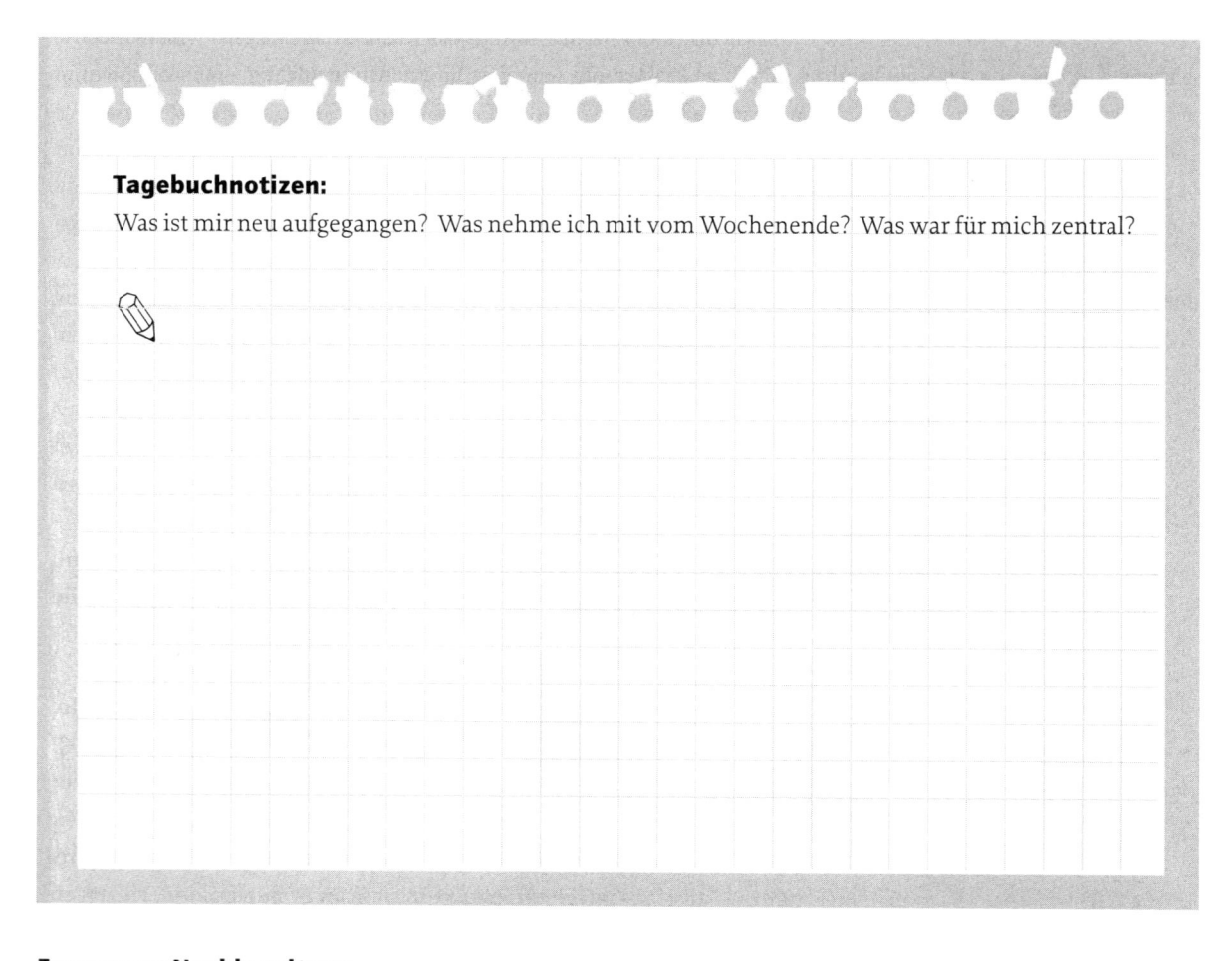

Tagebuchnotizen:
Was ist mir neu aufgegangen? Was nehme ich mit vom Wochenende? Was war für mich zentral?

Fragen zur Nachbereitung

1. Warum lässt sich die Ostererfahrung nicht so exakt beschreiben wie ein historisches Ereignis in Raum und Zeit?

2. Welche (alttestamentlichen) Bilder und Vorstellungen verwenden die Zeug/innen, um ihre Ostererfahrung auszudrücken?

3. Was spricht für Sie dafür, dass diese Erfahrung keine Einbildung, sondern echt ist (auch wenn das nicht bewiesen werden kann)?

4. Was sind die zentralen Inhalte der ältesten Bekenntnisformeln (z. B. 1 Kor 15,3-8)?

5. Die (später entstandenen) Ostererzählungen sind keine Protokolle von Augenzeugen. Wie können Sie das erkennen?

6. Was sind die Ostererzählungen, wenn sie keine Protokolle sind?

7. Mit welcher Absicht werden die sog. Grabesgeschichten erzählt?

8. Wie können auch heute Menschen dem Auferstandenen begegnen? (vgl. z. B. Lk 24,13-35).

Literaturliste

(Stand 2009)

Berger, Klaus
Ist mit dem Tod alles aus? Stuttgart: Gütersloher Verlagshaus und Evang. Ges. 1997.

Brown, Raymond E.
Begegnung mit dem Auferstandenen. Ein Begleiter durch die Osterevangelien. Würzburg: Echter 1997.

Charpentier, Etienne
Führer durch das Neue Testament. Anleitung zum Selbst- und Gruppenstudium. Düsseldorf: Patmos ⁷1997, 43–58.

Gubler, Marie-Louise
Wer wälzt uns den Stein vom Grab? Die Botschaft von Jesu Auferweckung. (Bibelkompass). Mainz: Matthias-Grünewald-Verlag 1996.

Kirchschläger, Walter
Einführung in das Neue Testament, in: Struppe, Ursula; Kirchschläger, Walter: Einführung in das Alte und Neue Testament. Neuausgabe. Stuttgart: Verlag Katholisches Bibelwerk 1998, 77–86.

Merklein, Helmut
Die Jesusgeschichte – synoptisch gelesen. Stuttgart: Verlag Katholisches Bibelwerk 1995, 221–244.

Ortkemper, Franz-Josef
Wäre Christus nicht auferstanden ... Der Osterglaube der Christen. Stuttgart: Katholisches Bibelwerk e. V. 1996.

Porsch, Felix
Kleine Theologie des Neuen Testaments. (Begegnung mit der Bibel). Stuttgart: Verlag Katholisches Bibelwerk 1995, 11–18.

Zusätzliche Literatur für die Leitung

Bibel und Kirche
Auferstehung Jesu. Jg. 52 (1/1997).

Bieberstein, Sabine / Kosch, Daniel (Hgg.)
Auferstehung hat einen Namen. Biblische Anstöße zum Christsein heute. Festschrift für Hermann-Josef Venetz. Luzern: Edition Exodus 1998.

Müller, Ulrich B.
Die Entstehung des Glaubens an die Auferstehung Jesu. Historische Aspekte und Bedingungen. (Stuttgarter Bibelstudien 172). Stuttgart: Verlag Katholisches Bibelwerk 1998.

Theißen, Gerd / Merz, Annette
Der historische Jesus. Ein Lehrbuch. Göttingen: Vandenhoek & Ruprecht 1996, 415–446.

Zur praktischen Bibelarbeit

Höfer, Albert
Gottes Wege mit den Menschen. Ein gestaltpädagogisches Bibelwerkbuch. München: Don Bosco Verlag ²1997, 191–222.

Schwikart, Georg (Hg.)
Materialbuch Fastenzeit, Ostern und Pfingsten. Für Gemeindearbeit, Liturgie und Unterricht. Mainz: Matthias-Grünewald-Verlag 1996.

Stork, Dieter / Zimmermann, Rainer
Die Macht der Ohnmacht. Passion und Ostern gestalten und erleben. Mit Bausteinen für den Gottesdienst. (Werkstatt Bibel). Stuttgart: Verlag Katholisches Bibelwerk 1994.

kbw Informative Werkbücher

Bertold Zwick
Das Stuttgarter Bibelseminar für Einsteiger

23,4 x 29,7 cm; 264 Seiten; gelocht und perforiert; mit CD-ROM; kartoniert
ISBN 978-3-460-**30006**-4

Das Bibelseminar bietet eine leicht verständliche Einführung in biblisches Grundwissen und vermittelt Hintergrundinformationen. Das Seminar ist theologisch fundiert und kann ohne große methodische Kenntnis und ohne großen Vorbereitungsaufwand in Gemeinde und Pastoral durchgeführt werden.
Mit fertig ausgearbeiteter Power-Point-Präsentation auf CD-ROM und Kopiervorlagen für die Teilnehmer!

Katholisches Bibelwerk e.V.; Barbara Leicht; Wolfgang Wieland (Hrsg.)
Paulus – Zeuge und Apostel Jesu Christi
Leben und Lehre

21 x 29,7 cm; 64 Seiten; geheftet
ISBN 978-3-460-**32622**-4

Das vielfach erprobte Praxismaterial beinhaltet zahlreiche Texte, Vorlagen und Arbeitsblätter für eine Auseinandersetzung mit dem Völkerapostel Paulus. Übersichtlich gestaltet, bieten sieben Einheiten inhaltlich fundierte und methodisch vielfältige Module für die Bibelarbeit. Der Schwerpunkt liegt auf dem Erfahrungsbezug des Vermittelten.

kbw bibelwerk

Verlag Katholisches Bibelwerk · Silberburgstraße 121 · 70176 Stuttgart
Tel. 07 11 / 6 19 20 –37 · Fax –30 · info@bibelwerk.de · www.bibelwerk.de

kbw Praktische Sachbücher

Peter Walker
Unterwegs im Heiligen Land
Das illustrierte Sachbuch zu den Orten Jesu

20 x 24,5 cm; 216 Seiten; durchgehend vierfarbig illustriert; über 120 Abbildungen; gebunden
ISBN 978-3-460-**32782**-5

Das informative und reich bebilderte Sachbuch bietet einen ausführlichen Überblick über Vergangenheit und Gegenwart der Orte, die im Leben Jesu eine wichtige Rolle spielten. Anhand der entsprechenden Bibeltexte erläutert es die Bedeutung der Orte. Eine Führung durch den jeweiligen Ort heute rundet jedes Kapitel ab. Bestens geeignet für die Vor- und Nachbereitung einer Reise ins Heilige Land!

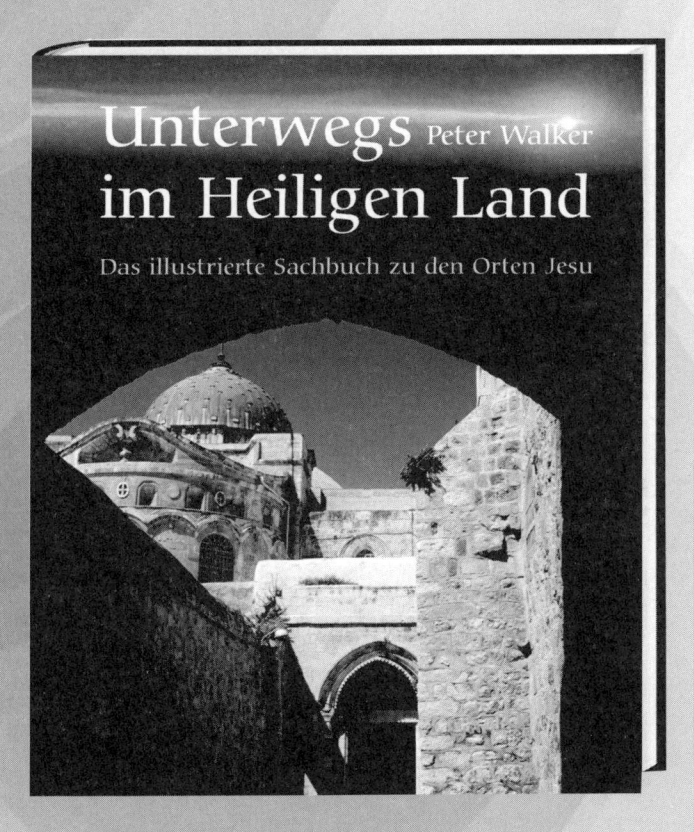

Mike Beaumont
Bibelwissen kompakt
Geschichte – Personen – Lebenswelt

20 x 24,5 cm; 128 Seiten;
über 250 farbige Abbildungen; gebunden
ISBN 978-3-460-**30218**-1

Informieren Sie sich über Inhalt, Personen, Geschichte und Lebenswelt der Bibel schnell, verständlich und präzise! Mit rund 250 Abbildungen unter anderem detaillierte Landkarten und Zeichnungen, einer Zeitlinie am Seitenrand und ausführlichen Informationen und Hinweisen zu Lebenswelt, Personen und Büchern der Bibel macht das Schmökern Spaß. Das ideale Hilfsmittel zum schnellen Einstieg in die Bibel.

kbw bibelwerk

Verlag Katholisches Bibelwerk · Silberburgstraße 121 · 70176 Stuttgart
Tel. 07 11 / 6 19 20 –37 · Fax –30 · info@bibelwerk.de · www.bibelwerk.de

kbw Was geschah mit Jesus?

Martin Ebner
Das Markusevangelium
Neu übersetzt und kommentiert

13,3 x 20,6 cm; 176 Seiten; mit Leseband; gebunden, ISBN 978-3-460-**32072**-7

Professor Dr. Martin Ebner legt eine neue, am griechischen Urtext orientierte Übersetzung des ältesten Evangeliums vor. Der sachkundige Kommentar steht abschnittweise direkt beim Bibeltext und nimmt nahezu dreiviertel des Gesamtumfangs ein. Leicht verständlich werden sachliche, thematische und theologische Zusammenhänge erklärt.
Ein hilfreiches Lesebuch und praktisches Arbeitsmittel, das einlädt, ein Evangelium auch einmal am Stück zu lesen!

Gerhard Lohfink
Der letzte Tag Jesu
Was bei der Passion wirklich geschah

13,3 x 20,6 cm; 120 Seiten; mit Lesebändchen; gebunden, ISBN 978-3-460-**33179**-2

An einem Freitag vor fast 2000 Jahren wurde in einem aufgelassenen Steinbruch nahe der Stadt Jerusalem ein Jude aus Nazaret namens Jesus als politischer Verbrecher exekutiert. Wie ist es dazu gekommen? Weshalb wurde er beseitigt? Was hat sich zwischen seiner Verhaftung und seinem Tod abgespielt? Der Bibelwissenschaftler Gerhard Lohfink rekonstruiert anhand der historischen Quellen nicht nur den Ablauf des letzten Tages Jesu, sondern zeigt auch auf, wie die wahre Wirklichkeit Jesu gedeutet werden kann.

kbw bibelwerk

Verlag Katholisches Bibelwerk • Silberburgstraße 121 • 70176 Stuttgart
Tel. 07 11 / 6 19 20 –37 • Fax –30 • info@bibelwerk.de • www.bibelwerk.de